BAEDEKER

GOMERA

www.baedeker.com

Verlag Karl Baedeker

Top-Reiseziele

Ungeachtet ihrer bescheidenen Größe hat die zweitkleinste Kanareninsel viel zu bieten: einzigartige Naturlandschaften mit einer wundersamen Flora, hervorragende Wandermöglichkeiten und nicht zuletzt eine beschauliche kleine Inselmetropole mit kolonialem Flair – wir haben für Sie zusammengestellt, was Sie auf keinen Fall versäumen dürfen!

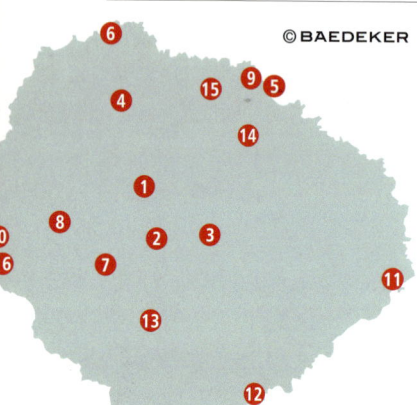

© BAEDEKER

❶ ∗∗ Parque Nacional de Garajonay
Der immergrüne Lorbeerwald im Nationalpark ist Weltnaturerbe.
Seite 149

❷ ∗ Alto de Garajonay
Von La Gomeras höchstem Gipfel lässt sich der halbe kanarische Archipel überblicken. Seite 153

❸ ∗∗ Los Roques
Die bizarren Felstürme sind steinerne Zeugen der Erdgeschichte.
Seite 153

❹ ∗ Vallehermoso
Das »schöne Tal« am Fuß des Roque Cano Seite 204

❺ ∗ Agulo
Bilderbuchdorf mit Blick hinüber zum Teide auf Teneriffa
Seite 116

❻ ∗∗ Los Órganos
An der rauen Nordküste ragen wie Orgelpfeifen geformte Basaltsäulen aus dem Wasser.
Seite 147

❼ ∗∗ La Fortaleza de Chipude
Weithin sichtbar ist der markante Tafelberg eines der landschaftlichen Wahrzeichen der Insel.
Seite 129

Inhaltsverzeichnis • INHALT

❽ ✶✶ Valle Gran Rey
Palmenhaine und Terrassenfelder schaffen ein exotisches Flair.
Seite 189

❾ ✶✶ Mirador de Abrante
Ein spektakulärer Skywalk an der Abbruchkante hoch über der Nordküste **Seite 147**

❿ ✶ Playa del Inglés
Der Szene- und FKK-Strand vor imposanter Felskulisse **Seite 198**

⓫ ✶ San Sebastián
Auf den Spuren von Kolumbus in der kleinen Inselhauptstadt
Seite 162

⓬ ✶ Playa de Santiago
Von der Sonne verwöhnter Ferienort im kargen Inselsüden
Seite 158

⓭ ✶ El Drago
Ein kurzweiliger Spaziergang führt zu La Gomeras ältestem und schönstem Drachenbaum.
Seite 119

⓮ ✶ Hermigua
Die Banenmetropole liegt im grünsten Inselteil. **Seite 137**

⓯ ✶✶ Centro de Visitantes Juego de Bolas
Interessante Ausstellungen, Filmvorführungen und ein hübscher Botanischer Garten
Seite 146

⓰ ✶✶ La Calera
Durch lauschige enge Treppengassen in einem der schönsten Inseldörfer spazieren gehen.
Seite 195

Lust auf ...

... erlebnisreiche Wanderungen, weite Aussichten, heimelige Ortschaften, koloniale Spuren, Bootsausflüge vor der imposanten Steilküste oder ungewöhnliche Einkehrtipps? Einige Tipps für La Gomera ganz nach Ihren persönlichen Interessen.

KOLONIALE SPUREN

- **Iglesia Nuestra Señora de la Candelaria**
  Die Wurzeln der schlichten Dorfkirche von Chipude reichen bis ins 16. Jh. zurück.
  Seite 129
- **Pozo del Colón**
  Aus dem Brunnen im alten Zollhaus der Hauptstadt soll Kolumbus vor seiner Überfahrt nach Amerika seine Wasservorräte aufgefrischt haben.
  Seite 165
- **Torre del Conde**
  Der wuchtige Wehrturm der Hauptstadt hielt allen Piratenangriffen stand.
  Seite 169

WANDERUNGEN

- **Auf die Fortaleza de Chipude**
  Der ziemlich felsige Anstieg auf den markanten Tafelberg wird mit großartigen Ausblicken auf La Gomeras Südküste belohnt.
  Seite 129
- **Durch den Nebelwald El Cedro**
  Der Wanderklassiker durch den Nationalpark macht mit dem urtümlichen gomerischen Lorbeerwald bekannt.
  Seite 154
- **Valle Gran Rey**
  In einem Nebenarm des Tals des Großen Königs versteckt sich ein ganzjährig rauschender Wasserfall.
  Seite 201

INHALT • **Inhaltsverzeichnis**

PRAKTISCHE INFORMATIONEN

212 Anreise · Vor der Reise
214 Ausflüge
215 Ausgehen
215 Auskunft
216 Elektrizität
216 Etikette
217 Geld
218 Gesundheit
218 Literaturempfehlungen
220 Medien
220 Notrufe
221 Post ·Telekommunikation
222 Preise
222 Reisezeit
222 Sicherheit
223 Sprache
232 Toiletten
233 Verkehr
236 Zeit

PREISKATEGORIEN
Restaurants
(Preis für ein Hauptgericht)
€€€€ = über 20 €
€€€ = 10 – 20 €
€€ = 8 – 15 €
€ = bis 8 €
Hotels (Preis für ein DZ)
€€€€ = über 120 €
€€€ = 80 – 120 €
€€ = 50 – 80 €
€ = bis 50 €

237 Register
240 Verzeichnis der Karten und Grafiken
240 atmosfair
241 Bildnachweis
242 Impressum
246 *Kurioses La Gomera*

nachdenken • klimabewusst reisen
atmosfair

Bei Volksfesten sieht man noch die alten Trachten.

Inhaltsverzeichnis • INHALT

Abendstimmung in San Sebastián

TOUREN

- 102 Touren durch La Gomera
- 103 Urlaub auf La Gomera
- 105 Tour 1: Der grüne Inselnorden
- 109 Tour 2: Durch den Nationalpark
- 111 Tour 3: Die Landschaft des Südens

REISEZIELE VON A BIS Z

- 116 Agulo
- 118 Alajeró
- 120 Alojera
- 123 Arure
- 125 Benchijigua
- *126* ❗ *Infografik: Unterhaltung mit Pfiff*
- 128 Chipude
- 130 Degollada de Peraza
- 132 El Cabrito
- 134 El Cedro
- 135 El Cercado
- 137 Hermigua
- *140* ❗ *Infografik: Klein und süß*
- *144* ❗ *Special: Lebendes Fossil*
- 146 Las Rosas
- 147 Los Órganos
- 149 Parque Nacional de Garajonay
- *150* ❗ *3 D: Inseltopografie*
- 158 Playa de Santiago
- 162 San Sebastián
- 173 Teneriffa
- 189 Valle Gran Rey
- *202* ❗ *Special: Gefahr für die Meeressäuger*
- 204 Vallehermoso

INHALT • Inhaltsverzeichnis

HINTERGRUND

12 Natur pur

14 Fakten
15 Natur und Umwelt
18 *Infografik: Vulkanische Inselwelt*
21 *Special: Feuer im Weltnaturerbe*
27 Klima
30 Bevölkerung · Wirtschaft
32 *Willkommen im Alltag!*
36 *Infografik: La Gomera auf einen Blick*

40 Geschichte
50 *Special: La Gomera im Bürgerkrieg*

52 Kunst und Kultur

56 Berühmte Persönlichkeiten
60 *Special: Schön und grausam*

Wassersportler kommen an den Küsten der Insel auf ihre Kosten.

ERLEBEN & GENIESSEN

66 Essen und Trinken
67 Bäuerliche Landküche mit Pfiff
70 *Typische Gerichte*
72 *Special: Eine süße Sache*

74 Feste und Events
75 Gelebte Religion

78 Mit Kindern unterwegs
79 Durch Schluchten wandern und Delfine gucken...

82 Shopping
83 Altes Handwerk und Kulinarisches

86 Übernachten
87 Wohnen abseits von Bettenburgen

90 Urlaub aktiv
91 Wasser und Wandern
96 *Special: Rundwanderung im Valle Gran Rey*

WEITE AUSSICHTEN

- **Garajonay**
  Der höchste Inselgipfel kann auf einem bequemen, kurzen Wanderweg erklommen werden.
  Seite 153
- **Mirador de los Roques**
  Mit einem fulminanten Panorama auf die ausgebrannten Vulkanschlote im Nationalpark
  Seite 154
- **Mirador del Palmarejo**
  Der von César Manrique entworfene Aussichtsplatz erlaubt einen zauberhaften Blick ins Tal des Großen Königs.
  Seite 200

BOOTSAUSFLÜGE

- **Los Órganos**
  Die markante Steilküste im Norden ähnelt tatsächlich aneinander gereihten Orgelpfeifen.
  Seite 148
- **Mit der Fähre nach Teneriffa**
  Die große Nachbarinsel kann dank der schnellen Fährverbindungen bequem in einem Tagesausflug besucht werden.
  Seite 173
- **Walsafari**
  Die Begegnung mit Delfinen und Pilotwalen – sofern sich die Meerestiere sehen lassen – garantiert ein unvergessliches Erlebnis.
  Seite 196

BESONDERE RESTAURANTS

- **El Cedro**
  Im Ausflugslokal La Vista treffen sich Wanderer zu Kressesuppe und Ziegenragout.
  Seite 134
- **San Sebastián**
  Die Tasca La Salamandra verspricht neben guter Küche auch heimeliges Altstadtflair.
  Seite 166
- **Valle Gran Rey**
  Im El Baifo zaubert ein deutschsprachiger malaysischer Koch wunderbare asiatische Küche.
  Seite 192

HEIMELIGE ORTE

- **Agulo**
  Ein Bilderbuchdorf herrlich auf einer Terrasse über der Nordküste platziert
  Seite 116
- **El Cedro**
  Winziger Weiler inmitten von immergrünem Lorbeerwald
  Seite 134
- **La Calera**
  Der an den Hang gelehnte Ortsteil von Valle Gran Rey kann auf lauschigen Treppenwegen erkundet werden.
  Seite 195

HINTERGRUND

Der Passat beschert La Gomera einen üppigen grünen Norden und eine trockenere Inselsüdhälfte mit ausgedehnten Palmenhainen. Auch im hier abgebildeten Barranco de Benchijigua kommt »Phoenix canariensis« überall wild vor.

Naturerlebnis

Nur eine 30-minütige Fährüberfahrt oder ein etwa gleich langer Flug liegen zwischen Teneriffa und der kleinen Nachbarinsel La Gomera, doch ist es eine Reise in eine andere Welt.

Während auf der größeren Kanareninsel schon seit Jahrzehnten Bettenburgen in den Himmel wachsen, ganze Küstenstriche zubetoniert wurden, gibt es auf La Gomera bisher **kein einziges Hotelhochhaus**. Außerhalb der beiden Ferienzentren Valle Gran Rey und Playa de Santiago, die beide fest in deutscher Hand sind, scheint Tourismus ein Fremdwort zu sein. Auf La Gomera geht das Leben noch weitgehend seinen gewohnten Gang. Mit viel Mühe werden die Terrassenfelder bestellt und dem Boden bescheidene Erträge abgerungen. Der Inselalltag ist für viele Gomeros hart. Landflucht und Auswanderung zeugen davon. Wen wundert's, dass man daher auch auf der kleinen Kanareninsel etwas vom »touristischen Kuchen« abbekommen möchte. Die steigenden Besucherzahlen der letzten Jahre bescherten La Gomera ein leichtes Wirtschaftswachstum. Dafür will man die eigene Identität aber nicht aufgeben.

Einen Akzent im kargen und trockenen Inselsüden setzt die Fortaleza de Chipude.

PARADIES FÜR WANDERER

Glücklicherweise hat man auf La Gomera gerade noch rechtzeitig erkannt, dass die größtenteils unberührte Natur im Inselzentrum der größte Schatz des Eilandes ist. Das zentrale Bergland mit den einzigartigen Lorbeerwaldbeständen steht seit 1981 als Parque Nacional de Garajonay unter Naturschutz und genießt seit 1986 gar den Status eines UNESCO-Weltnaturerbes. Benannt ist der Nationalpark übrigens nach dem Garajonay, der mit 1487 m höchsten Erhebung der Insel, von dem aus sich ein herrlicher Blick über die westlichen Kanaren ergibt. Wanderer finden im Parque Nacional de Garajonay ein wahres Paradies mit urwaldähnlicher Vegetation, tiefen Schluchten, idyllischen Tälern und bizarren Felsen. Ganz nach Lust und Laune kann man stundenlang wandern, ohne einem einzigen Menschen zu begegnen, oder einige landschaftlichen Highlights im Nationalpark direkt mit dem Auto ansteuern. Von verschiedenen »Miradores« bieten sich sensationelle Aussichten – vorausgesetzt der »Nebelwald« rund um den Garajonay macht seinem Namen nicht alle Ehre. Schließlich braucht das üppige Grün viel Feuchtigkeit.

STRÄNDE SIND MANGELWARE

Jahrzehntelang bekämpften die Mitglieder der Natur- und Umweltschutzgruppe »Guarapo« die 1999 dann doch erfolgte Eröffnung des kleinen Inselflughafens. Sie befürchteten, dass La Gomera dadurch unweigerlich zum Massenziel verkommen würde. Auf längere Sicht ist das glücklicherweise nicht zu befürchten. Auf dem Mini-Airport können nur Regionalmaschinen landen, so ist die Anreise via Teneriffa oder über Gran Canaria nach wie vor etwas umständlich. Aber was noch wichtiger ist: Strände sind auf La Gomera Mangelware. Es gibt nur kurze dunkle »playas«, und selbst die sind vielfach noch von Steinen durchsetzt. Für alle, die sich in ihrem Urlaub vor allem Sonne und Sandstrände wünschen, ist La Gomera die falsche Insel.

INSEL FÜR INDIVIDUALISTEN

In der kleinen **Inselhauptstadt San Sebastián** leben nur rund 6000 Menschen. Das städtische Leben beschränkt sich im Wesentlichen auf zwei parallel zueinander verlaufende Straßenzüge mit Geschäften, Banken und Restaurants. Nur wenige Kolonialbauten zeugen von der Geschichte des vor mehr als 500 Jahren gegründeten Ortes. So hat man die Mini-Metropole denn auch schnell durchstreift, kann sich gemütlich in ein Café auf der zentralen Plaza setzen, einen »cortado« – einen Espresso mit einem Schuss Milch – genießen, dem Treiben um sich herum zuschauen und eine Inselrundfahrt planen. Angesichts des nur geringen Inseldurchmessers von 25 km scheint dies ein leichtes Unterfangen. Doch jeder sei gewarnt: Wer von einem Ende zum anderen will, ist angesichts der tiefen Schluchten, die vom Inselzentrum aus zu den Küsten verlaufen, gefordert, ganz egal ob man sich zu Fuß, mit dem Mountainbike oder dem Auto auf den Weg macht. Und schließlich gibt es unterwegs einiges zu entdecken. Absolutes Highlight ist der malerische Ort Agulo im Inselnorden, der sich vor der Kulisse des majestätischen Pico del Teide auf Teneriffa besonders fotogen präsentiert. Von hier geht es über Vallehermoso weiter ins Valle Gran Rey, jenes landschaftlich so berühmte »Tal des Großen Königs«, in dem der Tourismus einst begann.

Fakten

Natur und Umwelt

Die kanarische Insel La Gomera ist ein kleines Naturparadies mit äußerst abwechslungsreicher Landschaft. Einen starken Kontrast zum häufig nebelverhangenen dichten Lorbeerwald im Inselzentrum bietet der trockene Süden mit Palmenhainen und Kakteenfeldern.

Nur eine gut halbstündige Fährüberfahrt liegt zwischen Teneriffa und der kleinen Nachbarinsel La Gomera, doch es ist eine Reise in eine andere Welt. Vom Massentourismus weitgehend verschont begeistert die Insel auf kleinstem Raum durch großartige Naturlandschaften. Das Zentrum wird von einem als Weltnaturerbe ausgezeichneten immergrünen Lorbeerwald eingenommen.

La Gomera gehört zum Kanarischen Archipel (**Islas Canarias**), der, bestehend aus sieben Inseln und sechs kleineren Eilanden, auf der Höhe von Marokko/Westsahara vor der nordwestafrikanischen Küste im Atlantik liegt. La Gomera befindet sich im Westen der Inselgruppe, nahezu im Zentrum eines von den Inseln La Palma, Teneriffa und El Hierro gebildeten Dreiecks.

Der **Kanarische Archipel ist geologisch betrachtet recht jung**, wobei er sich in einem Zeitraum von mehreren Millionen Jahren von Ost nach West herausbildete. La Gomera und Teneriffa in der Mitte sind mit einem Alter von vermutlich 8 bis 12 Mio. Jahren halb so alt wie die östlichen Inseln Lanzarote und Fuerteventura, die auf 16 bis 20 Mio. Jahre geschätzt werden, und etwas jünger als die östliche Nachbarinsel Gran Canaria, die vor rund 13 bis 14 Mio. Jahren entstand, bzw. viermal so alt wie die westlich gelegenen Inseln El Hierro und La Palma, die sich erst vor rund 2 bis 3 Mio. Jahren über den Meeresspiegel erhoben.

Kanarische Inseln

> **? BAEDEKER WISSEN**
>
> *Woher kommt der Name?*
>
> Zum ersten Mal taucht der Name Gomera auf einer Karte des aus Mallorca stammenden Angelino Dulcert aus dem Jahr 1339 auf. Doch woher kommt der Inselname? Man geht heute davon aus, dass er sich vom Berbervolk der »Ghomara« ableitet, das im marokkanischen Rif-Gebirge lebt. Ein Teil von ihnen ist vermutlich in früher Zeit auf die Kanaren ausgewandert (▶ Geschichte).

Bis Ende des 20. Jh.s gab es immer wieder neue Theorien um die Entstehung der Kanarischen Inseln. Mal sprach man vom versunkenen Kontinent **Atlantis**, der hier vermutet wurde, mal wurde behauptet,

Entstehung des Archipels

Lorbeerwald im Parque Nacional de Garajonay

Kanarische Inseln

dass die Kanarischen Inseln einst Teile des afrikanischen Kontinents waren. Die heutige Forschung hält die Kanaren für Erhebungen der rund 4000 m tiefen Schollenbruchstücke des Atlantikbodens, der hier zwischen 150 und 180 Mio. Jahre alt ist. Tektonische Kräfte aus dem Zusammenstoß der europäischen und der afrikanischen Platte haben den ostwärts driftenden Ozeanboden gestaucht, zerbrochen und ineinandergeschoben, wobei sich die so entstandenen Schollenbruchstücke wie Keile unterschiedlich nach oben schoben. Auf diesen angehobenen Schollen entlang den Bruchstellen bauten sich seit dem mittleren Tertiär (vor ca. 30 bis 40 Mio. Jahren) die Inseln durch vulkanische Prozesse in mehreren Entstehungsphasen auf – und tun es immer noch. Letzte Zweifel über den vulkanischen Ursprung der Kanaren beseitigte 1999 eine Expedition mit dem Forschungsschiff »Meteor«, an der europäische Wissenschaftler unter der Leitung von Hans-Ulrich Schmincke vom Forschungszentrum für Marine/Geowissenschaften der Universität Kiel teilnahmen. Die Wissenschaftler bargen während mehrerer Wochen unzählige Gesteinsproben aus bis zu 2500 m Wassertiefe. Das Ergebnis: Alle Gesteine sind **vulkanischen Ursprungs** (▶Baedeker Wissen S. 18). Die Kanarischen Inseln haben sich also tatsächlich in zahlreichen Eruptionen vom Meeresboden her aufgebaut. Die Landmasse oberhalb der Wasserfläche ist nur das »i-Tüpfelchen« dieser Eruptionen. Man geht davon aus, dass sich La Gomera insgesamt 5500 m über dem Meeresboden erhebt. Die Barrancos

Natur und Umwelt • HINTERGRUND

(Schluchten), die La Gomeras Oberflächengestalt prägen, setzen sich unter Wasser bis zu 50 km als tief eingeschnittene Erosionsrinnen fort. Und vor allem südlich der Kanaren ist der Meeresgrund geradezu übersät mit Tiefseevulkanen. Der jüngste Vulkanausbruch ereignete sich 2011 vor der Südküste von La Gomeras Nachbarinsel El Hierro.

Wie ein runder, in der Mitte üppig grün bewachsener Felsklotz ragt La Gomera aus dem Meer. Das durchschnittlich 800 – 1000 m hohe Inselzentrum wird vom Alto de Garajonay (1487 m ü. d. M.) überragt. Tiefe Schluchten (**Barrancos**) verlaufen vom Zentrum aus zu den Küsten. Die breiteren Barrancomündungen sind die wichtigsten Siedlungsgebiete. Vereinzelt haben sich an den Barrancomündungen kleine dunkle **Sandstrände** gebildet. Zu rund 80 % besteht die rund 98 km lange Küste aber aus steil abfallenden Kliffen, andernorts prägen Strände aus Stein, Geröll und Kies das Küstenbild.

Die letzten vulkanischen Aktivitäten liegen auf La Gomera schon rund eine Million Jahre zurück. Dementsprechend fehlen jüngere vulkanische Erscheinungsformen wie Vulkankegel oder erstarrte Lavaströme im Landschaftsbild, und das zerklüftete Gebirgsmassiv verrät, dass die Erosionskräfte hier schon lange wirken müssen. Zeugen der vulkanischen Entstehung finden sich jedoch auch auf La Gomera. Charakteristisch für das Landschaftsbild der zweitkleinsten Kanareninsel sind die sogenannten **Roques** (span. »Felsen«), die wie Zuckerhüte ihre Umgebung oft mehr als 100 m überragen. Es handelt sich dabei um die Schlotfüllungen ehemaliger Vulkane. In der Endphase vulkanischer Tätigkeit vermindert sich der Druck, das immer zäher werdende Magma füllt die Schlote auf. Während das umliegende Gestein durch Erosion allmählich abgetragen wird, bleiben die harten Vulkangesteine, die ehemaligen Schlotfüllungen, als markante Felsnasen dem Landschaftsbild erhalten. Beispiele hierfür sind der Roque de Agando (1250 m ü.d.M.) oder Roque Ojila (1168 m ü.d.M.). Auch Los Órganos, imposante Basaltsäulen an der Inselnordküste, sind das Ergebnis des Zusammenwirkens von Vulkanismus und Erosion.

Landschaftsbild

PFLANZEN UND TIERE

Auf den Kanaren gibt es rund 3000 Pflanzenarten, von denen allerdings viele als Nutz- oder Zierpflanzen eingeführt wurden. Man geht davon aus, dass vor der spanischen Inbesitznahme der Inseln etwa 1300 verschiedene Pflanzenarten auf den Kanarischen Inseln heimisch waren. Ein Großteil dieser Pflanzen kam und kommt auch im mediterranen und nordafrikanischen Raum vor. Daneben ist der Prozentsatz endemischer Arten (also nur hier vorkommender Pflanzenarten) außergewöhnlich hoch. Allein auf La Gomera wurden bis-

Artenvielfalt

Vulkanismus

Vulkanische Inselwelt

Die Kanarischen Inseln, am Ostrand des bis über 6500 m Tiefe hinunterreichenden Kanarischen Beckens gelegen, sind ein Archipel, der seine Entstehung einem ortsfesten Hotspot unter der Afrikanischen Platte verdankt.

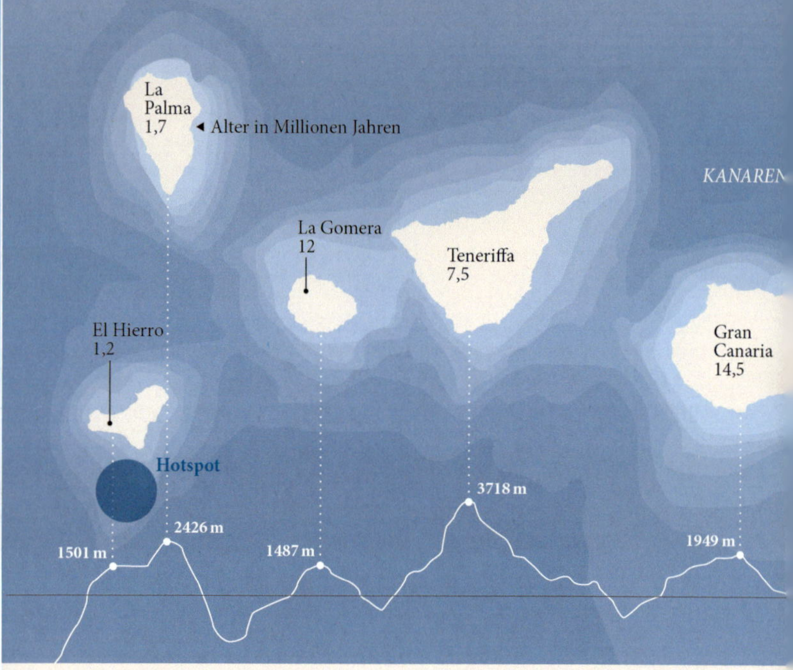

La Palma 1,7 ◄ Alter in Millionen Jahren

KANAREN

La Gomera 12

Teneriffa 7,5

El Hierro 1,2

Gran Canaria 14,5

Hotspot

1501 m   2426 m   1487 m   3718 m   1949 m

▶ **Plattentektonik und Hotspots**
Die Afrikanische Platte driftet in nordöstliche Richtung, der Hotspot bleibt jedoch ortsfest. Deshalb lagen die östlichen Inseln Gran Canaria, Fuerteventura und Lanzarote schon vor längerer Zeit über dem Hotspot, die westlichen Inseln La Gomera, Teneriffa und La Palma und Hierro jedoch erst in jüngerer Zeit und der untermeerische Vulkan vor El Hierro seit Herbst 2011.

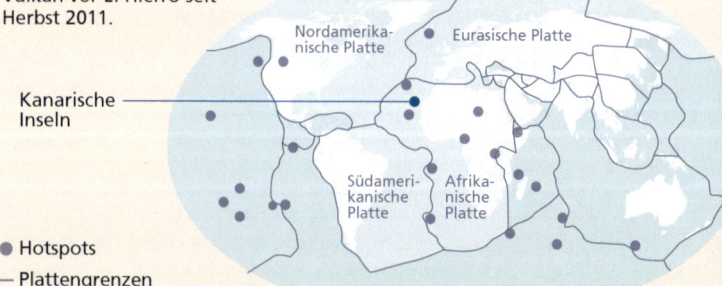

Kanarische Inseln

Nordamerikanische Platte
Eurasische Platte
Südamerikanische Platte
Afrikanische Platte

● Hotspots
— Plattengrenzen

e 500 km lange
selkette führt
stematisch von
st nach West.
is Alter nimmt
etig ab. Diese
tsache gilt als
weis für die
otspot-Theorie.

Lanzarote
15,5

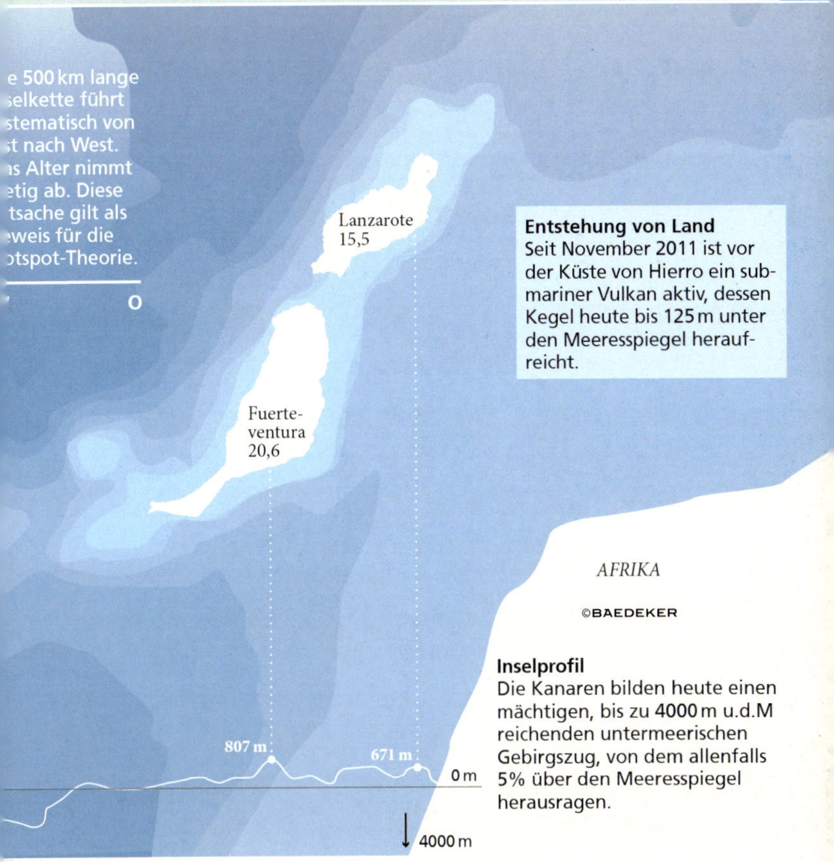

Entstehung von Land
Seit November 2011 ist vor
der Küste von Hierro ein sub-
mariner Vulkan aktiv, dessen
Kegel heute bis 125 m unter
den Meeresspiegel herauf-
reicht.

Fuerte-
ventura
20,6

AFRIKA

©BAEDEKER

807 m   671 m
0 m
↓ 4000 m

Inselprofil
Die Kanaren bilden heute einen
mächtigen, bis zu 4000 m u.d.M
reichenden untermeerischen
Gebirgszug, von dem allenfalls
5% über den Meeresspiegel
herausragen.

Hotspot-Theorie
»Ein Hotspot ist eine dünne Stelle im oberen
Erdmantel, durch die heißes Magma nach oben
aufsteigen und die Erdkruste aufschmelzen kann«
formulierte der Vulkanologe John T. Wilson in
den 1960er-Jahren.

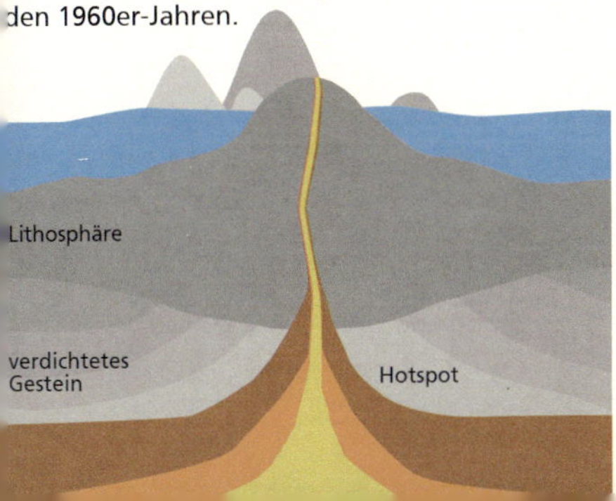

Lithosphäre

verdichtetes
Gestein   Hotspot

▶ **Vulkanausbrüche auf den Kanaren**
In den letzten 500 Jahren gab es
zehn große und mehrere kleine.
Diese fanden nur lokal statt und be-
trafen nicht die gesamte Inselwelt.

Teneriffa	1492
	1604, 1605
	1704 – 1706, 1798
	1909
La Palma	1585
	1646, 1677
	1712
	1971, 1949
Lanzarote	1730 – 1736
	1824
El Hierro	2011, 2012

HINTERGRUND • **Natur und Umwelt**

her mehr als 800 Arten festgestellt, davon sind rund 65 Lokalendemiten, 145 Kanarenendemiten und 50 makaronesische Endemiten (die Kanaren gehören mit den Azoren, Madeira und den Kapverden zu den makaronesischen Inseln). Viele **Endemiten** stehen auf der Liste der bedrohten Pflanzenarten. Bedroht sind sie nicht zuletzt durch eingeschleppte Arten, die den heimischen Pflanzen den Lebensraum streitig machen.

Vegetationszonen
Entscheidend für das Vorkommen verschiedener Vegetationszonen auf den Kanaren sind vorrangig die Höhenstufung und der Einfluss des Passats. Letzterer bringt dem grünen Norden und dem bewaldeten Zentrum der Insel die nötige Feuchtigkeit.

Kanarische Dattelpalme
Nirgendwo sonst auf den Kanaren gibt es so viele Palmenhaine wie auf La Gomera. Vor allem in den unteren Regionen des Nordens und Westens kommt die Kanarische Dattelpalme (Phoenix canariensis) überall wild vor, aber auch an anderen Standorten gedeiht sie bis in Höhen von 1300 m prächtig. Die kleinen Früchte dieser bis 15 m hohen Palmenart mit den bis zu 3,5 m langen Palmwedeln, die sich von den Kanarischen Inseln über den gesamten Mittelmeerraum verbreitet hat, sind übrigens holzig und nicht wohlschmeckend. Doch wird aus dem Saft der Kanarischen Dattelpalme **»miel de palma«** (Palmhonig) gewonnen (▶ Baedeker Wissen, S. 72).

Drachenbaum
Vom typischsten Vertreter der Kanarenflora, dem Drachenbaum (span. **Drago**), ist wild wachsend nur noch ein Exemplar zu finden (bei Alajeró ▶ S. 119), jüngere Drachenbaumexemplare sieht man jedoch in Gärten und Parkanlagen. Der Drachenbaum (Dracaena draco) gehört zur **Familie der Spargelgewächse**, charakteristisch für die bis zu 20 m hohen Bäume ist die weit gabelig verzweigte Krone aus flaschenartig aussehenden Ästen. Da der Baum bis zu seiner ersten Blüte (etwa nach zehn Jahren) unverzweigt wächst, haben die jungen Bäume mit den alten kaum Ähnlichkeit. Drachenbäume haben keine Jahresringe, das Alter kann nur nach der Anzahl der Verästelungen geschätzt werden.

> **BAEDEKER TIPP !**
>
> *Pflanzenpracht*
>
> Botaniker komen auf La Gomera und den anderen Kanareninseln auf ihre Kosten. Die Artenvielfalt ist enorm. In freier Natur hat man jedoch kaum eine Chance, einige nur noch selten vorkommende Pflanzen zu finden. Viele dieser Arten sind im Botanischen Garten des Nationalpark-Besucherzentrums (Juego de Bolas) recht mühelos zu entdecken.

Lorbeerwald
Die Vegetation im größtenteils als Parque Nacional de Garajonay unter Naturschutz stehenden Inselzentrum besteht dank des Feuchtigkeit spendenden Passats aus Wäldern mit immergrünem Lorbeerwald, im Spanischen als Laurisilva

Waldbrände

Feuer im Weltnaturerbe

La Gomera ist neben der Nachbarinsel La Palma die waldreichste Kanareninsel. Die immergrünen Lorbeerwälder im Zentrum gehören zum wertvollsten Naturschatz der Insel, seit 1981 ist ein Teil des alten Baumbestandes als Nationalpark ausgewiesen, 1986 folgte die Anerkennung als UNESCO-Welterbe, 2012 als Biosphärenreservat. Verheerend, wenn es hier einmal zu brennen anfängt.

Die Bilder vom heißen kanarischen Sommer 2012 gingen um die Welt. Am 4. August brach im bewaldeten Hochland von La Gomera ein Feuer aus, das sich angesichts der extremen Trockenheit in den vorangegangenen Monaten schnell zu einem Flächenbrand ausweitete. Die Einwohner in den Dörfern rund um Chipude mussten ihre Häuser verlassen. Löschhubschrauber und Feuerwehr waren pausenlos im Einsatz. Mehr als zwei Wochen wütete das Feuer, bis schließlich am 21. August die Regionalregierung meldete, der Brand sei unter Kontrolle. Dies sollte sich als fatale Fehleinschätzung erweisen. Kaum waren die Löschtrupps abgezogen, ging es wieder von vorne los – aus der schwelenden Glut am Boden entfachten Winde neue Brände. Das Feuer breitete sich nun heftiger als zuvor im Lorbeerwald des Nationalparks aus. Im oberen Tal von Valle Gran Rey wurden außerdem Hunderte von Dattelpalmen und ca. 50 Häuser zerstört. Insgesamt mussten rund 5000 Menschen, knapp ein Viertel der Inselbevölkerung, zeitweise ihre Wohnungen verlassen.

Traurige Bilanz

Erst gegen Ende August konnte endgültig Entwarnung gegeben werden. Traurige Bilanz: Etwa 10 % der Inselfläche wurde ein Opfer der Flammen, im Nationalpark Garajonay zerstörte der Brand etwa 900 Hektar Wald, vornehmlich im südlichen Teil. Die gute Nachricht: Menschenleben waren keine zu beklagen. Dies war in der Vergangenheit nicht immer so. Am Fuß des Roque Agando erinnert ein Denkmal an die 20 Feuerwehrmänner, die bei dem schweren Waldbrand von 1984 ums Leben kamen. Oft sind unachtsam weggeworfene Zigarettenkippen oder Funken sprühender Grillfeuer die Auslöser, bei dem Brand 2012 war es wohl Brandstiftung.

Waldbranddenkmal am Roque Agando

bezeichnet. Wegen der hohen Feuchtigkeit sind die Stämme von Moosen überzogen, von den Ästen hängen lange Flechten herab. Man wähnt sich geradezu in einem Urwald. Dichte Lorbeerwälder gab es früher nicht nur auf La Gomera und den anderen Kanarischen Inseln, weite Landstriche Südeuropas waren damit überzogen. Bis auf wenige Reste sind die Lorbeerwaldbestände heute auch auf den Kanaren verschwunden. Lediglich auf La Gomera, La Palma und Teneriffa gibt es in Höhen ab 600 m noch größere zusammenhängende Waldstücke. Die vier am häufigsten auf La Gomera vorkommenden Lorbeerbaumarten unterscheiden sich im Hinblick auf Blätter und Borke (▶ Reiseziele von A bis Z, Parque Nacional de Garajonay). Da der Lorbeerbaum zur Holzkohlegewinnung genutzt wurde, erlitten seine Bestände eine starke Abholzung. Reiner Lorbeerwald existiert heute fast nur noch an nahezu unzugänglichen Steilhängen. Ansonsten tritt vielerorts die sog. **Fayal-Brezal-Formation** an die Stelle der Lorbeergewächse. Benannt ist dieser Heidemischwald nach den spanischen Begriffen Faya (Gagelstrauch) und Brezo (Baumheide), den Hauptvertretern dieser Vegetationszone. Bis zu 15 m hoch wird die **Baumheide**, in höheren Lagen, ab 1100 m Höhe, ist sie jedoch nur noch als Strauch oder Zwergstrauch ausgebildet. Der **Gagelbaum**, ebenso wetterresistent wie die Baumheide, kann bis zu 20 m hoch werden. Wie im Unterholz und an steilen Hängen des Lorbeerwaldes wachsen auch in der Fayal-Brezal-Formation Farne (Adiantum reniforme, Davallia canariensis u. a.), und es gedeihen hier Staudengewächse aus der Familie der Leguminosen (Adenocarpus foliolosus, Cytius scoparius), die im Lorbeerwald sonnenreiche Lagen bevorzugen. Am Rand der Wälder finden sich bis zu 50 cm hohe Binsengewächse wie die endemische Luzula canariensis. Auch das bis 1 m hohe goldgelb blühende Johanniskrautgewächs (Hypericum glandulosum) ist hier anzutreffen. Auf Lichtungen kommen farbenfreudige Hahnenfußgewächse vor, auf felsigen Lichtungen und am Wegrand der im Sommer gelb aufblühende löwenzahnähnliche Korbblütler Sonchus gomerensis.

Dickblattgewächse Im subhumiden (halbfeuchten) bzw. semiariden (halbtrockenen) Klima, das zwischen 300–400 m (im feuchten Norden ab 200 m) beginnt und sich auf die Region der Hochtäler, Berge und Höhenzüge mit Ackerböden, Wiesen und Weideland beschränkt, wachsen Dickblattgewächse der Gattung **Aeonium**, Pflanzen mit fleischigen, rosettenartig angeordneten Blättern, die pyramidenförmige Blütenstände hervorbringen. Auf La Gomera gibt es davon sechs Inselendemiten, darunter das Aeonium rubrolineatum mit rötlicher Strichelung in der Blattmitte sowie das Aeonium gomerense, das vornehmlich an steilen Felswänden im Nordwesten der Insel entdeckt werden kann. Auf ehemaligem Waldgebiet und heute bewässerten Terrassen im Nordwesten des Eilands gedeiht auf bemoosten Stämmen das gold-

Das Gomera-Aeonium (Aeonium gomerense) wächst gern an steilen Felswänden im Nordwesten der Insel.

gelb blühende, samtbehaarte Aichryson laxum, das sich, anders als die rosettenförmigen Aeoniumarten, aus lockeren Rosetten zusammensetzt.

In den unteren Regionen des Südens und Ostens gedeihen lediglich trockenheitsliebende Pflanzen. Unter den Sukkulenten (immergrüne Dickblattgewächse, die in ihren von einer undurchlässigen Außenhaut umspannten dickfleischigen Stängeln oder Blättern Wasser speichern) dominieren die Wolfsmilchgewächse, deren bekanntester Vertreter die Säulen- oder **Kandelaberwolfsmilch** (Euphorbia canariensis) ist. Dieser Kanarenendemit, auf dem Archipel als »cardón« bezeichnet, wird oft für eine Kakteenpflanze gehalten. Er besteht aus staudenartig zusammenstehenden, fünfkantigen Säulenschäften mit zu warzenartigen Dornen mutierten Blättern an den Kanten, ist 2–3 m hoch und besitzt kleine grüne bis rote Blüten; die Pflanzenarme enthalten einen giftigen milchigen Saft. Bevorzugter Standort der langsam wachsenden Pflanze sind trockene Berghänge und Felsen (vor allem im Barranco de Santiago).
Während die Kandelaberwolfsmilch auf allen sieben Kanarischen Inseln anzutreffen, ist gibt es die **Bravoana-Wolfsmilch** (Euphorbia bravoana) ausschließlich auf La Gomera. Mit ihren purpurroten Blütenkapseln setzt sie an felsigen Standorten im Nordosten Akzente. Ein anderes Wolfsmilchgewächs ist die nach dem mauretanischen König Juba II. (▶ S. 44) benannte **Juba-Wolfsmilch** (Euphorbia obtusifolia), ein bis 2 m hoher, holziger Stamm mit kleiner, fast runder

Sukkulenten, Wolfsmilchgewächse

Ein typischeer Kanarenendemit: Kandelaber-Wolfsmilch (Euphorbia canariensis)

Krone, die wie ein umgedrehter Regenschirm aussieht. Die Balsam-Wolfsmilch (Euphorbia balsamifera), auf den Kanaren wird sie Süße Wolfmilch (Tabaiba dulce) genannt, wird bis 2 m hoch und ist stark verästelt. Die Milch der 2,5 cm langen Blätter, die büschelartig an Zweigspitzen hängen, wurde früher bei der Käseherstellung zur Milchstockung benutzt. Die Süße Tabaiba steht nur in unmittelbarer Küstennähe und geht mit der Blattlosen Euphorbie (Euphorbia aphylla) an Felsküsten eine Pflanzengemeinschaft ein. Vorsicht bei den Tabaibas: Deren prallgefüllter Stamm platzt schon bei leichten Berührungen auf und sondert dann einen ätzenden Saft ab, der nicht in Schleimhäute und Augen gelangen sollte!

Eingeschleppte Pflanzenarten

Entscheidend verändert wurden die ursprünglichen Vegetationsverhältnisse durch den Anbau eingeschleppter Kulturpflanzen. Dazu gehört vor allem die **Banane** (der Anbau von Tomaten hingegen ist fast völlig eingestellt worden). Aus dem Landschaftsbild nicht mehr wegzudenken, ist der im 16. Jh. eingeführte **Feigenkaktus**, bekannt auch als Opuntie (Opuntia ficus indica). Seine Früchte sind essbar. Die Spanier brachten auch etliche üppig blühende **Zierpflanzen** u. a. aus Afrika sowie Mittel- und Südamerika auf die Kanaren. In Parkanlagen, Gärten und am Straßenrand sieht man vor allem Hibiskus, Bougainvillea, die Baumartige Aloe , rote Weihnachtssterne und die Strelitzie mit ihren eigenartig geformten Blütenständen.

Artenarme Fauna

Die Tierwelt auf La Gomera ist im Gegensatz zu derjenigen der Pflanzen sehr artenarm, doch auch unter den Tieren gibt es einige endemische Arten.

Natur und Umwelt • HINTERGRUND

Die größten wild lebenden Säugetiere auf La Gomera sind Kaninchen, Ratten, Mäuse und Fledermäuse. Bis ins 19. Jh. hinein gab es sogar Hirsche auf dem Eiland. Sie wurden ebenso wie die Kaninchen zu Beginn des 16. Jh.s von einem Grafen eingeführt, der auch auf La Gomera seiner Jagdleidenschaft frönen wollte. Doch während die **Kaninchen** auf der Insel überlebten und heute für Freizeitjäger das einzige Jagdobjekt, für Landwirte jedoch eine rechte Plage darstellen, da die Nager den Pflanzungen erheblich schaden, wurden die Hirsche von den Inselherren, aber auch von Bauern, die sich über die von diesen Tieren auf ihren Äckern angerichteten Schäden ärgerten, bis zum letzten Exemplar gejagt und ausgemerzt. Auch die **Ratten und Mäuse** kamen mit dem Menschen auf die Insel. Diese Nagetiere, die mittlerweile die Lorbeerwälder und Bananenplantagen massenweise bevölkern, haben sich zu einer richtiggehenden Landplage entwickelt. Als einziges Säugetier hat die **Fledermaus** die Insel ohne Zutun des Menschen erreicht. Am häufigsten vertreten ist Pipistrellus maderensis, eine Fledermausart, die außer auf den Westkanaren nur noch auf Madeira vorkommt. Darüber hinaus leben in den Barrancos die Alpenfledermaus und einige wenige Exemplare der Mops- und Bulldogfledermaus.

Säugetiere

Weder Schlangen noch die gefürchteten Skorpione kommen auf den Kanaren vor. Häufig vertreten sind hingegen kleine, harmlose Echsen. Von den sechs kanarischen **Echsenarten** existieret die bis 11 cm lange, schwarz geschuppte Eidechse Gallotia gallotii gomerae nur auf La Gomera. Außerdem gibt es den bis zu 25 cm langen, kupferroten, inselendemischen Chalcides viridianus, auch Kanaren-Skink genannt, der auf den ersten Blick der mitteleuropäischen Blindschleiche ähnelt, und den nachtaktiven Gecko, der mit der endemischen Unterart des bis zu 14 cm langen Tarentola delalandii hier vertreten ist. Geckos suchen gern menschliche Behausungen auf, um im Scheinwerferlicht einer Lampe Motten, Falter und andere Insekten zu jagen. Mit ihren saugnapfähnlichen Haftzehen können sie sich auch an Wänden und Zimmerdecken äußerst schnell fortbewegen. Im Sommer 1999 wurden sechs Exemplare des Lagarto gigante entdeckt, einer Echsenart, die bis zu 50 cm lang werden kann und die bis zu diesem Zeitpunkt auf der Insel als ausgestorben galt (▶Baedeker Wissen, S. 144).

Reptilien

Im Hinblick auf Tiervielfalt kommen Vogelfreunde auf der Insel am ehesten auf ihre Kosten. Die Taubenarten Columba junoniae (helle Schwanzspitze, türkiser Hals) und Columba bollii (weiße Schwanzbinde, purpur an Brust und Nacken) sind in den Lorbeerwäldern La Gomeras, Teneriffas und La Palmas heimisch. Der **Kanarenpieper** (makaronesisch-endemische Unterart) heißt bei den Einheimischen auch »correcamino«, weil er lange am Boden herumtrippelt, bevor er

Vögel

im letzten Moment davonfliegt. Zahlreich auf La Gomera vorhanden sind verschiedene Sperlingsarten und das Brillantrotkehlchen sowie die Amsel mit leuchtend rotem Bauchgefieder. Der meistverbreitete Singvogel ist der **Kanarische Zilpzalp** (kanarisch »chivita«, lautmalerisch für seine Art zu zwitschern). Von den drei endemischen Unterarten des Rotfinken lebt im Lorbeer- und Heidewald auf La Gomera die Unterart Fringilla coelebs tintillon. Selten zu sehen bekommt man das ebenfalls im Lorbeerwald heimische endemische Wintergoldhähnchen. Die am Bauch gelb gefiederte, ständig mit den Schwanzfedern wippende Kanarische Bergstelze ist in der Nähe von Süßwasser zu finden, vor allem in der Bananenanbauzone und am Cedrobach. Den schönsten Gesang hat die **Kanarische Nachtigall** oder Mönchsgrasmücke (capirote). Zu erkennen ist sie an dem schwarz gefiederten Kopf des Männchens bzw. dem ockerfarbenen Gefieder des Weibchens. Ganz ähnlich sind die Samtkopf- und die Brillengrasmücke.

Raubvögel sind durch Raben, Falken (vor allem den Turmfalken, der sich von Eidechsen ernährt), Kleinadler, Waldohreulen, vereinzelt in der Waldzone noch Sperber sowie den höchst gefährdeten Guincho oder Fischadler, den größten Greifvogel, vertreten.

Am Meer trifft man natürlich auf verschiedene **Möwenarten**, vor allem Silbermöwen (gaviotas), aber auch Lach- und Heringsmöwen. Überall zu sehen ist auch der Gelbschnabelsturmtaucher mit seinem plumpen Körper und den übergroßen Schwingen.

> **? BAEDEKER WISSEN**
>
> *Kanarienvogel*
>
> Der wild lebende Kanarienvogel aus der Familie der Finken, der erst durch Züchtung so leuchtend gelb und singfreudig wurde, ist in seiner Heimat eher unscheinbar gewandet und stiller, wenn auch singgewandter als der Girlitz, sein europäischer Artverwandter.

Insekten
Von den rund 5000 Insektenarten auf den Kanaren kann nur eine Art dem Menschen gefährlich werden: der seltene, bis zu 25 cm lange **Tausendfüßler** (Scolopendra morsitans), dessen Biss giftig ist. Mit dem Tier kommt man allerdings nur in Berührung, wenn man in trockenen Zonen mit bloßen Händen Steine unvorsichtig herumdreht. Was man häufig zu sehen bekommt, ist der harmlose Svutigera coleoprata, der seinem gefährlichen Verwandten zum Verwechseln ähnelt. Sehr lästig kann die kleine blutsaugende **Stubenfliege** werden. Glücklicherweise hinterlässt das Insekt keinerlei juckende Entzündung. Häufig begegnet man einer endemischen Hummelart (Bombus canariensis), die sich durch ein weißes Hinterteil auszeichnet. Zur Plage für die Einheimischen werden lediglich die **Wanderheuschrecken**, die von Afrika aus gelegentlich bis nach La Gomera gelangen und die Ernte vernichten (zuletzt in den 1950er-Jahren). Bei den **Schmetterlingen** haben sich einige endemische Unterarten

gebildet. Der rotgebänderte Admiral und der braune und goldgelbe Zitronenfalter haben eine etwas andere Farbtönung als auf dem europäischen Festland. Auch der Kohlweißling und der Monarch, der größte Falter auf La Gomera, sind mit Unterarten vertreten. Hinzu kommen der violette Feuerfalter und etliche Nachtfalter.

Die Meeresfauna ist weitaus abwechslungsreicher als die Tierwelt auf der Insel. An die 15 Haifischarten tummeln sich in kanarischen Gewässern, ohne jedoch die Badestrände zu gefährden. Die Gewässer um den Archipel sind auch der Lebensraum vieler **Wale und Delfine**. Zwischen La Gomera und Teneriffa leben hauptsächlich Grindwale, für die die hier ansässigen Kraken und Tintenfische ein Leckerbissen sind (▶ Baedeker Wissen, S. 202). Ergiebig für den örtlichen Fischfang sind Sardinen, Makrelen, Muränen (morenas), Seehechte (merluza), Barsche (mero, perca), Tunfisch (bonito, atún), Meerbrassen (bocinegro) und Sprotten (cabrillos). Hinzu kommen Langusten, Krabben und Napfschnecken (lapas). Besonders beliebt sind (auch bei Tauchern) der rotgrün oder blaugelb leuchtende Papageienfisch, der als »La Vieja« auf vielen Speisekarten steht, sowie verschiedene Brassen (sama: Feder-, Gold-, Zebrabrasse) und der typische »cherne«, ein bis zu 80 kg schwerer Zackenbarsch.

Taucher können im Übrigen in seichtem Wasser Schwämme, Korallen, rosenähnliche Seeanemonen sowie unzählige Meerestiere am algenbewachsenen Meeresgrund bewundern. Die Gefahr, auf Seeigel zu treten, besteht an La Gomeras Küsten erfreulicherweise nicht. Diesem Tier ist das Wasser hier zu bewegt.

Meerestiere

Klima

Auf den Kanarischen Inseln herrscht ein warm-gemäßigtes Klima. Es ist milder und angenehmer, als man es in diesen Breiten erwarten würde.

La Gomera hat, wie die übrigen Kanarischen Inseln auch, ein **warm-gemäßigtes subtropisches Klima** mit sehr milden Wintern und mäßig warmen Sommern ohne große Temperaturschwankungen. Für den fast ewigen Sommer sorgen die ausgleichende Wirkung des Atlantiks und das stabile Azorenhoch. Es bestimmt mit anhaltend sonnigem und trockenem Wetter die Monate April bis Oktober. Mit seiner Südverlagerung können im Herbst und Winter atlantische Tiefdruckgebiete oder deren Ausläufer aus Norden und Nordwesten die Insel erreichen. Kommen sie aus Südwesten, bringen sie auch dem ausgedörrten Süden La Gomeras die ersehnten Regengüsse. Be-

Ideales Reiseziel zu jeder Jahreszeit

stimmendes Klimaelement ist der Feuchtigkeit spendende Nordostpassat, der mit durchschnittlich 4 bis 6 Windstärken sehr beständig aus Nord bis Nordost weht. Er bewirkt eine Zweiteilung der Insel in eine relativ feuchte Nordseite und eine sehr trockene Südseite im Regenschatten der Berge. Das vor Westafrika aufquellende kühle Wasser des **Kanarenstrom**es sorgt für mittlere Jahrestemperaturen der Luft von 20 bis 22 °C, was deutlich unter den für diesen Breitengrad üblichen Werten liegt.

Temperaturen Durch die ausgleichende Wirkung des Atlantiks schwanken die mittleren Tages- und Nachttemperaturen zwischen Sommer und Winter nur um 6 °C. Noch geringer sind die Unterschiede im Tagesverlauf. Das gleichmäßig warme Meer begrenzt die nächtliche Abkühlung auf durchschnittlich 3 – 5 °C. Wärmster Monat ist der September, kühlster der Februar. Im Sommer steigt das Thermometer an der Küste regelmäßig auf 25 – 28 °C, die höheren Werte sind im Süden anzutreffen. In den Nächten kühlt es auf 20 – 23 °C ab. Selbst im Januar und Februar schafft das Quecksilber tagsüber noch stolze 20 – 22 °C. Dann liegen die Frühtemperaturen im Allgemeinen bei 15 °C, jedoch niemals unter 10 °C. In den Bergen ist das Temperaturniveau bis zu 6 °C niedriger, so dass im Winter am Pico de Garajonay bei leichtem Frost auch mal ein Schneeschauer möglich ist. Besonders im Juli und August kann das ruhige Sommerwetter für kurze Zeit vom »Tiempo del Sur«, einem heißen Wind aus der Sahara, unterbrochen werden. Der stauberfüllte **Wüstenwind**, in Afrika wird er »Harmattan« genannt, erfasst besonders den Süden der Insel mit Temperaturen bis zu 40 °C.

> **? BAEDEKER WISSEN**
>
> *Viel Sonne*
>
> Mit rund 2700 Stunden im Jahr oder 7,5 Stunden täglich scheint die Sonne auf La Gomera fast doppelt so viel wie in Deutschland. Juli und August bringen es auf stolze 10 Stunden, im sonnenärmste Monat Dezember immer noch auf 6 Stunden. An der Nordküste und im Inselzentrum wird die strahlende Bilanz jedoch häufig durch Passatbewölkung getrübt.

Niederschläge Obwohl La Gomera zu den feuchteren der Kanarischen Inseln zählt, sind die Niederschlagsmengen eher bescheiden. An der passatbegünstigten Nordküste liegen sie zwischen 350 und 400 l/m² im Jahr, im trockenen Süden teilweise unter 200 l/m². Über 600 l werden nur an hohen Nordhängen und im Bereich des Garajonay-Nationalparks erreicht, wo sich in den passatbeständigen Sommermonaten tagsüber ab 700 m Höhe ein flacher Wolkenschirm ausbreitet, der sich in der Nacht wieder auflöst. Mit Nebelnässen und anhaltendem Sprühregen trägt die Passatbewölkung wesentlich zur Fruchtbarkeit der Täler um Vallehermoso und Hermigua bei. Gleichzeitig herrscht im

Süden der Insel durch absteigende Luftbewegung Wolkenauflösung und monatelange Trockenheit. Mit dem Herannahen atlantischer Tiefdruckgebiete kommt es zwischen Oktober und März über der Insel zu gewittrigen Schauern. Anhaltendes Schlechtwetter ist jedoch die Ausnahme. Auch im feuchtesten Monat, dem Dezember, ist die Regenwahrscheinlichkeit nicht höher als 20 %. In einzelnen Wintermonaten kann das lebensnotwendige Nass sogar ganz ausbleiben.

Die Passate oder »trade winds« (Handelswinde), wie sie im Englischen genannt werden, sind sehr beständig wehende Winde der subtropischen Breiten, die nördlich des Äquators aus nordöstlichen, südlich davon aus südöstlichen Richtungen kommen. In vergangenen Jahrhunderten nutzten die Seeleute diese Winde für einen schnellen Warentransport per Segelschiff über die Ozeane. Und weil der **Nordostpassat** vor Westafrika mit 4 – 6 Windstärken an 70 % aller Tage im Jahr beständig bläst, verliefen die Schiffsrouten mit Ziel Süd- und Mittelamerika über die Kanarischen Inseln. In den Häfen von Las Palmas (Gran Canaria) und Santa Cruz de Tenerife konnten die Mannschaften vor der wochenlangen Überfahrt noch einmal Proviant- und Wasservorräte ergänzen. Klimatologisch betrachtet, sind die Passate der untere Teil eines bis in 17 km Höhe reichenden Strömungskreislaufes (wissenschaftlich: **Hadley-Zelle**) zwischen der äquatorialen Tiefdruckrinne und den subtropischen Hochdruckgürteln beiderseits des Äquators. Infolge starker Erwärmung steigt am Äquator feuchtwarme Luft bis in eine Höhe von 17 km auf. Von hier fließt sie in einer Höhe zwischen 9 und 17 km polwärts. Durch die Erdrotation nach Osten abgelenkt, sinkt die Luft auf etwa 30 ° Breite im Bereich der subtropischen Hochdruckgürtel (im Nordatlantik das Bermuda- und Azorenhoch) großräumig ab, von wo aus sie in flacher Schicht als Nordost- bzw. Südostpassat zum Äquator zurückströmt. Beim Absinken wird die Luft erwärmt und trocknet aus, wodurch in einer Höhe von 600 m (Subtropen) bis 2000 m (Äquator) die sogenannte **Passatinversion** entsteht. In ihr nimmt die Temperatur mit der Höhe nicht ab, sondern zu. Diese Schicht trennt relativ wasserdampfhaltige Luft über dem Meer von trockenerer und etwas wärmerer Luft in höheren Schichten. Wie der Deckel auf einem Kochtopf verhindert die Inversion den Aufstieg erwärmter Luft (Konvektion) in größere Höhen. Dadurch unterbleibt die Wolken- und Niederschlagsbildung. Kalte Meeresströmungen wie der Kanarenstrom erschweren durch Abkühlung der Grundschicht die Wolkenbildung zusätzlich.

Passat

Trifft der Passat auf die Nordhänge der höheren Kanarischen Inseln (die flachen Inseln Fuerteventura und Lanzarote werden »überströmt«), wird die feuchte Luft in den Tälern gebündelt und zum Aufstieg gezwungen. Der Auftrieb wird durch die Erwärmung der Berghänge am Tag noch unterstützt, so dass sich im Tagesverlauf unterhalb der Inversion ab etwa 700 m ein flacher Schirm aus Passatwolken bilden kann. Sie tragen mit Nebelniederschlag und anhaltendem Sprühregen wesentlich zu den relativ hohen Niederschlägen dieser Inselzone bei. Oberhalb der Inversion bleibt es niederschlagsfrei, so dass auf Teneriffa und La Palma ab 2000 m ein trockenes Hochgebirgsklima herrscht. Im Winter kann sich unter Tiefdruckeinfluss die Passatinversion jedoch heben oder ganz auflösen. Dann schießen mächtige Wolkentürme in die Höhe, die mit kräftigen Schauern und Gewittern allen Inseln den ersehnten Regen bringen.

Bevölkerung · Wirtschaft

La Gomera ist relativ dünn besiedelt. Wichtigster Erwerbszweig ist die Landwirtschaft. Wasser ist knapp, und die Insel hatte schon mit Umweltproblemen zu kämpfen.

BEVÖLKERUNG

Emigration und Landflucht

Charakteristisch für die Bevölkerungsentwicklung La Gomeras seit der Eroberung der Insel sind Abwanderungsschübe auf andere Kanarische Inseln sowie nach Mittel- und Südamerika (insbesondere Kuba und Venezuela), die immer dann auftraten, wenn sich die Verdienstmöglichkeiten auf dem Eiland mit seinem nur in geringem Maße kultivierbaren Boden wieder einmal verschlechterten. Dagegen verdoppelte sich die Einwohnerzahl La Gomeras von 1900 bis 1940, als sich die Insel am kanarischen Export beteiligte (Bananen, teilweise auch Fisch). 1940 erreichte die Bevölkerungszahl ihren Höchststand: über 30 000 Insulaner, d. h. 80 Einwohner pro km² auf einem Eiland, dessen Boden nur zu knapp 10 % kultivierbar ist. In den 1940er- und 1950er-Jahren erfolgten dann wieder als Folge der schlechten wirtschaftlichen Verhältnisse in den ersten beiden Jahrzehnten der Franco-Diktatur **Auswanderungswellen** vor allem nach Venezuela; in den 1960er-Jahren wurden Teneriffa und Gran Canaria, wo der Tourismus langsam Fuß fasste und sich dadurch neue Arbeitsmärkte auftaten, Ziele der gomerischen Emigranten. Mittlerweile leben auf Teneriffa mehr Gomeros

> **? BAEDEKER WISSEN**
>
> *Bevölkerungsschwankungen*
>
> Als einzige Kanareninsel hat die Bevölkerungszahl auf La Gomera in den letzten Jahren abgenommen. Während 1979 hier noch 24 500 Menschen lebten, waren es Ende des Jahrtausends nur noch 17 000. Mittlerweile bewegt sich der Trend wieder in eine andere Richtung. Die derzeitige Bevölkerungszahl beträgt rund 22 300.

Landflucht ist ein Problem auf La Gomera: Viele Felder werden nicht mehr bestellt, viele Bauernhäuser sind dem Verfall preisgegeben.

als auf La Gomera. Ab den 1970er-Jahren setzte auf der Insel eine Bevölkerungsverlagerung ein – weg vom Land mit fast ausschließlich agrarwirtschaftlicher Struktur hin in die Touristenorte im Valle Gran Rey bzw. Playa de Santiago sowie in die Inselhauptstadt. Zeugen dieser Entwicklung sind weitgehend entvölkerte Ortschaften, vor allem im Westen und Süden des Eilands. Durch die Auswanderungen hauptsächlich der jüngeren Gomeros überaltert die Bevölkerung zunehmend. Zudem sank die Geburtenrate in den letzten Jahren erheblich. Der Trend geht zur Kleinfamilie mit höchstens zwei Kindern.

Die Gomeros gehören zum überwiegenden Teil der römisch-katholischen Kirche an. Zwar sind die meisten von ihnen gläubig, doch praktizierende **Katholiken** bilden eher die Minderheit. Trotz des Christentums konnten sich einige vorchristliche Bräuche, Relikte des Naturglaubens, bis in die heutige Zeit halten. So werden an Orten wie Laguna Grande Plätze vermutet, auf denen Hexen Feiern abhielten und ein Lied anstimmten, das mit folgenden Worten begann: »De las Indias somos, en La Gomera vivimos« (aus Westindien, d. h. Spanisch-Amerika, sind wir, auf La Gomera leben wir). Auch Wunderheilerinnen (»curanderas«), die u. a. mit Gebeten, magischen Ritualen und Kräutern Kranke zu heilen versuchten oder tatsächlich heilten, gab es bis vor einigen Jahrzehnten noch in größerer Zahl.

Religion und Aberglaube

WIRTSCHAFT

Haupterwerbszweig auf La Gomera ist nach wie vor die Landwirtschaft. Die Fischerei erlebt schon seit Jahrzehnten einen stetigen Rückgang. Industrie existiert auf der Insel praktisch nicht. Die Wasserversorgung stellt ein immer dringlicheres Problem dar. Eine zunehmend größere Rolle nimmt – auch dank zunehmend besserer

Bedeutung des Tourismus steigt

Willkommen im Alltag!

La Gomera einmal anders erleben und Kontakte zu Canarios und Einwanderern knüpfen – dazu einige Tipps abseits von Strand und Ferienort.

MARKTBESUCH IN DER INSELMETROPOLE

Bis noch vor wenigen Jahren hielten die Hauptstädter ihren Mercado im Freien auf der zentralen Plaza ab, doch auch in der neuen Markthalle kommt man schnell mit den Marktfrauen ins Gespräch. Wer will, kann sich das bunte Treiben auch von der Galerie im Obergeschoss anschauen.
Mercado Municipal in San Sebastián, Mi. und Sa. 8.00 – 14.00 Uhr

FIESTA DE LA VIRGEN DEL CARMEN

Die Gomeros feiern gerne und ausgiebig, und auch als Fremder wird man schnell in das Geschehen miteinbezogen. Immer viel los ist, wenn in Valle Gran Rey die Schutzpatronin der Fischer mit einer Bootsprozession geehrt wird. Als Rahmenprogramm gibt es viel Musik, Trachtengruppen führen traditionelle Paartänze auf.
Valle Gran Rey, Mitte Juli

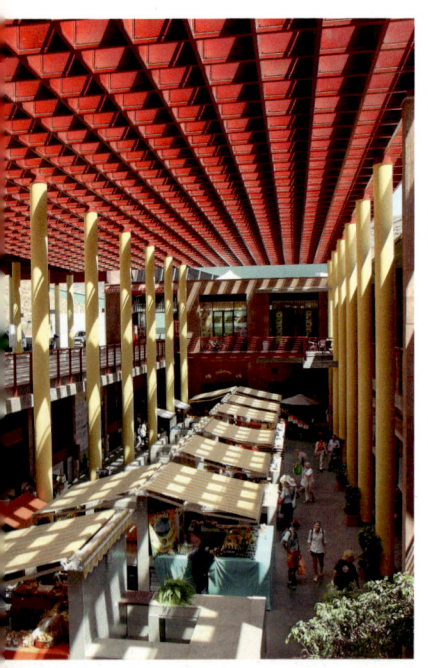

Alltagsbegegnungen • HINTERGRUND

TREFFPUNKT PLAZA
Das urbane Leben in der kleinen Hauptstadt San Sebastián begrenzt sich im Wesentlichen auf die Plaza de la Constitución. Einheimische und Touristen treffen sich hier in einer der Bars oder Terrassencafés unter schattigen Lorbeerbäumen bei einem Café con leche.

San Sebastián, Plaza de la Constitución

PICKNICK IM GRÜNEN
An sonnigen Wochenenden zieht es die Einheimischen in Scharen zu den Picknickplätzen im Hochland. Sehr beliebt ist die Lichtung La Laguna Grande. Während die Großen sich am Open-Air-Grill zu schaffen machen, vertreiben sich die Kinder die Zeit auf dem Spielplatz.

La Laguna Grande, an der GM-2 bei km 26,7

SONNENUNTERGANG IN LA PLAYA
Eine Reminiszenz an die Zeit der Blumenkinder ist der abendliche Treff vor Marías Bar am dunklen Lavastrand von La Playa. Als ob die Zeit stehen geblieben sei, trifft man sich hier auf ein Bier und schaut, von rhythmischen Trommelschlägen untermalt, zu, wie die Sonne ins Meer abtaucht – während der winterlichen Hauptsaison jeden Abend.

Valle Gran Rey, vor der Bar María im Ortsteil La Playa

Verbindungen zu den Nachbarinseln – der Tourismus ein. Trotzdem ist die Arbeitslosigkeit auf den gesamten Kanaren hoch und La Gomera bildet hier keine Ausnahme: Durchschnittlich liegt sie derzeit bei gut 34 Prozent.

Landwirtschaft

Schon bald nach Inbesitznahme der Insel durch die Spanier begann man auf La Gomera Zuckerrohr anzupflanzen, später folgten Weinreben und Getreidesorten. Aber weder diese Produkte noch die Seidenproduktion und die Farbgewinnung durch die Zucht von Schildläusen (cochenilla) auf Opuntien brachten der Insel den erhofften Wohlstand, die gomerischen Erzeugnisse konnten mit den höherwertigen Produkten anderer Kanareninseln nicht mithalten. Erst mit dem Anbau von Tomaten und Bananen ab Ende des 19. Jh.s vermochte sich La Gomera auf dem kanarischen Exportmarkt zu behaupten. Wegen hoher Produktionskosten wurde der Tomatenanbau allerdings mittlerweile weitgehend eingestellt. Die sehr würzigen, aber kleinen kanarischen **Bananen** (▶Baedeker Wissen S. 140) hingegen bilden immer noch das Exportprodukt Nummer eins, auch wenn sie auf dem mitteleuropäischen Markt wegen der weitaus billigeren und größeren Konkurrenz aus Süd- und Mittelamerika nahezu unverkäuflich sind. Die Produktionskosten der kanarischen Banane liegen weit über denen anderer Anbieterländer. Am stärksten schlägt dabei die ausreichende Versorgung der Pflanzen mit Wasser zu Buche. Im regenarmen Süden der Insel sind nur Großbetriebe imstande, die für eine ausreichende Wasserversorgung nötigen Brunnen anzulegen. Unproblematischer gestaltet sich da die Anpflanzung von

Trotz hoher Produktionskosten und erheblicher Absatzschierigkeiten sind Bananen das wichtigste Exportgut der Insel.

hauptsächlich für den eigenen Bedarf bestimmtem Obst und Gemüse, das im Trockenfeldbau kultiviert wird. Auch werden zunehmend mehr **tropische Früchte** wie Avocados, Mangos uns Papayas angebaut, die weniger Wasser als die Bananen benötigen und sich im Exportgeschäft gut verkaufen.
Die auf der Insel erzeugten Agrarprodukte reichen jedoch nicht aus, um den Bedarf auf La Gomera zu decken. Immer mehr Obst und Gemüse muss eingeführt werden. Einerseits sind die Ansprüche der Gomeros in Hinblick auf Qualität gestiegen, andererseits sind die landwirtschaftlich nutzbaren Flächen auf dem von Barrancos zerfurchten, waldreichen Eiland gering. Damit nicht genug: Viele der teilweise mühevoll angelegten Terrassenfelder liegen brach, weil immer weniger jüngere Gomeros bereit sind, in der Landwirtschaft zu arbeiten.

In der Viehzucht steht die Ziegenhaltung an erster Stelle. In den letzten Jahren hat die Haltung von Schweinen zugenommen, deckt jedoch bei weitem nicht den Eigenbedarf. Rinderzucht spielt keine Rolle. Alles in allem reicht die Viehhaltung nicht für den Eigenbedarf, weshalb große Mengen an Schweine-, Rindfleisch etc. importiert werden müssen. <!-- Viehzucht -->

Um die gomerische Fischerei steht es nicht zum Besten. Zu Beginn der 1980er-Jahre reichten die Fangmengen noch aus, um damit zwei Fischfabriken zu versorgen, doch schon 1984 musste als Folge der überalterten Fangflotte und der weitgehend leergefischten Fischgründe die letzte von einst vier Fischkonservenfabriken geschlossen werden. Heute deckt die Fangmenge nicht einmal mehr den auf der Insel benötigten Fischbedarf. Abhilfe könnte aber in der Zukunft die Fischzucht schaffen, mit der seit mehr als zwei Jahrzehnten auf den Kanaren experimentiert wird. Dabei stellte man fest. dass sich vor allem Wolfsbarsch und Goldbrasse hervorragend in Meerwassertanks vor der Küste züchten lassen. <!-- Fischerei -->

WASSERVERSORGUNG UND ENERGIE

La Gomera, eine der niederschlagsreichsten Kanareninseln, bezieht den größten Teil des Wasserbedarfs, nämlich zwei Drittel, aus Oberflächenwasser (Quellen und Stauseen). Hätte die Insel mehr als derzeit 14 **Stauseen**, könnte weitaus mehr Wasser aufgefangen werden, so aber fließen 80 Prozent des Regenwassers ungenutzt ins Meer. Verloren geht auch ein großer Teil des Wassers auf dem Weg von den Stauseen zu den Feldern, da das marode Kanalsystem viel von dem kostbaren Nass im vulkanischen Boden versickern lässt. <!-- Wasser ist knapp -->
Der Wasserverbrauch auf La Gomera ist sehr hoch, auf den Personenverbrauch (Bevölkerung und Touristen) entfallen davon jedoch

La Gomera auf einen Blick

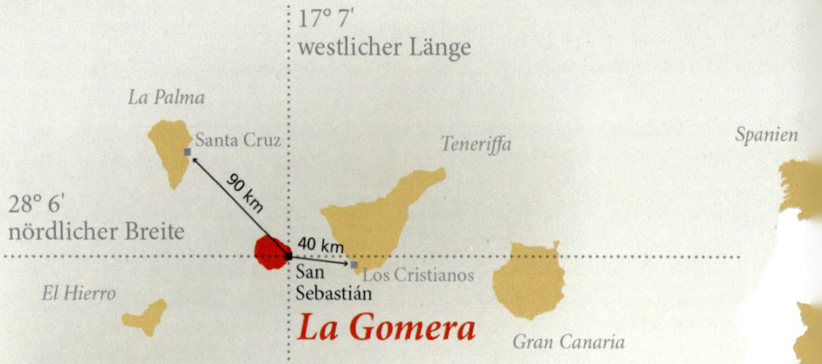

Inselgruppe: Kanarische Inseln (span. Islas Canarias)
Hauptinseln: Teneriffa, La Palma, La Gomera, El Hierro, Gran Canaria, Lanzarote und Fuerteventura

Fläche: 378 km² (alle Kanaren: 7541 km²)
Damit ist La Gomera nach El Hierro die zweitkleinste Insel des Archipels.

Einwohnerzahl: ca. 22 300
(Kanaren gesamt: rd. 2,1 Mio.)

Bevölkerungsdichte: 59 Einw./km²
(Kanaren gesamt: 265 Einw./km²))

Küstenlänge: ca. 98 km

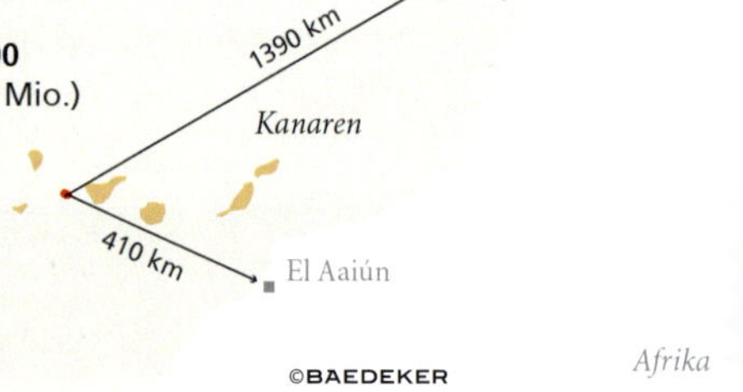

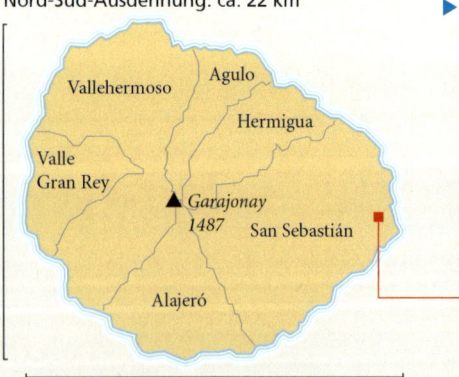

Nord-Süd-Ausdehnung: ca. 22 km
Ost-West-Ausdehnung: ca. 25 km

▶ Verwaltung

Provinz: Santa Cruz de Tenerife,
Autonome Region: Kanarische Inseln (Comunidad Autónoma de Canarias)
Höchste politische Instanz: Cabildo Insular (Inselrat)
Sechs Gemeindebezirke: San Sebastián, Hermigua, Agulo, Vallehermoso, Valle Gran Rey, Alajeró
Hauptort
San Sebastián (9000 Einwohner im gesamten Bezirk)

▶ Sprache

Spanisch (Castellano)

▶ Wirtschaft

Wichtigste Einnahmequellen:

Tourismus

Landwirtschaft

Bedeutendstes Exportprodukt:

Bananen

▶ Tourismus

ca. 7000 Gästebetten, überwiegend deutschsprachige Gäste

wichtigste Ferienzentren: **Valle Gran Rey** und **Playa de Santiago**

▶ Religion

98,3 % Katholiken

▶ Klimastation San Sebastián

Durchschnittstemperaturen

Niederschlag

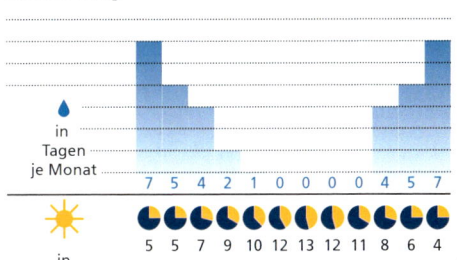

▶ Die vier westlichen Kanareninseln im Vergleich

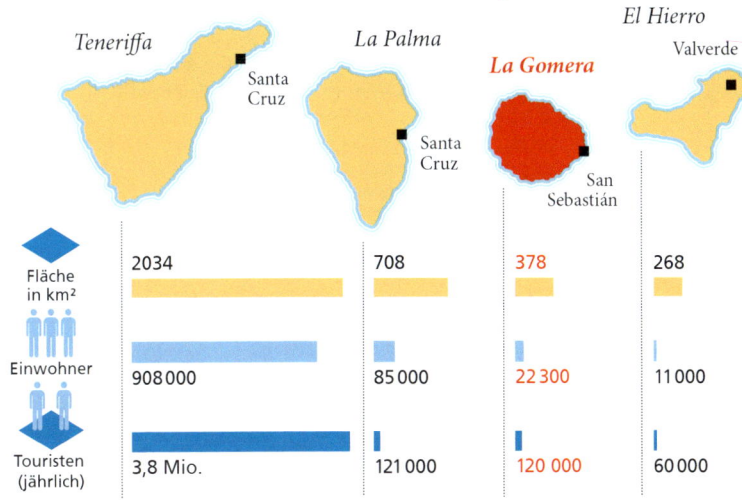

nur rund 10 %, das gesamte andere Wasser wird in der Landwirtschaft benötigt, vor allem auf den bewässerungsintensiven Bananenplantagen. Langsam wird das Wasser auf der Insel knapp. Durch die Bohrung von Brunnen (pozos) und **Wasserstollen** (galerías) werden gerade im regenarmen Süden die Grundwasserressourcen verstärkt angezapft. Als Folge davon sinkt der Grundwasserspiegel, in Küstennähe fließt sogar salziges Meerwasser nach.

Energieversorgung

Die ganze Insel wird von dem erdölbetriebenen Kraftwerk in San Sebastián, dem einzigen industriellen Luftverschmutzer La Gomeras, mit Strom versorgt.

TOURISMUS

Eher für Individualisten

Der Tourismus begann auf La Gomera Ende der 1960er- bzw. Anfang der 1970er-Jahre sehr zögerlich. Zunächst zog es vorwiegend deutsche Hippies und Aussteiger in das landschaftlich und klimatisch so begünstigte **Valle Gran Rey** im Westen der Insel. Das »Tal des großen Königs« geriet bald in den Ruf, der schrägste Winkel auf den Kanaren zu sein. Äußerst skeptisch beobachtete die deutsche Szene, dass in den 1980er-Jahren La Gomera auch von betuchteren Individualtouristen als Urlaubsdestination entdeckt wurde. Und natürlich ließen dann die Pauschaltouristen nicht mehr allzu lange auf sich warten. Dass der Massentourismus dennoch bisher um die Insel einen weiten Bogen gemacht hat, liegt vor allem am Fehlen schöner Sandstrände.

Dort, wo einst der Tourismus begann, im Valle Gran Rey, trifft sich heute eine bunt zusammengewürfelte Urlauberschar. Ökofreaks und Esoteriker teilen sich die Strände mit Ruhe liebenden Gästen, die ihren Urlaub pauschal gebucht oder aber sich in einem der kleinen Apartmenthäuser privat eingemietet haben. Anders das Bild im zweiten Touristenzentrum der Insel, in **Playa de Santiago**, hier verbringen vor allem Pauschalurlauber ihre Ferien. Bisher zieht es nur wenige wanderlustige Reisende in die Orte im Inselnorden, sie logieren in den wenigen kleinen Hotels bzw. in hübschen Landhäusern. Insgesamt gibt es auf der Insel derzeit ca. 7000 Gästebetten.

UMWELTPROBLEME

Der Tourismus fordert seinen Tribut

Gerade wegen der intakt erscheinenden Natur kommen die meisten Touristen nach La Gomera. Doch die steigenden Touristenzahlen fordern natürlich ihren Tribut. Zahlreiche Eingriffe in die Landschaft musste das Eiland gerade in den letzten beiden Jahrzehnten erdulden. Von Umweltschützern heftig bekämpft wurde die Anlage des

Flughafens bei Playa de Santiago. Eine riesige Inselfläche wurde dafür eingeebnet und planiert. Damit die Touristen schnell und sicher an ihr Ziel gelangen können, wurden viele Inselstraßen in den letzten Jahren ausgebaut. Geradezu überdimensioniert wirkt die ins Valle Gran Rey herabführende Straße. Doch die Inselbewohner haben das Problem erkannt und halten dagegen: So hat die Insel inzwischen die »Europäische Charta für Nachhaltigen Tourismus in Schutzgebieten« erhalten, eine Auszeichnung von EUROPARC, dem Dachverband der europäischen Nationalparks.

La Gomera ist zwar heute mit einem Waldanteil von 22 % nach La Palma die waldreichste Insel des Kanarischen Archipels, doch ist der Bestand nicht nur durch Brände extrem gefährdet. Schon ab dem beginnenden 16. Jh. wurde auf der damals an Kiefern-, Lorbeer- und Mischwäldern reichen Insel kräftig abgeholzt, zunächst vorrangig für den Zuckerrohranbau sowie für Schiffs- und Hausbau, im 20. Jh. schließlich für den Ausbau von Verkehrswegen. Bereits Mitte des 20. Jh.s wurden erste Schritte unternommen, um dem Verschwinden des Waldes entgegenzuwirken, würde doch bei einem weiteren Raubbau am Wald binnen kürzester Zeit die Erosion verheerende Ausmaße annehmen und der Wasserhaushalt der Insel empfindlich leiden. Schließlich stammt ein Großteil der Wasserressourcen aus der Kondensation von Passatnebel an Laub und Nadeln. Zwecks einer raschen Wiederaufforstung wurden damals schnellwachsende Bäume gepflanzt, bevorzugt die Monterey-Kiefer und der Eukalyptusbaum. Die Monterey-Kiefer aber gilt als schädlich, da sie den bodenbindenden Krautbewuchs verhindert, und der Eukalyptusbaum laugt den Boden stark aus und entzieht ihm extrem viel Wasser. Auch fängt er leicht Feuer. Ende der 1980er-Jahre beschloss deshalb die damalige Naturschutzbehörde ICONA, diese ursprünglich nicht auf der Insel heimischen und potenziellen Brandfackeln zu fällen. Heute stehen rund 27 % der Inseloberfläche unter Naturschutz, allein der **Parque Nacional de Garajonay** nimmt 10 % der Inselfläche ein. Der gomerischen Umweltschutzgruppe **Guarapo** (Palmsaft) ist dies jedoch nicht genug, sie fordert, die ganze Insel unter Naturschutz zu stellen.

Naturschutzgebiete

> ### ? BAEDEKER WISSEN
>
> *Wasserrechte*
>
> Während im Inselnorden die Wasserrechte an die bestellte landwirtschaftliche Fläche gebunden sind, bestimmen im Süden finanzstarke Syndikate und Großgrundbesitzer, in deren Händen die Erschließung des unterirdischen Wassers liegt, die Verteilung des kostbaren Elements, wofür sie sich von einzelnen Landwirten und Ortschaften reichlich entlohnen lassen. Alljährlich kommt es zum »guerra de agua« (Wasserkrieg), einer zermürbenden Auseinandersetzung zwischen denen, die Wasser erhalten, und solchen, die von der Verteilung ausgeschlossen sind.

Geschichte

Geschichte • HINTERGRUND

Ur-Gomeros, Eroberung und Autonomie

Als die spanischen Eroberer Ende des 15. Jh.s die Insel betraten, trafen sie auf eine Steinzeitkultur, die ihnen weit unterlegen war. Die Geschichte La Gomeras folgt seitdem der Entwicklung in Spanien.

MYTHOLOGIE

Von Anbeginn seiner Geschichte woben sich Mythen um den Kanarischen Archipel wie kaum sonst auf der Erde. Als elysische Gefilde, glückliche Inseln, Inseln der Seligen, Gärten der Hesperiden usw. besangen und beschrieben antike Autoren wie Homer, Hesiod, Platon, Strabon, Vergil, Horaz, Ptolomäus und Plutarch weit entfernte, irgendwo am Westrand der Welt liegende Eilande, wo das Paradies auf Erden herrschen sollte. Auch im Mittelalter schwärmten Weltreisende, Dichter und Gelehrte wie Isidor von Sevilla von blühenden Inseln im fernen Westen.

Blühende Inseln

In nachfolgenden Jahrhunderten glaubten Chronisten und Historiker mit den schon in der Antike beschriebenen **paradiesischen Eilanden** seien eindeutig die Kanaren gemeint. Schließlich entspreche dieser Archipel voll und ganz den antiken und mittelalterlichen Vorstellungen eines »blühenden Paradieses auf Erden«: Die Kanaren sind eine in sich geschlossene Gruppe von Inseln, also Orten, die nur allzu gern als die Heimstatt von übernatürlichen Phänomenen und außergewöhnlichen Situationen gesehen wurden; bis zur Entdeckung Amerikas befanden sich die Inseln am äußersten Rand der damals bekannten

> **BAEDEKER WISSEN**
>
> *Herkunft des »Namens Kanaren«*
>
> Bei Plinius d. Ä. (23 n. Chr. – 79 n. Chr.) taucht erstmals der Inselname »Canaria« (heute Gran Canaria) auf, den er mit den dort lebenden großen Hunden erklärt (lat. canis = Hund). Hunde gab es schon damals auf den Kanaren, von außergewöhnlicher Größe waren sie jedoch nicht. Eine andere Erklärung weist darauf hin, dass es auf den Inseln den Vogel Canora (von lat. canere = singen) gegeben haben soll. Möglicherweise rührt der Name auch von dem an der afrikanischen Küste gelegenen Cabo Caunaria (vermutlich das heutige Cap Bojador) her.

Bedeutendste Hinterlassenschaft der Altkanarier: das auf Gran Canaria entdeckte Idol von Tara

Welt, die zudem nur zu erreichen waren, wenn man große geografische Entfernungen und verschiedene Hindernisse wie gefährliche Meeresströmungen und unberechenbare Winde überwand; und ferner wollte man eine gewisse Harmonie zwischen dem Klima auf den Eilanden und dem Wesen ihrer Bewohner erkennen, zwischen den angenehm-milden Temperaturen und der Friedfertigkeit, Rechtschaffenheit und Großzügigkeit der hier lebenden Menschen.

Da nun die antiken und mittelalterlichen Mythen als historischer Beleg für die Existenz der Kanaren gewertet wurden, glaubte man lange Zeit, dass bereits die frühen Griechen Kenntnis von dem Archipel hatten. Wissenschaftlichen Erkenntnissen zufolge wusste man in jener Zeit jedoch noch nichts von der Inselgruppe vor der nordwestafrikanischen Küste.

ALTKANARISCHE BEVÖLKERUNG

ab 500 v. Chr.	Besiedlung in mehreren Wellen durch Einwanderer aus Nordafrika
14./15. Jh.	Einfache Hirten- und Bauernkultur

Herkunft Archäologische Funde und deren Datierung lassen den Schluss zu, dass die Kanaren erst nach 500 v. Chr. besiedelt wurden. Ihre Wurzeln hat die altkanarische Bevölkerung – darin sind sich die Wissenschaftler mittlerweile relativ einig – in der berberischen Welt von Nordafrika. Als Belege hierfür dienen den Forschern Skelettauswertungen, die eine Verwandtschaft zwischen altkanarischen und nordafrikanischen Völkern nahelegen, ferner **Übereinstimmungen mit berberischen Kulturen** sowie Ähnlichkeiten von Sprachresten mit nordafrikanischen Sprachen, die in Ortsnamen, alten Dokumenten und Inschriften (Petroglyphen) erhalten geblieben sind. Angenommen wird auch, dass die Übersiedlung von Afrika auf die Kanaren in mehreren Wellen zu unterschiedlichen Zeiten stattfand. Welche Gründe diese Menschen dazu bewog, ihre nordafrikanische Heimat zu verlassen, ist jedoch weiterhin rätselhaft. Als mögliche Ursachen werden die zunehmende Verwüstung des Saharagebietes und der heftige Druck, der von der römischen Besatzung in Nordafrika ausging, angesehen. Spekulation bleibt auch, wie die Ureinwohner auf die Inseln gelangten. Reste von Wasserfahrzeugen sind nicht gefunden worden, was die Vermutung zulässt, die Überfahrt sei in Schilfbooten erfolgt, die später verrotteten.

Frühe Zitate über Ur-Gomeros »Die alten Gomerer«, so der Chronist Leonardo Torriani in seinem Werk »Die Kanarischen Inseln und ihre Urbewohner« (1590), »waren hochgewachsene Männer, kräftig, gewandt, kriegerisch und wenig sorgfältig in der Kleidung; sie waren Götzendiener ... Ihre Klei-

Geschichte • HINTERGRUND

dung bestand in der Bedeckung der unanständigsten Körperteile und in der Umwicklung des Kopfes mit einer Binde aus roter Farbe, die sie aus den Wurzeln eines Tainaste genannten Baumes gewannen, der auch die Schminke für die Frauen lieferte. Zuweilen verhüllten sie sich auch in einen Tamarco [eine Art Fellmantel] nach Art des von Canaria oder Tenerife, der aus drei Fellen hergestellt war ... Sie liebten die Einsamkeit sehr, wie Petrarca im Buche ›De Vita Solitaria‹ erzählt, und waren folglich melancholisch. Sie sangen klagende Verse von acht, neun und zehn Silben und von solcher Trauer, dass sie weinten, wie man es auch heute bei jenen sieht, welche von den letzten Einwohnern abstammen.«

La Gomera war bei Ankunft der Spanier in vier Herrschaftsgebiete unterteilt: Agana, Orone, Ipalán und Mulagua. Sie entsprechen etwa den heutigen Gemeindebezirken von Vallehermoso, Valle Gran Rey, San Sebastián und Hermigua. An der Spitze jedes dieser Stammesgebiete stand ein König. Über die Sozialstruktur weiß man ansonsten nur wenig, es gab **Adlige und Bauern**. Vermutlich waren die sozialen Unterschiede auf La Gomera nicht so krass ausgeprägt wie auf den anderen Inseln. Vermutlich war es auf La Gomera ebenso wie auf den anderen Inseln der Fall, dass die Frauen eine relativ starke Position hatten. So war beispielsweise die Erbfolge an die mütterliche Linie geknüpft, und Frauen sollen auch an Kämpfen teilgenommen haben. Man schätzt, dass zum Zeitpunkt der spanischen Eroberung rund 2000 Menschen auf La Gomera lebten, auf dem benachbarten La Palma ca. 4000 und auf Teneriffa vielleicht 30 000.

Sozialstruktur

> **? BAEDEKER WISSEN**
>
> *Unterschiedliche Namen*
>
> Die Bezeichnung für die Urbevölkerung variierte auf den einzelnen Inseln. Auf Teneriffa sprach man von den »guanches«, auf El Hierro von den »bimbaches«, auf La Palma von »auaritas« bzw. »benahoritas«, auf La Gomera eben von den »gomeros«. Deren Name soll vom Berbervolk der »Ghomara« im marokkanischen Rif-Gebirge abgeleitet sein.

Existenzgrundlage der Gomeros war die Weidewirtschaft (Ziegen, Schafe und Schweine) und eine beginnende Landwirtschaft (Weizen, Gerste, Hülsenfrüchte). Werkzeuge wurden aus Stein, Knochen und Holz gefertigt, gekämpft wurde mit Steinäxten und Holzkeulen, Eisen kannten die Gomeros nicht. Ihr Hauptnahrungsmittel bildete **Gofio**, eine Speise aus gerösteten Gerstenkörnern, die gemahlen mit Honig und Wasser zu einer Masse geknetet und anschließend zu Kugeln gerollt wurden. Darüber hinaus ernährten sie sich von Ziegenfleisch, Milch, Butter und Käse, von in den Wäldern gesammelten Pilzen und Wildfrüchten sowie von Fischen und Meeresfrüchten, die sie unmittelbar an den Küsten fingen.

Ernährung

Religion Eine bedeutende Funktion im religiösen Vorstellungskomplex des Inselvolkes hatten, sozusagen als Begegnungsstätte zwischen der göttlichen und irdischen Welt, heilige Berge sowie Höhlenheiligtümer. Jeder der vier Stämme auf La Gomera besaß ein eigenes **Bergheiligtum** (als solches fungierte z. B. die Fortaleza de Chipude), wo dem Gott Orahan Tier- und Trankopfer dargebracht wurden. Gegenspieler des Gottes war Hirguan, eine Art Teufel in Gestalt eines wollig-behaarten Mannes, wie der Chronist Torriani berichtet.

Bestattungsriten Ihre Toten bestatteten sie in Höhlen; auf den Hochebenen und im Norden der Insel befinden sich aber auch einzelne Hügelgräber. In einem Gruppengrab im Norden wurden Skelette in Hocken- und in Bauchlage mit angezogenen Beinen gefunden, während im Inselsüden und auf den anderen Eilanden die Rückenlage bei Bestattungen gebräuchlich war. Eine **Mumifizierung** der Toten, wie sie auf den Nachbarinseln vorkam, kannte man auf La Gomera nicht. Auch Petroglyphen, von denen es auf La Palma allein 50 Fundstellen gibt, wurden auf La Gomera nicht gefunden.

2006 entdeckte man in der Höhle Las Toscas del Guirre durch Zufall mehr als 100 in den Fels geritzte berberisch-libysche Schriftzeichen. Der aufsehenerregende Fund konnte bislang nicht entziffert werden – geschätztes Alter: 2000 Jahre.

EROBERUNG UND KOLONIALZEIT

23 – 79 n. Chr.	Erwähnung der Kanaren in der »Naturalis Historia« des Plinius
1312	Lancelotto Malocello landet auf Lanzarote.
1479	Der Vertrag von Alcáçovas spricht die Kanaren Spanien zu.
1488	Letzter Widerstand der Ur-Gomeros gegen die Spanier
1492	Aufenthalt von Kolumbus auf La Gomera

Erste Kontakte Viel ist in der Wissenschaft darüber diskutiert worden, ob die **Phönizier**, die als kühn und tüchtig bekannten Seefahrer, bei ihren Erkundungsfahrten entlang der westafrikanischen Küste im ersten Jahrtausend vor Christus mit dem Kanarischen Archipel in Berührung kamen. Beweise hierfür gibt es nicht. Der erste für die Nachwelt erhaltene Bericht über einen Besuch auf den Kanaren ist bei **Plinius dem Älteren** (23 – 79 n. Chr.) nachzulesen, der in seiner »Naturalis Historia« über eine Expedition schrieb, die der König von Mauretanien, **Juba II.** (gest. 23 n. Chr.), zu den Kanarischen Inseln entsandt hatte. Ob diese Expedition erfolgreich verlaufen war, ist nicht belegt, doch taucht in Plinius' Bericht zum ersten Mal der Name »Canaria« auf. Den ersten eindeutigen Beweis für die Landung römischer Seefahrer auf den Kanaren liefern Gefäße aus dem 3./4. Jh., die auf

Geschichte • HINTERGRUND

Lanzarote und La Graciosa gefunden wurden. Bis zu Beginn des 14. Jh.s dürften ab und an Seefahrer und Abenteurer den Kanarischen Archipel angesteuert haben. In zahlreichen europäischen, byzantinischen und arabischen Quellen werden die Inseln am Westrand der damals bekannten Welt erwähnt, doch ein Eroberungsinteresse an den Kanaren, die keine Reichtümer zu versprechen schienen und einfach zu weit entfernt waren, zeigten die Seefahrermächte des Abendlandes und Vorderen Orients nicht.

Erst im 14. Jh. wurden die europäischen Seefahrermächte auf die Kanaren aufmerksam. Ausschlaggebend hierfür waren u. a. die Berichte von der Seereise des Genuesen **Lancelotto Malocello**, der 1312 auf der später nach ihm benannten Insel Lanzarote gelandet war, wo es ihm so gut gefiel, dass er sich hier einige Jahre niederließ. In der Folgezeit suchten viele Seefahrer, Kaufleute und Piraten die Kanarischen Inseln auf. Durch die Versklavung der Bevölkerung erhofften sie sich schnellen Reichtum. In mehreren Dokumenten aus der zweiten Hälfte des 14. Jh.s wird gern auf den Reichtum des Archipels mit menschlicher Ware hingewiesen, auch die Insel La Gomera, deren Name zum ersten Mal in der 1339 in Mallorca von Angelino Dulcert erstellten Seekarte auftaucht, findet dabei besondere Erwähnung. 1344 ernannte Papst Clemens VI. als Oberhaupt »Aller noch zu entdeckenden Länder« den Enkel des kastilischen Königs Alfons X., Luís de la Cerda, zum König der Kanarischen Inseln, die noch gar nicht erobert waren. Die Eroberungen begannen erst zu Beginn des nachfolgenden Jahrhunderts. Zwischen 1402 und 1405 nahm der normannische Adlige **Jean de Béthencourt** im Auftrag von Cerdas Nachfolger die Inseln Lanzarote, Fuerteventura und El Hierro ein.

Eroberung der Kanaren

Denkmal zu Ehren von Hautacuperche (▶ Baedeker Wissen, S. 60)

Versuche, Gran Canaria und La Palma zu erobern, scheiterten jedoch am erbitterten Widerstand der Inselbewohner. Auch La Gomera konnte er aus diesem Grund vorerst nicht in seine Gewalt bringen. Als er 1404 die Insel anlief und einige Ureinwohner auf sein Schiff entführen ließ, brachte er die Inselbewohner so sehr gegen sich auf, dass er sich gezwungen sah, das Eiland fluchtartig zu verlassen. Die Missionare der Kirche scheinen da mehr Erfolg gehabt zu haben: In einer päpstlichen Bulle aus dem Jahr 1419 ist von einer kleinen Christengemeinde auf La Gomera die Rede. Beim zweiten Versuch des Normannen, die Insel zu erobern, unterwarfen sich ihm zwei der vier gomerischen Stämme, nämlich die von Agana und Ipalán, die beiden anderen (Mulagua, Orone) leisteten noch jahrzehntelang erfolgreich Widerstand. Auch unter **Hernán Peraza d. Ä.**, der ab 1447 die Insel regierte, war La Gomera noch immer nicht vollständig erobert. Nach dessen Tod erbte seine Tochter Inés das Eiland, und ab 1477 übte deren Sohn **Hernán Peraza d. J.** als königlicher Statthalter zusammen mit **Beatriz de Bobadilla** die Herrschaft über die Insel aus. Für die zwangschristianisierten Ureinwohner begann damit ein Schreckensregiment. So ließ Peraza ohne Rücksicht auch getaufte Ur-Gomeros versklaven und nach Spanien und Nordafrika verkaufen. 1488 rebellierte die geschundene Urbevölkerung gegen die Willkürherrschaft des Herrscherpaares, Hernán Peraza wurde ermordet. Die Rache der Spanier fiel grausam aus: Unzählige Ureinwohner wurden getötet oder als Sklaven verkauft (▶ Baedeker Wissen, S. 60). Die überlebenden, nicht versklavten Ur-Gomeros hispanisierten sich erstaunlich schnell. Viele vermischten sich durch Heirat mit den Eroberern, sie nahmen die Sprache, die Religion, die Sitten und Gebräuche der Spanier an, ordneten sich politisch völlig unter und passten sich in die neuen wirtschaftlichen Gegebenheiten ein. Anthropologischen Forschungsergebnissen zufolge soll die Mehrheit der heutigen kanarischen Bevölkerung von den Altkanariern abstammen – das gilt auch für die Bewohner von La Gomera.

Zwischenspiel: Kolumbus auf La Gomera

Christoph Kolumbus (▶ Berühmte Persönlichkeiten) ging bei seinen Entdeckungsfahrten wiederholt auf La Gomera an Land, um seine Lebensmittel- und Wasservorräte aufzufüllen. Erstmals soll er seinen Fuß am 12. August 1492 auf gomerischen Boden gesetzt haben und erst drei Wochen später (mit Intermezzo auf Gran Canaria) wieder in See gestochen sein. Er hat sich dann nochmals vom 5. bis 7. Oktober 1493 und am 19. Juni 1498 in San Sebastián aufgehalten.

Das Señorío

Nach der spanischen Eroberung bestanden auf den Kanaren zwei unterschiedliche Verwaltungssysteme: Während Gran Canaria, La Palma und Teneriffa (islas de realengo) direkt der spanischen Krone unterstellt wurden, galt für La Gomera ebenso wie für El Hierro, Lanzarote und Fuerteventura der sogenannte Señorío-Status (islas de señorío). Diese Inseln waren als feudalherrschaftliche »señoríos« (Grafenherrschaften) im Besitz der Adligen, die die Inseln erobert hatten. Im Lauf der Geschichte wechselte La Gomera mehrfach den Besitzer. Ab Mitte des 17. Jh.s hielt sich kein Mitglied der regierenden Inselfamilien mehr auf La Gomera auf bzw. bekam das Eiland jemals zu Gesicht. Diese zogen es vor, in Madrid oder auf Teneriffa zu residieren und in der Regel alle Angelegenheiten (Verwaltung, Rechtsprechung, Exportwirtschaft, Steuereinnahmen, Landverteilung gegen Pachtgebühren etc.) einem dort eingesetzten Verwalter zu überlassen. La Gomera hatte auch nicht viel zu bieten, zumindest nichts, was schnellen Reichtum versprach. Nach dem profitablen Handel mit Sklaven in der Eroberungsphase wurde Zucker die lukrativste Einnahmequelle der Insel. Mitte des 16. Jh.s verschlechterte sich infolge preisgünstigeren Zuckers aus Mittel- und Südamerika das Geschäft mit der süßen Ware, Ende des Jahrhunderts existierte nur noch eine von fünf gomerischen Zuckerrohrmühlen. Seide, Ziegen und Schafe, Weizen und Gerste, Färberflechte, Wein und Schnaps (aus qualitativ schlechten Reben) bildeten dann die Haupterzeugnisse. Sie dienten in erster Linie der Selbstversorgung und waren meist qualitativ den Erzeugnissen der anderen Kanaren unterlegen.

Aus diesem Brunnen in San Sebastián soll schon Kolumbus Wasser geschöpft haben.

Piratenangriffe

In Gefahr geriet La Gomera durch Piraten, die es auf Schiffe mit amerikanischem Gold und Silber abgesehen hatten und dabei nicht davor zurückschreckten, kanarische Hafenstädte anzugreifen, in denen die spanischen Überseeflottillen einen Zwischenstopp einlegten. Mehrfach wurde die Hauptstadt der Insel, San Sebastián, niedergebrannt: 1571 vom Franzosen Jean Capdeville, 1599 vom Niederländer van der Does, 1618 von den Algeriern Tabac Arraez und Soliman. Dagegen konnte die Flotte des seinerzeit wohl berühmtesten Seeräubers, Sir Francis Drake, so unter Artilleriebeschuss genommen werden, dass dieser den Befehl zum Abdrehen gab. Dank der Artillerie wurde auch der letzte Piratenangriff unter dem Engländer Charles Windham 1743 erfolgreich abgewehrt.

Steuerlast

Schlimmer als die Piratenüberfälle empfanden viele Gomeros die Steuern, die ihnen die Krone, die Kirche und die Inselherren auferlegten. 1762 kam es deshalb zu einem Aufstand, der kurz darauf von königlichen Truppen brutal niedergeworfen wurde.

19. JAHRHUNDERT

1812/1837	An die Stelle der Feudalherrschaft tritt das Kaziken-System.
19. Jh.	Auswanderung und Angst vor US-amerikanischer Invasion

Kaziken-System

1812 beschloss das spanische Parlament die Abschaffung der Señoríos, doch sollte es noch bis 1837 dauern, bis die jahrhundertelange Feudalherrschaft auf La Gomera tatsächlich ein Ende fand. Von der Änderung der Besitzverhältnisse profitierten in Anlehnung an Indio-Häuptlinge »caciques« genannte bürgerliche Großgrundbesitzer, die zwar nicht mehr so viele Privilegien wie ihre Vorgänger genossen, aber über die besten Ländereien regierten und die politische Macht auf der Insel in den Händen hielten. Für die kleinen Landpächter und Tagelöhner änderte sich damit nichts – sie blieben von ihrem jeweiligen Herrn abhängig. Selbst nach Ausrufung der Zweiten Spanischen Republik 1931 bestand das Kaziken-System weiter.

Wirtschaft und Auswanderung

Fast das ganze 19. Jh. hindurch blieb La Gomera am Rande des kanarischen Wirtschaftsgeschehens. Viele Gomeros versuchten auf den prosperierenden Nachbarinseln als Tagelöhner ein Auskommen zu finden. Wurden diese von Wirtschaftskrisen heimgesucht, musste La Gomera wieder als Auffanglager herhalten. Durch Rückkehrer und den natürlichen Anstieg der Einwohnerzahl wurde die Bevölkerung, von der rund 60 % am Rand des Existenzminimums lebte, schwer in Bedrängnis gebracht. Einen Ausweg sahen viele in der **Emigration**, die v. a. nach Kuba und Venezuela führte. Erst Ende des 19. Jh.s gingen die Auswandererzahlen zurück, viele Emigranten kehrten sogar wieder in ihre alte Heimat zurück. Ausschlaggebend hierfür waren verbesserte Wirtschaftsbedingungen. Der Anbau von Bananen und Tomaten versprach neue Erwerbsmöglichkeiten.

Amerikanische Bedrohung der Kanaren

Infolge der militärischen Auseinandersetzungen um die Unabhängigkeit der hispanoamerikanischen Kolonien im ersten Viertel des 19. Jh.s machten aufständische Freibeuter aus Hispanoamerika die kanarischen Gewässer unsicher. Sie bedrohten den Warenaustausch zwischen den einzelnen Inseln und vom Kanarischen Archipel in die Neue Welt. Darüber hinaus riefen südamerikanische Aufständische die Kanaren auf, sich ihrerseits, notfalls mit Gewalt, vom spanischen Mutterland zu lösen, auch von nordamerikanischen Plänen, die Inseln zu erobern, war häufig die Rede.

Das Gespenst einer Invasion tauchte noch einmal 1898 auf, mitten im spanisch-amerikanischen Krieg, als Spanien die Philippinen, Puerto Rico und Kuba an die USA verlor. Obwohl der US-Präsident Madrid versicherte, dass von seiten der USA nicht geplant sei, die Kanaren zu erobern bzw. den Archipel als Sprungbrett für Aktionen gegen Spanien zu nutzen, blieb auf den Inseln die Furcht vor einem

US-amerikanischen Überfall weiterhin bestehen. Strategisch wichtige Inselpunkte versuchte man durch zusätzliche Kanonen zu sichern, Freiwilligenverbände wurden ausgehoben. Zu einer tatsächlichen Bedrohung der Kanaren durch die USA kam es aber nicht.

20. JAHRHUNDERT UND GEGENWART

1912	Die Inseln erhalten eine örtliche Selbstverwaltung.
1936 – 1939	Spanischer Bürgerkrieg
1982	Bildung der Kanarischen Autonomen Region
1999	Eröffnung des Flughafens
2008	»Europäische Charta für Nachhaltigen Tourismus in Schutzgebieten«

1912 wurden auf den Kanaren die »cabildos insulares« (Inselregierungen) eingeführt; jeder Insel gestand man eine örtliche Selbstverwaltung zu. 1927 wurde der Kanarische Archipel in eine West- und eine Ostprovinz aufgeteilt: Seither gehört La Gomera mit Teneriffa, La Palma und El Hierro zur **Provinz Santa Cruz de Tenerife**.

Selbstverwaltung

Als im Juli 1936 spanische Militärs, darunter **General Francisco Franco**, der damalige Befehlshaber des Militärbereichs Kanarische Inseln, einen Putsch gegen die demokratisch gewählte republikanische Regierung auslösten, der sich schließlich zum Spanischen Bürgerkrieg (1936 – 1939) ausweitete und nach Francos Sieg in einer fast vierzigjährigen Diktatur endete, formierte sich auf La Gomera, in Vallehermoso und Hermigua, Widerstand (▶ Baedeker Wissen, S. 50). Man konnte sich allerdings nur wenige Tage gegen die Franco-Einheiten behaupten. Was folgte, waren Hinrichtungen, Folterungen, Verurteilungen zur Zwangsarbeit etc.

Spanischer Bürgerkrieg

In den ersten Jahren der Franco-Herrschaft emigrierten als Folge der politischen Unterdrückung und der wirtschaftlichen Restriktionen viele Gomeros heimlich – offiziell war die Auswanderung verboten – nach Hispanoamerika. In den »Jahren der großen Dürre« (1945 bis 1948) wanderten so viele aus, dass die gomerische Bevölkerung fast um die Hälfte schrumpfte.

Die beiden kanarischen Provinzen wurden 1982 zur »Kanarischen Autonomen Region« zusammengefasst. Wie die übrigen 16 Autonomen Regionen Spaniens erhielten die Kanaren eine Regionalverfassung (Autonomiestatut) sowie gewählte Vertretungskörperschaften. Das Inselparlament tagt seither abwechselnd in Santa Cruz de Tenerife und Las Palmas de Gran Canaria. Allerdings hat La Gomera einen eigenen **Inselrat**, den cabildo insular, sein Präsident ist der seit 1991 mehrfach wiedergewählte Casimiro Curbelo Curbelo (PSOE).

Autonome Region Kanaren

Spanischer Bürgerkrieg

La Gomera im Bürgerkrieg

Widerstand gegen den Putsch rechtsgerichteter Militärs, der den Spanischen Bürgerkrieg auslösen und die fast vierzigjährige Diktatur Francos nach sich ziehen sollte, gab es innerhalb des Kanarischen Archipels auch auf La Gomera. Auf Gnade durften diese Widerständler nach ihrer Niederlage nicht hoffen.

Als am 18. Juli 1936 der auf die Kanaren strafversetzte **General Franco** von Gran Canaria nach Afrika übersetzte, um dort stationierte Truppen nach Spanien in den Kampf gegen die rechtmäßig gewählte Volksfront-Regierung in Madrid zu führen, begann ein dreijähriger blutiger Bürgerkrieg. Er endete im März 1939, als Madrid in die Hände der Franco-Truppen fiel.

Widerstand

Vom Putsch der Militärs erfuhr auf La Gomera als erster der Chef der Guardia Civil von Vallehermoso, Hauptfeldwebel Francisco Mas García. Der Inselabgeordnete Antonio Macía León unterrichtete ihn am 18. Juli um 7.00 Uhr morgens per Telefon und wollte wissen, wie sich der Polizeichef verhalten würde. Der »geradlinige Mann« (ein Zeitzeuge) antwortete, dass er natürlich die rechtmäßige Regierung verteidigen würde. In Zusammenarbeit mit der Gewerkschaft (Federación Obrera) versuchte die Guardia Civil alle nur erdenklichen Waffen aufzutreiben und verminte mit selbst gebastelten Bomben die einzige Brücke, über die Vallehermoso erreichbar war. Einen Tag später berichtete die in Las Palmas de Gran Canaria erscheinende Zeitung »Hoy«, dass La Gomera von Franco-Truppen eingenommen sei. Doch so weit war es noch nicht. Erst am 23. Juli landete eine Einheit von 40 Aufständischen in San Sebastián. Sie eilten unverzüglich nach Vallehermoso. Es entbrannte ein zweistündiger Schusswechsel, dann zog sich der franquistische Stoßtrupp nach Hermigua zurück.

Sieger ohne Gnade

Als drei Tage später 100 Mann Verstärkung aus Teneriffa eintrafen, musste sich das republikanische Vallehermoso der Übermacht ergeben. Mit ihren Gegnern kannten die Putschisten kein Pardon. Der Hauptfeldwebel, der Präsident der örtlichen Gewerkschaft und der Bürgermeister endeten vor **Erschießungskommandos**, über 60 Personen wurden verhaftet und z. T. schwer gefoltert. Der gomerische Widerstand gegen Franco war für immer gebrochen.

General Franco, der Spanien fast 40 Jahre regierte.

Geschichte • HINTERGRUND

Politische Entwicklung in jüngster Zeit

Mit dem **EG-Beitritt** Spaniens (1986), das nach dem Tode Francos (1975) in eine konstitutionelle Monarchie umgewandelt worden war, ergaben sich für La Gomera zunächst keine wirtschaftlichen Konsequenzen, da die Kanarischen Inseln zur Sicherung ihres Status als Freihandelszone die Mitgliedschaft verweigerten. Aufgrund der spezifischen Insellage wurde deshalb für die Kanaren ein Sonderabkommen geschlossen. 1989 entschied sich das kanarische Parlament dann doch zum Beitritt in die Europäische Gemeinschaft, um vor allem von den EG-Subventionen und Strukturhilfen zu profitieren und den kanarischen Exportprodukten einen freien Zugang zum europäischen Binnenmarkt zu ermöglichen. Seit 1993 sind die Kanarischen Inseln voll in die EU (Europäische Union) integriert.

Einen Einschnitt in der Inselgeschichte bedeutete die 1999 erfolgte **Eröffnung des Flughafens** von La Gomera, um dessen Bau jahrzehntelang gestritten worden war. Die damit verbundenen Hoffnungen, auf eine starke Zunahme der Touristenzahlen haben sich bisher (glücklicherweise?) noch nicht erfüllt, denn der Flughafen ist für große Chartermaschinen zu klein und dient im Wesentlichen dem zwischeninsularen Verkehr. Der 2003 eröffnete 18-Loch-Golfplatz in Playa de Santiago sollte die Insel auch für den »Qualitätstourismus« öffnen. In dieselbe Richtung zielte der Ausbau des Hafens von Vueltas in Valle Gran Rey zum Fähr- und Kreuzschifffahrthafen.

Nachhaltiger Tourismus

Als erstes Urlaubsziel der Kanaren hat La Gomera die »Europäische Charta für Nachhaltigen Tourismus in Schutzgebieten« des EUROPARC, des Dachverbands der europäischen Nationalparks, erhalten. Das Konzept: Im Reisegebiet soll ein umweltbewusster, naturverträglicher Urlaub unter Berücksichtigung sozialer, kultureller und ökonomischer Erfordernisse ermöglicht werden, das heißt, alle Interessengruppen werden einbezogen. Beispielsweise soll die touristische Infrastruktur behindertengerecht gestaltet werden, hinzu kommt u. a. der weitere Ausbau von Wanderwegen und Aussichtspunkten.

Biosphärenreservat der Unesco

Im Juli 2012 wurde die gesamte Insel in die Liste der Biosphärenreservate aufgenommen. Als Besonderheit wurde dabei u.a. die traditionelle landwirtschaftliche Terrassenbewirtschaftung herausgestellt. Die Anerkennung zum Biosphärenreservat ist ein wichtiger Schritt zum Erhalt der Naturlandschaften und Artenvielfalt. Einen herben Rückschlag erlitt La Gomera allerdings wenige Wochen später, als ein verheerender Waldbrand große Teile der Insel verwüstete (▶ Baedeker Wissen, S. 21).

Kunst und Kultur

Kunstgeschichte und Folklore

Die Ur-Gomeros haben künstlerischen Spuren hinterlassen. Es gibt einige schöne Beispiele spanischer Kolonialarchitektur zu entdecken. Und zu den traditionellen Sportarten zählt »lucha canaria«.

ALTKANARISCHE KUNST

Die Hinterlassenschaften der Ur-Gomeros, der vorspanischen Bevölkerung, sind spärlich. Erhalten hat sich jedoch auf La Gomera bis in die heutige Zeit die Herstellung von **Keramikgegenständen** ohne Töpferscheibe. Ebenso wie es bereits bei den Ur-Gomeros Tradition war, werden Schalen und sonstige Gefäße freihändig geformt. Die Gefäße sind mit Hohlgriffen versehen, die zugleich als Ausgusstüllen dienen. In den kleinen Museen der Insel sieht man alte Keramik, es sind überwiegend einfache Gebrauchsgegenstände, die meist nur mit ornamentalen Kerben dekoriert sind.

Töpferwaren aus vorspanischer Zeit

KUNSTGESCHICHTE

Mit kunsthistorisch bedeutsamen Bauten ist der gesamte Kanarische Archipel nicht gerade reich gesegnet, umso weniger die kleine und arme Insel La Gomera. Die ersten sakralen Bauten, die die Konquistadoren errichteten, waren kleine Kapellen im ländlichen Stil, meist mit einem simplen, rechteckigen Schiff, eventuell einer kleinen Sakristei und einem einfachen Glockengiebel. Die **Ermita de San Sebastián**, Mitte des 15. Jh.s als erstes Gotteshaus auf La Gomera errichtet, bewahrt noch Reste des ursprünglichen andalusischen Kachelbodens und den Seiteneingang mit Spitzbogen.
Seit den Katholischen Königen bzw. der Zeit des Christoph Kolumbus bildeten sich in der gomerischen Kunst Eigenheiten heraus, wie das 500 Jahre alte Portal der **Asunción-Pfarrkirche** in San Sebastián mit dem seilartig geflochtenen Spitzbogen und dem Glockengiebel in portugiesischem Stil. Den typischen andalusischen **Mudéjar-Stil** (eine Vermischung maurischer mit gotischen bzw. Renaissanceformen), der auf den Kanaren vor allem in Holzkonstruktionen zum Ausdruck kommt, kann man an den Seitenportalen aus kanarischem Kiefernholz und den teils getäfelten Decken sehen. Der Barockstil

Sakrale Bauten

Bei den Fiestas – wie hier der Dreikönigsprozession im Valle Gran Rey – sind Jung und Alt dabei.

Asunción-Pfarrkirche in San Sebastián

des 17. Jh.s hat auch auf den Kanaren Spuren hinterlassen. Beispiele sind die Fassaden der Seitenschiffe der Asunción-Kirche oder die Kirche von Alajeró aus dem späten 17. Jh. Auch der Neoklassizismus und der Eklektizismus bringen bauliche Veränderungen, die oft nur äußerlich bleiben, so bei zwei in den 1920er-Jahren vom Architekten Pintor y Ocete erbauten Kirchen in Vallehermoso und Agulo.

Das mit Abstand älteste profane Bauwerk ist die **Torre del Conde** in San Sebastián. Sie wurde 1447 im kastilischen Stil als Teil der Stadtbefestigung errichtet.

Traditionelle Hausarchitektur

Die traditionelle Hausarchitektur entspricht der auf den übrigen Kanarischen Inseln. Die Häuser auf La Gomera sind in ihrem Baustil jedoch den jeweiligen landschaftlichen Gegebenheiten und den wirtschaftlichen Verhältnissen angepasst. Einige prächtige Bürgerhäuser im altkanarischen Stil, meist mit kunstvoll geschnitzten Holzbalkonen und Balustraden, Zwischengeschoss und Ausguck (mirador) sowie kühlem Innenhof hinter mit Dreieckgiebeln geschmücktem Portal sind in San Sebastián, Agulo und Vallehermoso erhalten. Im durch Rodung verarmten Zentrum der Insel (El Cercado, Chipude) findet man neben oft heruntergekommenen traditionellen einstöckigen Häusern mit Ziegeldächern auch typische **Bruchsteinhäuser**, in Arure aus Tuffstein gebaute Häuser. Außergewöhnlich sind die lang gezogenen, einstöckigen Bauernhäuser in Tamargada.

KUNSTHANDWERK UND FOLKLORE

Kunsthandwerk

Zu den traditionellen Handwerkskünsten gehören die Korbflechterei, die Töpferei nach altkanarischem Vorbild (▶ oben), Holzschnitzerei und Weberei, aber auch die Herstellung traditioneller Musikinstrumente.

Fiestas

Wie alle Kanarier pflegen auch die Gomeros die Traditon der Fiestas. An den religiösen Ursprung erinnern die Messen und anschließenden **Prozessionen** – auch Schiffsprozessionen – zu Ehren der Schutzheiligen. Angeführt werden diese Prozessionen von Trommlern und begleitet von tanzenden Dorfbewohnern bzw. Folkloregruppen in traditioneller Tracht, wobei die Frauen einen großen Strohhut, ein gelbes Seidentuch, eine weiße Bluse, ein schwarzes

Leibchen, einen blauen Rock, oft mit rotem Unterrock, und Knöpfstiefel tragen und die Männer einen Filzhut, ein Leinenhemd unter einer Weste und eine Dreiviertelhose aus Wollstoff, eine Schärpe und Gamaschen. Ein gebräuchliches Symbol fast aller Feste auf La Gomera ist El Ramo, ein kleiner Baum aus Zuckerrohr, der mit Früchten, Blumen und typischen Produkten der Gegend geschmückt wird. Weitere kulturelle Veranstaltungen mit feilgebotenem Kunsthandwerk und Sportwettbewerbe (▶ unten) oder einem Sprung übers Feuer (als Höhepunkt der Fiesta San Marcos am 25. April in Agulo) folgen. Zu nennen wären auch die in Form des traditionellen Silbo ausgetragenen Streitgespräche und spielerischen Wettbewerbe zwischen den einzelnen Barrios, die man im Juni in Agulo miterleben kann. Der typische, auf lateinamerikanische Ursprünge zurückgehende **Baile del tambor**, das Kernstück der Folklore auf La Gomera, wird von Schlägen (ausschließlich von Männern) auf kleine, mit Ziegenfell überzogene Trommeln und dem »Peitschenknall« der Riesenkastagnetten (auch von Frauen bediente Chácaras) sowie einem monotonen Männergesang, Balladen über lokalhistorische, alltägliche Themen, über Liebe und Tod, begleitet. Die beiden größten Fiestas, das Chipude-Fest am 15. August, und das Fest der Jungfrau von Guadalupe (ähnlich der Bajada de la Virgen des los Reyes auf El Hierro), werden auch von anderen typischen Musikinstrumenten begleitet wie der kanarischen gitarrenähnlichen, vier- oder fünfsaitigen **Timple**, Flöten oder einfach zwei Stöcken zum Taktschlagen.

Eine typisch traditionelle Sportart des Archipels, die auch auf La Gomera praktiziert wird, ist **lucha canaria** (Kanarischer Ringkampf). Auf einem kreisförmigen Kampfplatz mit einem Durchmesser von 9 bis 10 m stehen sich zwei Kämpfer gegenüber, die jeweils einer zwölfköpfigen Mannschaft angehören. Die barfüßigen Sportler tragen feste Hemden und bis über die Oberschenkel hochgekrempelte Hosen, an denen sich der Gegner festhalten kann. Sieger von beiden »luchadores« ist, wem es gelingt, den anderen innerhalb von zwei Minuten auf den Boden zu werfen.

Traditionelle Sportarten

Eine andere kanarische Sportart, bei der dem Gegner wie beim Kanarischen Ringkampf niemals ernsthaft wehgetan werden darf, ist **juego del palo** (Stockkampf bzw. Stockfechten). Bei diesem große Geschicklichkeit erfordernden Kampf simulieren die beiden Gegner nach festen Regeln mit bis zu 2,5 m langen Stöcken Angriff und Abwehr, d. h. die angedeuteten Schläge, Hiebe und Stiche, die ohne großen Körpereinsatz ausgeteilt werden sollen, enden oft nur Millimeter vor dem Körper des Gegners.

Unter **levantamiento de piedra** darf man sich ein Gewichtheben mit Steinen vorstellen. Dabei muss ein schwerer Stein, wie eine Hantel beim modernen Gewichtheben, mit ausgestreckten Armen über den Kopf gehoben oder auf der Schulter getragen werden.

Berühmte Persönlichkeiten

CHRISTOPH KOLUMBUS (1451 – 1506)

Als am 12. August 1492 der in Genua geborene, im Auftrag der Katholischen Könige von Spanien segelnde Christoph Kolumbus in San Sebastián vor Anker ging, konnten die Gomeros noch nicht ahnen, dass sie damit Zeugen des für ihre Insel historisch bedeutsamsten Ereignisses wurden, dass von diesem Gast, der drei Wochen später von La Gomera aus in See stach, Amerika entdeckt werden sollte.

Entdecker

Für die Kanaren als Sprungbrett über den bis dahin noch unbekannten Ozean entschied sich **Cristóbal Colón**, wie ihn die Spanier nennen, aus zweierlei Gründen: Von hier aus konnten seine drei Schiffe die beständig aus nordöstlicher Richtung wehenden Passatwinde nutzen, außerdem befanden sich Indien, das Kolumbus über die Westroute erreichen wollte, und vor allem Cipangu (Japan) auf dem vom Nürnberger Martin Behaim 1492 entworfenen Globus auf derselben Breite wie der Kanarische Archipel. Am 9. August 1492 lief Kolumbus mit der »Santa María«, »Pinta« und »Niña« Gran Canaria an, um an der »Pinta« ein Ruder reparieren zu lassen. Dann brach er mit den anderen beiden Schiffen nach La Gomera auf, um dort, wie er erklärte, ein anderes hochseetüchtiges Schiff aufzutreiben. »Schon seit zwei Tagen befinde ich mich in einer Flaute und bin immer noch nicht imstande, La Gomera zu ereichen, obgleich ich es in der Ferne sehen kann«, schrieb er am 11. August in sein Logbuch (Robert H. Fuson, Hrsg.: Das Logbuch des Christoph Kolumbus, Gustav Lübbe Verlag, Bergisch Gladbach 1989). Einen Tag später konnte er endlich frohlocken: »Heute – Gott sei gelobt! – lief ich La Gomera an und schickte ein Boot an Land.« Zu seiner Enttäuschung fand er auf der Insel aber kein entsprechendes Schiff. Jedoch teilte man ihm mit, dass Doña **Beatriz de Bobadilla**, die Inselherrin, jeden Augenblick aus Gran Canaria mit einer 40-Tonnen-Karavelle, die seinen Erfordernissen entsprach, zurückerwartet werde. Als die Herrscherin über La Gomera nicht eintraf, machte sich Kolumbus am 24. August wieder in Richtung Gran Canaria auf. Unterwegs wurde er Zeuge eines Ausbruchs des Teide auf Teneriffa. Am 2. September kehrte Kolumbus mit allen drei Schiffen nach La Gomera zurück, um noch einmal Lebensmittel und Wasservorräte zu laden. Als letztes sollte der Schiffszwieback an Bord gebracht werden. »Es dauert lange, ihn zu bereiten, da man auf La Gomera, anders als in Spanien und Portugal, nicht über die entsprechenden Einrichtungen verfügt.«

Warum wählte Kolumbus gerade La Gomera als letztes Ziel vor der großen Überfahrt? Vermutlich schlicht deswegen, weil die Insel damals der westlichste Außenposten des spanischen Reiches war (Teneriffa und La Palma waren noch gar nicht vollständig erobert). Ro-

Beatriz de Bobadilla: Ihr Spitzname lautete »Die Jägerin« – Jagd machte sie allerdings nicht nur auf Liebhaber ...

mantischer klingt jedoch die Erklärung, Kolumbus hätte ein Techtelmechtel mit der Inselherrscherin, Beatriz de Bobadilla, gehabt. Er selbst schreibt in seinem Bordbuch: »Auf dieser Insel leben viele ehrenwerte Spanier, die Gebieterin der Insel Doña Beatriz de Pedraza y Bobadilla eingeschlossen« und »fasse ich alles ins Auge, so kann ich mich nicht über die Hilfe beklagen, die mir die Leute von La Gomera haben angedeihen lassen«. Ein Genueser Freund des Entdeckers schrieb damals, Kolumbus sei »in Liebe entbrannt« gewesen. Doch Historiker zweifeln daran, dass es zwischen den beiden ein leidenschaftliches Verhältnis gegeben habe.

Am 6. September ließ Kolumbus in San Sebastián die Anker lichten. Die große Entdeckungsfahrt begann. Auch bei seiner zweiten (1493–1496) und dritten (1498 –1500) Entdeckungsfahrt machte Christoph Kolumbus Station auf La Gomera. Erst bei seiner vierten Reise (1502 – 1504) gab er Gran Canaria den Vorzug. Dem zeitgenössischen Geschichtsschreiber Ruy de Pina zufolge soll Kolumbus 1492 nicht zum ersten Mal auf La Gomera gewesen sein. Schon viele Jahre zuvor habe er längere Zeit vollkommen zurückgezogen auf dieser Insel gelebt, um hier Marco Polos »Beschreibung der Welt« zu studieren und sich auf seine späteren Entdeckungsfahrten vorzubereiten. Eindeutige Beweise hierfür gibt es nicht. Die Gomeros jedenfalls haben auch so allen Grund, sich stolz Isla Columbina, »Insel des Kolumbus«, zu nennen.

BEATRIZ DE BOBADILLA (1457/1465 – 1504)

Inselherrscherin

Weniger gern als auf Kolumbus besinnt man sich auf der Insel an Beatriz de Bobadilla, eine von Festlandspanien nach La Gomera verbannte Hofdame. »La Cazadora« (Die Jägerin) lautete ihr Spitzname, den sie sich wahrscheinlich durch ihre erotischen Abenteuer am spanischen Hof eingehandelt hatte. »Jagd« aber machte sie nicht nur auf Liebhaber. Wegen ihrer Grausamkeiten gegenüber Aufständischen sowie Untergebenen, von denen sie sich verraten fühlte, war sie bei vielen so verhasst, dass zeitgenössische Chronisten kein gutes Haar an ihr ließen, was die objektive Bewertung ihrer Person im Nachhinein natürlich nicht erleichtert (▶ Baedeker Wissen, S. 60).

ANTONIO JOSÉ RUIZ DE PADRÓN (1757–1823)

Geistlicher und Politiker

Der bedeutendste Politiker, den die Insel hervorgebracht hat, ist der **Franziskanerpater** Antonio José Ruiz de Padrón. Der vielseitig interessierte Mann reiste gern und viel, u. a. in die Vereinigten Staaten von Amerika, nach Kuba, Frankreich, Italien und Spanien (er war mit George Washington und Benjamin Franklin bekannt). 1811 wurde er zum Abgeordneten der vier kleineren Kanarischen Inseln La Gomera, El Hierro, Lanzarote und Fuerteventura in die spanischen Cortes (Parlament) gewählt. Ihren Sitz hatten die Cortes 1808 von Madrid ins andalusische Cádiz verlegen müssen, nachdem Napoleon Bonaparte 1808 Spanien überfallen und das spanische Königtum zur Abdankung gezwungen hatte. Das Parlament von Cádiz suchte nun nach Möglichkeiten, sich gegen den fremden Usurpator zur Wehr zu setzen, und erarbeitete eine neue, eine liberale Verfassung. Bei der Erstellung der Constitución de Cádiz kam Padróns Stunde. Voller Engagement plädierte der Geistliche, für den der Katholizismus der einzige wahre Glaube war und blieb, für die Abschaffung der Inquisition, die er als »unerträgliches Joch« bezeichnete. Er untermauerte seine Angriffe gegen die Inquisitoren mit dem Hinweis, dass Gott ja nicht den Tod des Sünders, sondern dessen ernstgemeinte Läuterung wolle. Mit diesem Plädoyer machte sich Padrón 1812 im ganzen spanischen Reich einen Namen. Ein Jahr später entsprachen die Cortes seinem Vorschlag und hoben das berüchtigte Tribunal auf (1814 im Zuge der Restauration vorübergehend wieder eingeführt und erst 1820 in Spanien endgültig abgeschafft).

Weitere Anliegen von Ruiz de Padrón waren die Errichtung eines Bischofssitzes auf Teneriffa (1819 realisiert) und die Trennung der Kanaren in einen östlichen und einen westlichen Teil, was erst 1927 verwirklicht wurde.

Mit seiner liberalen Gesinnung machte sich der gomerische Geistliche auch viele Feinde. In der restaurativen Phase (ab 1814) wurde er zu einer lebenslänglichen Haft verurteilt. Drei Jahre war er inhaftiert, dann erließ man ihm die Strafe. Er musste sich jedoch bereit erklären, in seine alte Abtei zurückzukehren. Nach seinem Tod versuchten seine Gegner, jedmögliche Spur seiner Existenz zu vernichten, er sollte vollständig aus dem Gedächtnis der Kanarier verschwinden.

JOSÉ AGUIAR (1895–1975)

José Aguiar ist der berühmteste Künstler von La Gomera, der weit über die spanischen Grenzen hinaus bekannteste Maler der westkanarischen Inselwelt. Auch in Deutschland machte er sich mit seinen Ausstellungen einen Namen.   **Maler**

Geboren wurde José Aguiar als Sohn gomerischer Auswanderer auf Kuba, die kurz nach seiner Geburt wieder nach La Gomera zurückkehrten und ihn dort, in Agulo, taufen ließen. 1914 begann Aguiar in Madrid mit dem Jurastudium, 1916 wechselte er zur Malerei über, die er an der Madrider Escuela de Bellas Artes de San Fernando studierte. Nach dem Studium lebte er wieder auf seiner Heimatinsel, wo

Beatriz de Bobadilla

Schön und grausam

Sie war schön und sie war grausam. Unter ihrer Regentschaft wurde La Gomera schließlich endgültig erobert, erlebte das Eiland die blutigste Epoche seiner Geschichte. Beatriz de Bobadilla galt auch als »mannstoll«. Ihr berühmtester Liebhaber soll Christoph Kolumbus gewesen sein.

Fischer berichteten von den unmenschlichen Schreien der Liebhaber von Beatriz de Bobadilla, die, Opfer der angeblich ungezügelten Lust der grausamen Nymphomanin, sadistisch gefoltert wurden, so der Argentinier **Abel Posse** in seinem Roman »Los perros del paraíso« (»Die Hunde des Paradieses«) über die Entdeckungsreisen von Kolumbus.

Die Verbannte

Wann genau Beatriz de Bobadilla das Licht der Welt erblickte, ist nicht bekannt. Man nimmt an, dass sie zwischen 1457 und 1465 geboren wurde. Sicher ist, dass sie in königlichen Diensten stand, dass sie eine **Hofdame** der kastilischen Königin Isabel war, allerdings in untergeordneter Funktion (nicht zu verwechseln mit ihrer gleichnamigen Tante, die als enge Vertraute von Isabel galt). Beatriz lebte nur einige Jahre am Hof, bis sie in den Verdacht geriet, mit Fernando, dem König von Aragón und Gemahl von Isabel, eine Liebschaft zu unterhalten. »Einmal wurde sie von Fernando nackt in eine Ritterrüstung gesperrt« (Abel Posse). Fest steht, dass Fernando kein Kostverächter war. Beatriz aber soll ihn wegen ihrer Jugend und ihrer Schönheit besonders fasziniert haben. Für die Königin gab es nur eine Lösung: Die vermeintliche Nebenbuhlerin musste weg. Da kam es Isabel gelegen, dass **Hernán Peraza der Jüngere**, Herr auf La Gomera seit 1477, am spanischen Hof erwartet wurde. Weil er 1481 auf La Gomera einen rivalisierenden Militärführer namens Juan Rejón getötet hatte, musste er sich vor den Katholischen Königen verantworten. Das Problem war schnell gelöst. Hernán Peraza verpflichtete sich, Gran Canaria zu erobern und – Beatriz de Bobadilla zu ehelichen. Im Gegenzug ließ das spanische Herrscherpaar den Tötungsvorwurf fallen.

Grausame Herrscherin

Mit der Ankunft der wunderschönen Beatriz auf La Gomera änderte sich für die dort lebende altkanarische Bevölkerung wenig. Die neue Inselherrin zeigte sich im Umgang mit den Ur-Gomeros nicht weniger brutal und rücksichtslos als zuvor schon ihr jetziger Ehemann. Gegen die Willkürherrschaft der beiden versuchten sich die Insulaner aufzulehnen, doch mit von Gran Canaria zur Hilfe herbeigeholten spanischen Truppen konnte der Aufstand rasch niedergeschlagen werden. Pardon kannten die Sieger nicht. Viele Gomeros wurden hingerichtet. Doch die einheimische Bevölkerung wusste sich zu wehren, das Verhältnis mit einem einheimischen Mädchen namens Ibal-

In der Torre del Conde suchte Beatriz de Bobadilla Schutz.

la wurde Hernán Peraza zum Verhängnis. Drei Gomeros lauerten ihm 1488 bei einem Stelldichein auf, und einer von ihnen mit dem Namen Hautacuperche soll den Inseldespoten mit einer Lanze durchbohrt und getötet haben. Die Nachricht von diesem Mord ermunterte die Ur-Gomeros zu einem neuen **Aufstand**. Als Beatriz davon erfuhr, schloss sie sich mit ihren Kindern in der Torre del Conde von San Sebastián ein und bat den Gouverneur von Gran Canaria, Pedro de Vera, um Hilfe. Gegen das schwer bewaffnete Heer hatten die Gomeros keine Chance. Wieder folgte ein Strafgericht. Die Unnachgiebigkeit der neuen Inselherrin bekamen auch die spanischen Untergebenen zu spüren. 1498 ließ sie – mittlerweile mit **Alonso Fernández de Lugo**, dem Eroberer von La Palma und Teneriffa, verheiratet, mit dem sie nach Teneriffa zog – den Statthalter von La Gomera, der im Verdacht stand, sich an den Lehensrechten ihres minderjährigen Sohnes vergangen zu haben, ohne Umschweife erhängen.

Liebesgeheimnisse

Gern wird auf La Gomera erzählt, Beatriz habe ein leidenschaftliches Verhältnis mit **Christoph Kolumbus** gehabt. Auch wenn eine Quelle berichtet, Kolumbus sei »in Liebe entbrannt« gewesen, so gibt es keinen sicheren Beleg für eine Liebesbeziehung zwischen beiden. Es lässt sich nicht einmal beweisen, dass sich Kolumbus und Beatriz jemals persönlich begegnet sind. In Abel Posses Roman jedenfalls kannten und liebten sie sich. Heiraten wollte der Entdecker die schöne Witwe wegen ihrer Grausamkeiten aber nicht.

Das Ende ...

Die letzten Lebensjahre verbrachte Beatriz de Bobadilla mit dem Prozessieren um Anrechte auf Teile des Kanarischen Archipels, die ihr über ihre beiden Männer, Hernán Peraza und Alonso Fernández de Lugo, auch zustanden. Sie hatte damit wenig Erfolg. 1503 reiste Beatriz nach Spanien, dort starb sie 1504 an Gift, so die eine Vermutung, aus »Gram über die Erbstreitigkeiten«, wie andere meinen.

er 1924 das 3 x 3 m große Gemälde »Romería de San Juan«, eine Wallfahrtsszene, schuf. In diesem Bild hielt er das Alltagsleben der Gomeros fest, ein Thema, das in fast allen seinen Erstlingswerken wiederkehrt. In seinen Spätwerken – er lebte schon längst wieder in Madrid – herrschen hingegen religiöse Themen vor. Vor allem diese Gemälde wurden von vielen Kritikern als zu monumental, zu »kitschig« beanstandet.

Aguiar hegte große Sympathie für das Franco-Regime. 1940 ergriff er in einem offenen Brief, mit dem er die spanischen Künstler an ihre Verantwortung gegenüber dem Regime erinnern wollte, Partei für General Franco. Der Künstler starb 1975 in seinem Landhaus in der Nähe von Madrid.

PEDRO GARCÍA CABRERA (1905–1981)

Dichter
Pedro García Cabrera galt schon zu Lebzeiten als einer der bedeutendsten Dichter der Kanarischen Inseln. Dies schützte ihn aber nicht davor, als unliebsamer Regimegegner ins Gefängnis geworfen zu werden.

Geboren in Vallehermoso (La Gomera), lebte Pedro García Cabrera nach einem mehrjährigen Aufenthalt im andalusischen Sevilla auf Teneriffa. Schon in sehr jungen Jahren begann seine literarische Aktivität. In der Zeitschrift »Hespérides« veröffentlichte er seine ersten Artikel; mit anderen kanarischen Schriftstellern, einer Gruppe von Surrealisten, gründete er die Zeitschrift »Cartones« (1928) und die »Gaceta de Arte« (1932–1935), die wichtigste Zeitschrift der kanarischen Avantgarde. Nach einer dichterischen Anfangsphase in den 1920er-Jahren schrieb er in den 1930ern Gedichte, die stark vom Surrealismus geprägt waren und die er selbst als »die Ordnung des Abstrakten« bezeichnete.

Auch politisch war García Cabrera stark engagiert. Seit 1931 gehörte er der sozialistischen PSOE an und kandidierte bei Gemeindewahlen. Zu Beginn des Spanischen Bürgerkriegs (1936–1939) wurde er mit vielen anderen ins afrikanische Villa Cisneros (Spanisch-Sahara) deportiert. Dort gelang der einzige, von Kanariern gegen Franco-Truppen durchgeführte Militärschlag. Mit Hilfe republikanischer Soldaten überfielen 23 Deportierte die kleine Garnison und entführten ein Postboot, mit dem sie sich in die republikanische Zone absetzten, um sich dort am Kampf gegen Franco zu beteiligen. Nach dem Krieg wurde García Cabrera zu lebenslanger Haft verurteilt, doch schon nach fünf Jahren (1946) begnadigt.

Neben Gedichten schrieb García auch Kurzgeschichten, Erzählungen und Theaterstücke. In seiner zweiten schöpferischen Phase, die nach dem Krieg begann, setzte er sich vorwiegend mit der Gesellschaft, mit dem Leben unter der Diktatur auseinander. In seinen Gedichten beschwor er die Freiheit, hoffte auf eine gerechtere Gesellschaft. Natürlich waren diese Gedichte zeitweise verboten. Seiner Popularität tat das keinen Abbruch – eher im Gegenteil. 1981 starb der Dichter in Santa Cruz de Tenerife.

FREDRIK OLSEN (geb. 1929)

Neben Christoph Kolumbus ist Olsen der bekannteste Name der Insel. Sogar Touristen kennen ihn, setzen doch die meisten mit Fährschiffen dieser Familie von Teneriffa nach La Gomera über.
Begonnen hat alles mit Thomas Olsen, einem aus Norwegen stammenden Geschäftsmann. 1923 erwarb er zusammen mit seinem spanischen Geschäftspartner Álvaro Rodríguez López große Ländereien im Süden La Gomeras, genauer im Barranco de Santiago, und ließ hier Bananen- und Tomatenplantagen anlegen, auf denen zahlreiche arbeitslose Gomeros nun ein Einkommen fanden. Darüber hinaus richtete er mit der Ferry Gomera S. A. eine regelmäßige Schiffsverbindung zwischen Teneriffa und La Gomera ein. Sein Sohn Fredrik vergrößerte das väterliche Erbe erheblich. 1978 kaufte er die Ländereien der mittlerweile bankrotten Firma Rodríguez López auf. Heute besitzt die Familie Olsen den meisten Grund und Boden auf La Gomera und ist der wichtigste Arbeitgeber der Insel.
Vor allem aber engagiert sich Fredrik Olsen im Transportwesen und im Tourismusgeschäft. Die **Schifffahrtslinie** Fred. Olsen S. A. dominiert mittlerweile den interinsularen Fährverkehr der Kanaren. Mit dem **Hotel Jardín Tecina** nebst angeschlossenem Golfplatz in Playa de Santiago besitzt Fredrik Olsen die größte touristische Anlage der Insel, natürlich wird auch im Restaurantbetrieb mitgemischt, den Olsens gehört das Restaurant Las Rosas in der gleichnamigen Ortschaft bei Agulo. Die Gründung des Parque Etnográfico Pirámides, des Pyramidenparks von Güímar auf Teneriffa, ist Fredrik Olsens Initiative und der des norwegischen Ethnologen Thor Heyerdahl zu verdanken. In unmittelbarer Nachbarschaft des Hotels Tecina entstand auf 225 000 m² der Pueblo Don Thomas, eine exklusive Wohnanlage mit käuflichen Villen und Apartments sowie einem zugehörigen Gesellschaftsclub und Golfplatz. Kein Wunder, dass sich an der Einschätzung Fredrik Olsens die Geister scheiden. Die einen schätzen ihn, weil er vielen als Arbeitgeber ein Einkommen beschert, die anderen fürchten, dass das Olsen-Imperium immer mächtiger und damit unkontrollierbarer wird.

Unternehmer

ERLEBEN UND GENIESSEN

Wo liegen die schönsten Strände? Wo kann man am besten wandern? Bei welchen Festen muss man dabei sein? Was hat die Gastronomie von La Gomera zu bieten?

Essen und Trinken

Bäuerliche Landküche mit Pfiff

Große kulinarische Offenbarungen dürfen von der kanarischen Küche nicht erwartet werden, sie gibt sich bisweilen ziemlich deftig und lebt in erster Linie von dem, was Land und Meer hergeben. Trotz der bodenständigen Ausrichtung hält sie dennoch einige originelle Gerichte bereit, etwa Runzelkartoffeln mit pikanter Mojosauce oder für Leckermäuler den Mousse de Gofio als süße Nachspeise. Und das Valle Gran Rey überrascht mit einer multi-kulturellen frischen Szene-Küche von Carpaccio bis Tofu.

Wie auf dem spanischen Festland gibt man sich auch auf den Kanaren mit einem leichten **Frühstück** zufrieden: Zu einer Tasse Kaffee isst man etwas Süßes, z. B. eine »magdalena«, einen kleinen runden, weichen, trockenen Kuchen, oder eine »tostada«, ein geröstetes Brot mit Butter, Marmelade, Streichwurst oder Olivenöl als Aufstrich. Mehr Bedeutung haben für die Spanier **Mittagessen** (almuerzo) und **Abendessen** (cena), zu denen in der Regel jeweils drei Gänge serviert werden. Anders als in mitteleuropäischen Ländern nimmt der Spanier und damit auch der Kanarier die beiden Hauptmahlzeiten zu einem späteren Zeitpunkt ein: Das Mittagessen kommt zwischen 13.00 und 15.30 Uhr auf den Tisch, das Abendessen erst ab 20.00 Uhr. In großen Hotels und Ferienanlagen hat man sich auf mitteleuropäische Essenszeiten eingestellt und serviert schon ab 12.00 bzw. 18.00 Uhr. Auch ist das Frühstück hier bedeutend reichhaltiger.

Gegessen wird spät ...

> **BAEDEKER WISSEN**
>
> *Für den kleinen Hunger*
>
> Eine Spezialität sind die auch auf dem spanischen Festland gern servierten »tapas«, Appetithäppchen, die als Vorspeise oder Zwischenmahlzeit auf kleinen Schälchen gereicht werden, z. B. luftgetrockneter Schinken (jamón serrano), Ziegenkäse (manchego), Oliven (aceitunas), Kartoffelsalat (ensaladilla) oder Meeresfrüchte.

Die gomerische Küche ist wie die kanarische Küche insgesamt eine im Grunde genommen einfache Bauernküche. Typisch Kanarisches vermischt sich mit spanischer Festlandsküche, mit der Klassiker wie Paella, Tortilla und Gazpacho auch nach La Gomera kamen. Wirkliche Feinschmeckerlokale sind allerdings dünn gestreut, eine Ausnahme ist Valle Gran Rey, in dem sich der jahrzehntelange touristische Einfluss in einer erstaunlich vielfältigen Restaurantlandschaft nieder-

Spanische und internationale Einflüsse

Mojo gehört immer dazu, auch zu Fischgerichten

geschlagen hat. Viele der dortigen Lokale werden von Einwanderern geführt, die auf das Szenepublikum zugeschnittene leichte und kreative Gerichte auf der Karte haben. Schon zum Frühstück werden diverse Müslivariationen, frische Fruchtsalate und untypisch für die Kanaren auch Vollkornbrot angeboten. Auch vegetarisch orientierte Gäste finden sich leicht zurecht. Große Hotelküchen gibt es nur wenige. Im Jardín Tecina etwa versucht man gekonnt den breiten Massengeschmack zu treffen, die opulenten Buffets sind in der Regel international ausgerichtet, mitunter werden Themenabende (spanisch, mediterran, asiatisch) angeboten.

> **BAEDEKER TIPP**
>
> ### Höllisch gut ...
>
> Wer auf La Gomera auf den Geschmack gekommen ist, kann zu Hause »mojo rojo« leicht selbst herstellen. 1 (oder mehrere) getrocknete Chilischote(n) und 4 getrocknete rote Paprikaschoten werden in heißem Wasser ca. 15 Min. eingeweicht, danach gut abgetropft von Kernen befreit. Zusammen mit 10–12 durchgepressten Knoblauchzehen, zwei Messerspitzen Kreuzkümmel, einem halben Teelöffel Kümmel und Salz werden die Schoten mit dem Schneidestab püriert. Dabei werden 6–8 EL Olivenöl und 1 EL Essig zugegeben. Je nach Konsistenz fügt man der Masse etwas Paniermehl zu und schmeckt mit Paprikapulver und Salz ab.

Auf La Gomera wird zum Essen gern einheimischer **Landwein** vom Fass, der »vino de la mesa«, serviert. Aus Vallehermoso kommt der rote »Roque Cano«, aus Hermigua der »Montoro«, ein trockener Weißwein, der neuerdings mit Herkunftsbezeichnung (denominación de origen) ausgewiesen ist. Gomerischer Wein hält allerdings den Vergleich mit den auf den Nachbarinseln Teneriffa, La Palma und Lanzarote erzeugten teils recht guten Qualitätsweinen nicht stand. Typische alkoholische Getränke sind noch »gomerón« aus Rum und Palmhonig und »mistela«, ein Schnaps, der ebenfalls mit Palmhonig vermischt ist.

Von ausgezeichneter Qualität ist das aus kanarischen Quellen stammende **Mineralwasser**, »agua mineral«. Man erhält es mit (»con gas«) oder ohne (»sin gas«) Kohlensäure.

ESSEN IM RESTAURANT

Tischwahl Im Restaurant gibt es ein paar feste Regeln, eine davon ist: Niemals zu Fremden an einen Tisch setzen! Eine Frage wie »Ist hier noch frei?« wird nicht gestellt. Aber auch an einen freien Tisch setzt man sich nie einfach so (in einfacheren Lokalen und in vom Tourismus vereinnahmten Valle Gran Rey gilt diese Regel nicht). Grundsätzlich bleibt man zunächst im Eingangsbereich des Restaurants stehen. Binnen kurzem kommt der Oberkellner, fragt nach der Personenzahl

Essen und Trinken • ERLEBEN UND GENIESSEN

und unterbreitet Tischvorschläge. Dann werden die Gäste zum gewählten Platz geleitet, und die Speisekarte wird gereicht.

Einzelabrechnungen sind unüblich: Entweder man weist das Personal schon bei der Bestellung darauf hin, dass man getrennt zu zahlen wünscht, oder man dividiert den Rechnungsbetrag anschließend auseinander. Im Gesamtpreis sind zwar Bedienung, Gedeck und Steuern inbegriffen, doch sollte guter Service mit einem Trinkgeld honoriert werden.

? BAEDEKER WISSEN: *Ziegenkäse*

Typisch kanarischer Käse wird aus Ziegenmilch hergestellt, es gibt ihn je nach Reifegrad von weich bis hart, mitunter kommt er auch geräuchert daher. Oft wird zur geschmacklichen Verfeinerung die Rinde mit Gofio oder rotem Paprikapulver eingerieben.

Nach der Rechnung wird ganz nebenbei gefragt. Die kommt auf einem kleinen Tellerchen auf den Tisch. Während sich der Kellner wieder entfernt, legt man die Kreditkarte oder ein paar Scheine auf den Teller, bis der Kellner dann ganz beiläufig mit einem gemurmelten »Gracias« das Tellerchen mitnimmt. Nach einiger Zeit kommt er erneut, schiebt mit einem abermaligen »Gracias« das Tellerchen samt Wechselgeld zum Gast. Der ignoriert dieses noch für einige Sekunden, steckt dann das Wechselgeld ein und lässt gegebenenfalls eine bestimmte Summe als Trinkgeld auf dem Teller liegen. Erst wenn die gesamt Tischrunde das Lokal verlassen hat, holt der Kellner das Trinkgeld-Tellerchen ein letztes Mal.

Rituale beim Bezahlen

Nach der 2011 in Kraft getretenen Novelle des Nichtraucherschutzgesetzes darf in spanischen Restaurants und Bars grundsätzlich nicht mehr geraucht werden, es gibt wie bis dato üblich auch keine abgetrennten Raucherbereiche mehr.

Nichtraucherschutz

Wein und »mistela«, ein mit Palmhonig vermischter Schnaps

Kulinarische Spezialitäten

Typische kanarische Gerichte

… die sich trotz der Internationalisierung der Esskultur vor allem in weniger vom Tourismus vereinnahmten Restaurants halten konnten, findet man vor allem in Landgasthöfen und Ausflugslokalen.

Papas arrugadas: Die in Meersalz gekochten kleinen Kartoffeln sind in der kanarischen Küche die Beilage schlechthin. Typisch ist ihre von feinen Salzkristallen überzogene runzlige Schale, die immer mitgegessen wird. Runzelkartoffeln werden obligatorisch mit einer pikanten Mojo-Sauce gereicht, zu Fleischgerichten die rote und scharfe Mojo rojo, zu Fisch die grüne und milde Mojo verde.

Sopa de berros: Wenn es so etwas wie ein Nationalgericht von La Gomera gibt, dann ist es die Sopa de berros. Hauptzutat für die herzhafte Suppe ist Brunnenkresse, die ihre sämige Konsistenz der Zugabe von pürierten Kartoffeln verdankt. Es gibt sie fast in jedem gomerischen Lokal, das Wert auf traditionelle Küche legt, im Ausflugslokal La Vista wird sie noch im rustikalen Holznapf serviert.

Almogrote: Mojo de queso wird der für La Gomera typische Käseaufstrich gerne genannt. Als Basis dient dazu ein parmesanartig gereifter Ziegenkäse, der gerieben mit Olivenöl, Tomate, scharfem Paprikapulver und Knoblauch zu einer pikanten Paste verarbeitet wird. Einheimische essen die Käsecreme bevorzugt als Dip zu einer Tapa, Touristen als würzigen Brotaufstrich.

Conejo en salmorejo: Kaninchen ist auf den Kanaren ausgesprochen populär und wird fast in jedem Landgasthof angeboten. Nach traditioneller Art werden die Fleischstücke über Nacht in einer Beize aus Weißwein, Olivenöl, Knoblauch und Gewürzen eingelegt und tags darauf im Tontopf gegart. Die Nachfrage übersteigt bei weitem das Angebot aus heimischen Wildkaninchen, vielfach wird das Fleisch aus Neuseeland importiert.

Gofio: Das nahrhafte Getreidegericht kannten bereits die kanarischen Ureinwohner. Es wird aus gerösteten Weizen-, Mais- oder Gerstenmehl hergestellt und anstelle von Brot als Beilage gereicht oder zum Andicken von Suppen verwendet. Man kann es auch süß als Dessert (Mousse de Gofio) zubereiten, auch Eiscreme wird daraus gemacht.

Bienmesabe: Das Dessert heißt wörtlich übersetzt so viel wie »schmeckt mir gut«. Kein Wunder, dass es mit so einem Namen der populärste Nachtisch auf den Kanarischen Inseln ist. Für die Mandelcreme werden geriebene Mandeln zusammen mit reichlich Zucker und Eigelb kurz aufgekocht und mit etwas Zimt und geriebener Zitronenschale abgeschmeckt.

Palmhonig

Eine süße Sache

Es ist die gomerische Delikatesse schlechthin: Miel de Palma, ein Honig, der nicht von Bienen produziert, sondern aus Palmsaft gewonnen wird. Bei vielen Speisen und Getränken auf der Insel ist Palmhonig nicht wegzudenken, auch Touristen schätzen das klebrig-süße Zeug.

So mancher Inseltourist mag sich die Frage stellen, warum die Stämme einiger Palmen in mittlerer Höhe von einem rund 30 cm hohen Blech- oder Plastikring umwickelt sind. »Wegen der Ratten!«, wird die Antwort der Gomeros lauten. Der Ring um den Stamm soll vermeiden, dass die Nager an den **guarapo**, den begehrten Palmsaft, gelangen. Der Name »guarapo« (Zuckerrohrsaft, Zuckerrohrbranntwein) wurde vermutlich von afrikanischen Sklaven in Mittelamerika eingeführt und gelangte von dort über gomerische Rückwanderer auf die Insel. Die Technik der Palmsaftgewinnung haben die Gomeros von Berbersklaven übernommen, die im 16. Jh. auf die Insel geholt wurden. Das Produkt, das aus dem Saft gewonnen wird, ist **miel de palma**, , eine auf den Kanaren einmalige Spezialität.

Ernte nur bei Nacht

Die Ernte des Saftes von Dattelpalmen ist keine leichte Arbeit, Geschick und Kondition sind die wichtigsten Voraussetzungen. Mit Beilen und Stemmeisen müssen die oberen Palmwedel abgeschlagen werden, wofür zwei Männer gut einen Tag benötigen. Beim neuen Austrieb erzeugen die Palmen, vor allem während der Nacht, einen süßen, braunen und dickflüssigen Saft. Dieser sammelt sich dann in unterhalb der Krone eingeritzten Kerben und fließt über ein in die Vertiefung eingelassenes Schilfrohr oder gerolltes Palmblatt in da-

Die Gewinnung von Miel de Palma ist ein mühevolles Geschäft.

runter befestigte Eimer. Geerntet wird bei Nacht. Noch vor Sonnenaufgang müssen die Behälter geleert werden, da schon geringe Sonneneinstrahlung die kostbare Flüssigkeit zersetzt und den Geschmack verdirbt. Der Saft, den man direkt von der Palme wegtrinken kann, wird anschließend in einem Zehn-Liter-Gefäß zwei bis drei Stunden aufgekocht und durch Rühren, und zwar von Hand, zu einem goldgelben, zähflüssigen, würzig-süß schmeckenden Sirup eingedickt. Um 1 l Honig zu erhalten, benötigt man 5–8 l »guarapo«. Das Sammel- und Produktionsverfahren der gomerischen Spezialität wiederholt sich während der Erntephase jede Nacht. Jeden Abend muss der Palmzapfer (»guarapero«) erneut in die Krone klettern und die tagsüber in der Sonne vernarbten Schnittflächen mit einem Messer oder Stecheisen neu öffnen. Nur sehr selten erlauben Palmenwuchs und Gelände das Anlegen von Leitern. Der »guarapero« ist also gezwungen, über die ringsum vorstehenden Wedelstümpfe oder in den Stamm geschlagene Holzpflöckchen hochzusteigen.

Ergiebige Mengen

Eine Kanarische Dattelpalme verliert in den Erntemonaten Juni bis August pro Nacht 12–14 l Flüssigkeit, d. h. in einem Erntejahr ca. 700 Liter. Danach benötigt der Baum, nachdem die Öffnungen mit Lehm verklebt worden sind, eine rund fünfjährige Ruhepause, bevor er wieder angeschnitten werden darf. Vereinzelte kahle Palmenstämme, die man zuweilen zu Gesicht bekommt, weisen darauf hin, dass die **Regenerationsphase** zu spät eingeleitet worden ist. Dass die fachgerechte Ernte den Dattelpalmen jedoch keineswegs schadet, kann man erkennen, wenn man auf die Nachbarinseln blickt, auf denen kein »guarapo« gewonnen wird und die alle zusammen nicht über so viele Palmen verfügen wie La Gomera allein, wo 100 000 Palmen gezählt wurden.

Nicht nur Honig

Die Gomeros wussten die Dattelpalme schon immer zu nutzen. Die zähen Datteln wurden an Schweine verfüttert, Ziegen bekamen zerkleinerte Palmwedel als Nahrung, die aufgespleißten Mittelstege konnte man beim Korbflechten mitverwenden, und die abgeernteten Dattelfruchtstände schließlich eigneten sich, zusammengebunden, als gute Besen.

Einfach köstlich

Das beste Produkt, das die Dattelpalme liefert, aber ist und bleibt der wohlschmeckende »guarapo«, der zu »miel de palma« weiterverarbeitet wird. Die gomerische Küche kommt ohne den Honig kaum aus. Er wird unter »gofio« gerührt oder Kuchen und anderen **Süßspeisen** beigegeben; auch mit vielen alkoholischen Getränken lässt sich »miel de palma« ausgezeichnet vermischen. Den besten Palmhonig – er sollte nicht zu flüssig sein – gibt es übrigens in Tazo, Alojerá, Taguluche und Macayo, wo das einträgliche Geschäft der Palmsaftgewinnung mittlerweile intensiviert wird – dank der zunehmenden touristischen Nachfrage.

Feiertage · Feste · Events

Feiertage · Feste · Events • ERLEBEN UND GENIESSEN

Gelebte Religion

Die Gomeros sind keine Kinder von Traurigkeit, auf der Insel wird viel und mitunter auch laut und lange gefeiert. Praktisch jedes Dorf hat seine eigene Fiesta, und damit man sich nicht gegenseitig in die Quere kommt, meist immer dann, wenn im Nachbarort gerade nicht gefeiert wird. So werden vor allem die Sommermonate zur Bühne für Folkloregruppen und den auf La Gomera berühmten Trommeltanz.

Der Festkalender wird wesentlich vom Kirchenjahr bestimmt. Gefeiert wird zu Ehren eines **Schutzheiligen**. Eine solche Fiesta besteht immer aus einem religiösen und weltlichen Teil: Begonnen wird in der Regel mit einer Prozession durch geschmückte Straßen, belebendes Element ist dabei der Trommeltanz (Baile del tambor ▶ S. 55), bei dem zum Klang von Trommeln und Kastagnetten ein monotoner Männergesang angestimmt wird und die teils in Trachten eingekleideten Dorfbewohner sich im Tanzschritt durch die Straßen bewegen. Den anschließenden weltlichen Teil bestimmen **Folkloreaufführungen**, wobei wiederum Tanz und Gesang nicht zu kurz kommen, auch werden mitunter Silbo-Wettbewerbe und Sportveranstaltungen wie die »Lucha canaria«, der kanarische Ringkampf, abgehalten. Nachts wird dann meist bis in die frühen Morgenstunden hinein gefeiert, wobei allerdings weniger Folkloreklänge, sondern feurige **lateinamerikanische Salsa- und Merenge-Musik** zu hören sind. Ein solches Volksfest, meist am Wochenende, kann zwei oder mehrere Tage dauern. Beendet wird die Fiesta häufig durch ein großes **Feuerwerk**.

Prozessionen und Trommeltanz

Veranstaltungskalender

GESETZLICHE FEIERTAGE

1. Januar: Neujahr
   (Año Nuevo)
6. Januar: Dreikönigstag
   (Los Reyes)
1. Mai: Tag der Arbeit
   (Día del Trabajo)
30. Mai: Tag der Kanaren
   (Día de las Islas Canarias)
25. Juli: Jakobustag
   (Santiago Apóstol)
15. August: Mariä Himmelfahrt
   (Asunción)
12. Oktober: Nationalfeiertag
   (Día de la Hispanidad)
1. November: Allerheiligen
   (Todos los Santos)
6. Dezember: Tag der Verfassung
   (Día de la Constitución)
8. Dezember: Mariä Empfängnis
   (Inmaculada Concepción)
25. Dezember: Weihnachten
   (Navidad)

Auf den meisten Fiestas auf La Gomera sieht man Trachten.

BEWEGLICHE FEIERTAGE

März/April: Karfreitag
 (Viernes Santo)
Juni: Fronleichnam
 (Día del Corpus)

JANUAR
Cabalgada de los Reyes

In Spanien und auf den Kanaren gibt es für die Kinder nicht am 24. Dezember Weihnachtsbescherung, sondern am 5. Januar, am Vorabend des Dreikönigsfestes. Am 6. Januar findet ein Umzug statt, die Cabalgada de los Reyes Magos, bei der wie auf Karnevalsumzügen Bonbons unter die Zuschauer geworfen werden. Der Umzug von Valle Gran Rey endet in der Ermita de los Reyes (Dreikönigskapelle), in der eine Messe abgehalten wird; anschließend trifft man sich auf dem Kirchplatz zu einer großen Fiesta mit Musik und Tanz.

San Sebastián

Fest des Schutzheiligen San Sebastián in der Inselhauptstadt (20. Januar).

FEBRUAR/MÄRZ
Carnaval

In San Sebastián und im Valle Gran Rey wird ausgiebig Karneval gefeiert – in farbenprächtigen Umzügen mit bunten Kostümen und nach den heißen Rhythmen von Samba, Salsa und Merengue bis tief in die Nacht hinein. Am Aschermittwoch ist noch längst nicht alles vorüber, dann nämlich wird eine riesige Sardine aus Pappmaché in einer Prozession zu Grabe getragen und zum Schluss feierlich verbrannt.

MÄRZ/APRIL
Semana Santa

In der Osterwoche finden zahlreiche Prozessionen und andere religiöse sowie weltliche Feierlichkeiten statt.

APRIL
San Marcos

Während der Fiesta am 25. April in Agulo werden rund um die Statue des hl. Markus auf dem Kirchplatz Scheiterhaufen errichtet und entzündet, über die dann junge Männer springen, um ihren Mut zu beweisen. Erst wenn das Feuer erloschen ist, beginnt die eigentliche Fiesta mit Musik, Tanz und Wein.

MAI
San Isodoro

Fest zu Ehren des Schutzheiligen San Isodoro in Alajeró und Epina (Mitte Mai).

JUNI
Fiesta de los Piques

Die Fiesta in der zweiten Junihälfte in Agulo begleiten Silbo-Wettbewerbe und die Aufführung altkanarischer Sportarten wie lucha canaria (Ringkampf) und juego del palo (Stockkampf).

San Juan

Am 24. Juni finden in mehreren Orten Fiestas statt, deren Höhepunkt die Entzündung von Johannisfeuern bildet.

JULI
Fiesta de la Virgen del Carmen

Wichtiges Fest (am 16. Juli) zu Ehren der Schutzpatronin der Fischer in vielen Hafenorten. Im Hafen des Valle Gran Rey findet das lebhafteste Fest statt mit einer Prozession von Calera nach Vueltas und von dort mit einer Bootsprozession nach La Rajita. Zum Schluss riesiges Feuerwerk.

Nuestra Señora del Pino
Große Fiesta in El Cercado zu Ehren der Schutzheiligen am letzten Samstag im Monat.

AUGUST
Nuestra Señora de Candelaria
Fest zu Ehren der Schutzpatronin des Archipels am 15. August (Mariä Himmelfahrt) in Chipude mit Musik und Tanz

SEPTEMBER
Fiesta Colombina
San Sebastián (am 6. September): Fest zur Erinnerung an den Aufbruch von Kolumbus in die Neue Welt.

Nuestra Señora de Buen Paso
Fiesta am 11. September in Alajeró mit Wallfahrt zur Ermita del Buen Paso. Abschließend gibt es viel Musik und Tanz, und zum Schluss ein Feuerwerk.

Fiesta de la Mercedes
24. September in Agulo: Umzüge, Musik, Tanz unter großer Anteilnahme der Bevölkerung.

OKTOBER
Fiesta de Nuestra Señora de Guadalupe
Alle fünf Jahre wird am 5. Oktober in San Sebastián eine Schiffsprozession abgehalten (2018 …), bei der die Gomeros die Statue der Jungfrau von deren Kapelle an der Punta Llana in die Inselhauptstadt bringen.

NOVEMBER
Weinfeste
Ende des Monats finden in San Andrés, in Vallehermoso, Hermigua und Agulo Weinfeste statt.

DEZEMBER
Fiestas de Navidad
Vielerorts wird ein abwechslungsreiches vorweihnachtliches und weihnachtliches Programm mit Ausstellungen und Aufführungen organisiert.

Den Auftakt der Fiestas bildet immer eine Prozession.

Mit Kindern unterwegs

Mit Kindern unterwegs • ERLEBEN UND GENIESSEN

Durch Schluchten wandern und Delfine gucken …

Mit spektakulären Themen- und Wasserparks, wie es sie auf den großen Nachbarinseln Teneriffa und Gran Canaria gibt, kann das kleine La Gomera nicht aufwarten. Dennoch braucht bei Kindern keine Langeweile aufzukommen, die Insel ist groß genug für Entdeckungen und kleine Abenteuer. Und sollte tatsächlich das Bedürfnis nach etwas Außergewöhnlichem zu stark werden: Die großen Freizeitparks im Süden von Teneriffa sind nur einen Tagesausflug entfernt.

La Gomera kann nicht unbedingt als kinderfreundliches Badeparadies bezeichnet werden. Sandstrände sind Mangelware und auch vor der vornehmlich im Winter mitunter rauen Brandung sollte man immer auf der Hut sein. Ganzjährig für Kinder geeignet ist der **Charco del Conde** in Valle Gran Rey, wegen seiner geschützten Lage wird der einem Tümpel ähnelnde Strand Baby Beach genannt. Ideal ist der durch eine Betonmole geschützte kleine Sandstrand im Hafen von Vueltas. Darüber hinaus lädt im Sommer das **Meerwasserschwimmbad** an der Playa de Vallehermoso zu ungefährlichem Badespaß ein. Das Hotel Jardín Tecina in Playa de Santiago zeichnet sich durch eine gepflegte Poollandschaft mit getrenntem Kinderbecken aus.

Badevergnügen

Ins Reisegepäck gehören auf alle Fälle Schwimmflügel. Für die ausschließlich dunkelsandigen Strände empfehlen sich Badesandalen, da sich dort der Sand durch die intensive Sonneneinstrahlung auf mitunter 40 Grad und mehr aufheizen kann.

Auf La Gomera laden etliche Rastplätze zu einem Picknick ein, zu den schönsten gehört **Chorros de Epina**. In Laguna Grande, einer großen Lichtung am Rande des Nationalparks, gibt es neben Grillplätzen und einem Ausflugslokal auch einen Spielplatz. Einen mit skurrilen Skulpturen gestalteten Spielplatz hat Vallehermoso zu bieten, er liegt etwa 200 m von der zentralen Plaza entfernt an der Straße nach Agulo.

Picknick- und Spielplätze

Der Höhepunkt der Ferien kann eine Fahrt zu den Walen und Delfinen vor der Südküste La Gomeras sein, immer vorausgesetzt, die Tiere zeigen sich auch tatsächlich. Vom Hafen Vueltas in Valle Gran Rey legen täglich kleine Boote ab. Zu sehen gibt es vornehmlich Gro-

Bootsausflüge

Auch die Reise mit einer Fähre kann ein großes Vergnügen sein.

Plantschvergnügen an der Küste

ße Tümmler und Pilotwale, mitunter zieht über dem Boot ein Fischadler seine Kreise.
Für Abwechslung sorgt auch ein Bootstrip zu dem Naturwunder von Los Órganos an der Nordküste der Insel. Doch sollte man die Tour nur bei ruhiger See unternehmen, sodass weder Groß noch Klein mit der Seekrankheit zu kämpfen haben.

Auf dem gut ausgebauten **Wanderwegenetz** sind etliche Touren auch für Kinder geeignet. Spannend kann eine Tour durch den **Nebelwald von La Gomera** sein, der mit seinen bemoosten Baumstämmen und von Bartflechten behangenen Ästen einem Märchenwald nicht unähnlich ist. Ein guter Ausgangspunkt dazu ist der Wanderparkplatz El Contadero (▶ S. 156) von dem auch ein einfach begehbarer Weg zum höchsten Inselgipfel, dem Garajonay, hinaufführt. Ein anderer empfehlenswerter Spaziergang hat den **Drachenbaum von Agalán** zum Ziel (▶ S. 120).

Freizeit- und Wasserparks auf Südteneriffa

Angesichts der schnellen Fährverbindungen ist ein Ausflug in einen der Freizeitparks im Süden von Teneriffa als Tagesausflug machbar. Der absolute Hit für Kids dürfte der **Siam Park** sein, ein Wasserpark der Superlative, der mit einem Wellenschwimmbad, diversen Riesenrutschen und einer Seelöwenshow aufwartet. Die Attraktion im **Jungle Park** sind die Flugshows mit Greifvögeln, außer Krokodilen, Flusspferden und anderen exotischen Tieren gibt es dort einen 300 m langen Dschungelpfad.

Kinderbetreuung

Hotels mit Mini-Club und Kinder-Animation sind auf La Gomera nicht verbreitet, eine der wenigen Ausnahmen ist das **Hotel Jardín Tecina** in Playa de Santiago, in dem Kinder zwischen 4 und 12 Jahren täglich von 10.00 – 13.00 und 14.00 – 16.00 Uhr von einem professionellen Team betreut werden.
In Valle Gran Rey bietet der **Kangorooh Kindertreff** von Mo. – Fr. 8.30 – 16.00 Uhr aktive Betreuung auf Stundenbasis an. Die gute Seele der kleinen Kindertagesstätte ist die in Deutschland ausgebildete Erzieherin Claudia Huckenbeck, die u.a. Ausflüge, Filmvorführungen sowie Malen mit Erdfarben anbietet, mit den Kindern zusammen Mojo herstellt oder auf Entdeckungstour geht um Eidechsen zu beobachten. Eine große Spieleauswahl ist ebenfalls vorhanden.
ⓘ www.kangorooh.com

Der Charco del Conde in Valle Gran Rey ist für Kinder zum Baden bestens geeignet.

Attraktionen für Kinder

BOOTSAUSFLÜGE
Tina Excursiones
▶ Valle Gran Rey
Walbeobachtungen und Bootsausflüge nach Los Órganos im Inselnorden

Océano
▶ Valle Gran Rey
Walbeobachtungen auf kleinem Boot in kleinen Gruppen

FREIZEITPARKS AUF TENERIFFA
Siam Park
Playa de las Américas
(TF-1, Ausfahrt 28)
www.siampark.net
tgl. 10.00 – 18.00 Uhr (im Winter bis 17.00 Uhr)
Eintritt 33 € (Kinder 22 €)
Kostenloser Zubringerbus ab Hotel Princesa Dacil in Los Cristianos
Einer der attraktivsten Wasserparks weltweit.

Jungle Park
Urbanización Las Águilas del Teide
(an der TF-28 nach Arona)
www.aguilasjunglepark.com
tgl. 10.00 – 17.30 Uhr
Eintritt 24 € (Kinder 17 €)
Kostenloser Bus Shuttle ab Hotel Princesa Dacil in Los Cristianos
Großer Tier- und Pflanzenpark mit sehenswerter Greifvogelshow.

Shopping

Altes Handwerk und Kulinarisches

Ein Einkaufsparadies und noch dazu eins mit billigen Preisen ist La Gomera nicht unbedingt, doch wer sich für Tabakwaren (auch internationale Marken), Spirituosen und Parfümartikel als Mitbringsel entscheidet, wird allemal ein Schnäppchen machen, denn diese Artikel sind hier billiger als in Mitteleuropa.

Aber La Gomera hat noch viel mehr zu bieten, gerade die inseltypischen Naturprodukte eignen sich hervorragend als Souvenirs. Dazu zählen, unter den Lebensmitteln, ein Glas **Palmhonig** (miel de palma) aus dem Saft der Palmen (▶ Baedeker Wissen, S. 72), Gewürze, frischer Ziegenkäse und Almogrote (Paste aus geriebenem Ziegenhartkäse) sowie alkoholische Getränke wie der Gomerón aus Rum und Palmhonig, die Mistela, ein einheimischer Schnaps, der ebenfalls mit Palmhonig vermischt ist, oder Maulbeerwein. Ferner ist La Gomera bekannt für die **Töpferwaren** aus den Bergen und dem Norden der Insel, vor allem aus El Cercado, die, auf althergebrachte Weise ohne Drehscheibe angefertigt, im Holzfeuer gebrannt werden, für Lochstickereien und gewebte Decken sowie für die handgemachten Trommeln (tambores) und übergroßen Kastagnetten (chácaras), die bei gomerischen Prozessionen die wichtigsten Musikinstrumente bilden. In vielen Kunsthandwerksgeschäften (artesanía) werden **Korbwaren** aus Palm- oder Bananenblättern, Holzschnitzereien wie Holzmörser zur Mojo-Zubereitung angeboten. Im Valle Gran Rey kann man sich sogar Sandalen und Mokassinschuhe nach Maß anfertigen lassen (Laden an der Straße zwischen La Calera und La Playa).

Inseltypische Naturprodukte

> **BAEDEKER TIPP**
>
> *Grüße nach Hause?*
>
> Trotz SMS und E-Mail ist die klassische Ansichtskarte nach wie vor ein beliebter Gruß sich bei den Daheimgebliebenen in Erinnerung zu rufen. Das wissen auch die Fotografen auf La Gomera. Eine riesige Auswahl mit an die 500 Motiven – vielleicht die breiteste Palette auf den ganzen Kanaren – hält »El Fotógrafo« im Kodakladen an der Strandpromenade von La Playa (Valle Gran Rey) bereit, schön thematisch und übersichtlich sortiert.

Die größte Auswahl an kleinen Läden und Boutiquen findet man im Valle Gran Rey, im Ortsteil Vueltas und La Playa. In Playa de Santiago ist man weitgehend auf die Ladenpassage des Hotels Tecina ange-

Läden

Sonntagsmarkt in Valle Gran Rey

ERLEBEN UND GENIESSEN • **Shopping**

wiesen. In San Sebastián gibt es natürlich auch eine ganze Reihe von Geschäften, aber deren Sortiment orientiert sich vorrangig an den Bedürfnissen der Einheimischen.

Märkte Gern eingekauft wird in der Markthalle beim Busbahnhof in San Sebastián (▶ unten). Ein kleiner Bauernmarkt wird wochentags im Untergeschoss des Rathauses von Vallehermoso abgehalten. Bei Touristen sehr beliebt ist der Sonntagsmarkt am Busbahnhof in Valle Gran Rey.

Öffnungszeiten Die meisten Geschäfte sind Mo.–Fr. 9.00–13.00 und 16.00–20.00, Sa. 9.00–13.00 Uhr geöffnet. Im Valle Gran Rey und in Playa de Santiago haben Supermärkte und andere Geschäfte auch außerhalb der genannten Geschäftszeiten und teilweise auch am Sonntag geöffnet.

EINKAUFSTIPPS

Mercado Municipal Seit der Markt in San Sebastián von der Plaza de la Constitución in die neue Markthalle am Busbahnhof umgezogen ist, hat dieser viel an Flair verloren; geblieben ist jedoch das Angebot. Bauern bieten frisches Obst und Gemüse an, daneben gibt es Ziegenkäse und ty-

Hübsches Souvenir: Keramik aus El Cercado

pisch gomerische Spezialitäten wie Palmhonig und Almogrote. Im gleichen Gebäude befinden sich zudem eine Konditorei, eine Fleischerei und der größte Supermarkt der Insel (geöffnet am Mittwoch- und Samstagvormittag).

Einkaufen wie die Gomeros kann man in der Tienda Rafael Cordero. Der seit Jahrzehnten bestehende Laden an der Plaza de la Constitución von Vallehermoso ist beinahe schon selbst eine Sehenswürdigkeit. Auf winziger Fläche stapeln sich Ziegenkäse, Palmhoniggläschen, Weinflaschen, Nüsse und Früchte. Von der Decke hängen getrocknete Paprikaschoten herab.

Tienda Rafael Cordero

Hinter einer Garagentür mit der verheißungsvollen Aufschrift »Tienda del Vino« am Ortseingang von Arure (wenn man aus Richtung Valle Gran Rey kommt) verbirgt sich ein kleiner Laden, in dem man heimischen Wein kosten und kaufen kann. Man hat die Wahl zwischen gut einem Dutzend verschiedener Gomera-Weine, sie kommen aus Bodegas von Arure, Vallehermoso und Hermigua und tragen alle die geschützte Herkunftsbezeichnung (Denominación de Origen). Ebenfalls im Angebot: Ziegenkäse, pikante Mojosaucen und köstliche selbst gemachte Marmeladen.

Tienda del Vino

Übernachten

Wohnen abseits von Bettenburgen

Verglichen mit den von Hochhäusern und ausufernden Bungalowsiedlungen zugebauten Küsten von Teneriffa oder Gran Canaria nimmt sich das Übernachtungsgewerbe auf La Gomera nicht nur von der Größe, sondern auch von der Masse mindestens zwei bis drei Nummern kleiner aus. Dies kommt vornehmlich Gästen entgegen, die nicht unbedingt auf Fünf-Sterne-Komfort mit Wellnessoase und einer weitläufigen Poollandschaft aus sind. Auf La Gomera wohnt man mitunter relativ einfach, dafür nicht selten in kleineren Häusern.

Während auf den großen Nachbarinseln überwiegend pauschal, sprich Flug plus Hotel mit Frühstück oder Halbpension, gebucht wird, stellen sich auf La Gomera viele Reisende ihren Urlaub nach dem Baukastenprinzip zusammen. Trotz etlicher neu gebauter Pauschalhotels wohnen die meisten La Gomera-Besucher in kleineren Apartmenthäusern, viele davon sind familiengeführt. Vor Ort, wie es noch vor zehn oder zwanzig Jahren üblich war, sucht sich allerdings kaum jemand ein Zimmer bzw. ein Apartment. Etliche Agenturen haben sich auf die Vermittlung von Wohnungen spezialisiert. Mit Engpässen muss an Weihnachten und Ostern gerechnet werden, in der Nebensaison kann meist auch noch kurzfristig gebucht werden.

Pauschal oder individuell

Der größte Teil der Gästebetten liegt an der fast immer **sonnigen Südküste** in Valle Gran Rey und Playa Santiago. Dort findet sich ein breites Angebot von kleineren Pensionen bis hin zu mittelgroßen Apartmenthäusern sowie einigen wenigen Vier-Sterne-Hotels. Die vorherrschende Wohnform ist das Ferienapartment mit Schlafzimmer, Küche und Bad. Luxuriöse Fünf-Sterne-Hotels und All inclusive-Resorts gibt es auf La Gomera bislang nicht.

Mittelklasse bis gehobener Komfort

Paradores sind unter staatlicher Leitung stehende Hotels, die meist einen bevorzugten Standort und nicht zuletzt vorzüglich geschultes Personal haben. Auf La Gomera gibt es in der Inselhauptstadt **San Sebastián** einen Parador in herrlicher Aussichtslage (▶ S. 166).

Paradores

Wie auf den anderen Kanaren auch werden im Rahmen des »Turismo rural« abseits der Küsten kleine Fincas und Landhäuser vermietet. Etliche alte Häuser wurden mit EU-Geldern restauriert und in

Landtourismus

Pool mit Aussicht im Hotel Gran Rey (▶ S. 195)

angenehme Ferienunterkünfte umgewandelt. Sie liegen meist ab vom Schuss, bevorzugt in den nördlichen Gemeinden Hermigua, Agulo und Vallehermoso, die meisten davon garantieren einen unmittelbaren Zugang zur Natur. Um mobil zu sein, empfiehlt es sich, einen Mietwagen zu buchen.

Camping Der einzige offizielle Campingplatz ist Camping **La Vista** im Weiler El Cedro am Ostrand des Nationalparks auf 800 m Höhe. Angesichts des oft regnerischen Wetters in dieser Region sind einige Plätze überdacht. Angeschlossen ist ein vor allem von Wanderern viel frequentiertes Ausflugslokal. Für Gäste, die etwas mehr Komfort wünschen, werden dort auch einfache Zimmer vermietet. Wildes Zelten ist auf der Insel nicht erlaubt.

Die Hotelanlage Tecina in Playa de Santiago gilt als eine der schönsten der Kanaren.

Übernachten • ERLEBEN UND GENIESSEN

APARTMENTVERMITTLUNG
La Paloma
Vueltas, Valle Gran Rey
Tel. 9 22 80 60 43
www.gomera.de
Deutschsprachiges Reisebüro mit großer Auswahl an Apartments in Valle Gran Rey und einigen Adressen im Inselnorden. Auch Mietwagen-Vermittlung.

Viajes Integrados
La Calera
Valle Gran Rey
Tel. 9 22 80 58 66
www.gomera-service.de
Touristik-Service mit Apartmentvermittlung in Valle Gran Rey.

LANDHÄUSER UND FINCAS
Ecotural
Avenida Pedro García Cabrera 9
Vallehermoso
Tel. 9 22 14 41 01
www.casasruralesdelagomera.es
Der gomerische Eigentümer-Verband hat rund 40 Landhäuser und Fincas zur Auswahl.

Las Islas Reisen
31171 Nordstemmen
Am Thie 3
Tel. 0 50 69 3 48 70
www.las-islas-reisen.de
Der deutsche Finca-Spezialist vermittelt vornehmlich Häuser in Valle Gran Rey, Hermigua und Alajeró.

CAMPING
Camping La Vista
El Cedro
Tel. 9 22 88 09 49
www.camping-lavista.jimdo.com
Einfacher Platz mit einer Kapazität für etwa 80 Personen; mit Grillstellen und angeschlossenem Restaurant.

Urlaub aktiv

Urlaub aktiv • ERLEBEN UND GENIESSEN

Wasser und Wandern

Eine ausgesprochene Badedestination ist La Gomera nicht, dafür gilt die Insel als eines der besten Bergwanderziele der Kanaren. Ein gut ausgebautes und markiertes Wegenetz bietet erlebnisreiche Touren von leicht bis anspruchsvoll. Beliebt sind auch Mountainbiken und Tauchen, Golfer können auf einem der schönsten Parcours der Kanaren einlochen.

Ausgesprochene Sonnenanbeter und Wasserratten kommen auf La Gomera nicht voll auf ihre Kosten. Hier müssen sie sich mit kleinen dunkelsandigen Badebuchten oder mit Steinstränden, die nicht selten mit fußballgroßen Steinen übersät sind, begnügen. Wegen tückischer Strömungen und starken, unberechenbaren Wellengangs ist Schwimmen an manchen Strandabschnitten nur bedingt ratsam bzw. vollkommen unmöglich. Doch abgesehen von einigen wenigen Stränden (vor allem in Hafennähe) sind die Gewässer an der gomerischen Küste meist sehr sauber. FKK ist v. a. an den dem Valle Gran Rey vorgelagerten Stränden üblich; andernorts stößt die Nacktbadekultur bei den Einheimischen auf wenig Gegenliebe.

Kleine dunkle Sandstrände

DIE BESTEN STRÄNDE

Die geschützte, 250 m lange, teils sandige und von hohen Felswänden flankierte Bucht im Nordwesten Gomeras ist besonders malerisch. Den Urlauber erwartet hier glasklares Wasser. Einsam ist es jedoch nicht, den Strand säumen überwiegend von Einheimischen genutzte Ferienhäuschen und Fischerhäuser.

Playa de Alojera

Der 200 m lange Kieselstrand im Inselnorden ist angesichts der mitunter starken Brandung trotz vogelagerter Wellenbrecher nicht erste Wahl, aber es gibt ein Meerwasserschwimmbad.

Playa de Vallehermoso

Der unterhalb des Ortes gelegene, 500 m lange Kies-/Steinstrand ist wegen gefährlicher Strömungen zum Baden ungeeignet. Eine gute Alternative bietet aber der **Meerwasserpool** am Ostende des Strandes (derzeit geschlossen).

Playa de Hermigua

Die über eine schmale Teerstraße erreichbare, 6 km östlich von Hermigua gelegene Playa de la Caleta gilt als der **beste Strand im Norden**. Mit Strandbar.

Playa de la Caleta

Der Naturhafen Vueltas liegt vor einer 500 m hohen Felswand.

Playa de Avalo	Der 6 km nördlich der Inselhauptstadt gelegene, grobsandige bis kiesige Strand ist immer noch eine Empfehlung wert. Trotz einer derzeit brach liegenden Großbaustelle, ursprünglich war hier einmal ein Grandhotel geplant, ist der Strand am Wochenende ein beliebtes Ausflugsziel der Gomeros.
Playa de Santiago	Der Ortstrand östlich vom Hafen wurde jüngst von Steinen befreit und mit einer Betonmole badetauglich gemacht. Östlich von Playa de Santiago reihen sich einige Naturstrände aneinander. Man erreicht sie am besten zu Fuß. Diese Kies- bzw. Steinstrände werden auch von FKK'lern gern aufgesucht.
Playa del Inglés	Die Playa del Inglés nördlich von La Playa (Valle Gran Rey) ist ein wunderschöner unverbauter Sandstrand. Obwohl nicht gern gesehen, wird FKK toleriert. Vorsicht: Die Brandung ist hier recht stark!
Playa de Valle Gran Rey	Der Hauptstrand im Tal des Großen Königs verfügt lediglich im Ortsteil La Playa über einen Sandstreifen, gegen Süden wird er zunehmend steiniger. Sehr beliebt und kinderfreundlich ist der durch eine Mole geschützte Hafenstrand in Vueltas.

SPORTLICHE AKTIVITÄTEN

Mountainbiking	Immer größerer Beliebtheit erfreut sich Mountainbiking. Radfahrer sollten genügend Kondition mitbringen. Die meisten Fluggesellschaften nehmen Räder gegen eine Gebühr mit. Radfahren auf der Insel birgt Gefahren: Radwege gibt es keine, die Gebirgsstraßen sind häufig schmal, dafür ist das Verkehrsaufkommen gering.
Golf	Der **einzige Golfplatz der Insel** glänzt durch seine bestechende Lage auf einem Kap mit wunderbarem Blick hinüber nach Teneriffa. Entworfen wurde der 18-Loch-Parcours von dem ehemaligen englischen Golfprofi und renommierten Golfarchitekten Donald Steel. Der neben dem Vier-Sterne-Hotel Jardín Tecina gelegene Platz gehört zum Imperium der Reederei Fred Olsen.
Klettern	Die Trendsportart Klettern ist auch auf La Gomera angekommen, wenn auch (noch) nicht sehr ausgeprägt. Doch gibt es am Roque de San Pedro bei Hermigua Touren für Anfänger und Fortgeschrittene.
Segeln	Segelyachten können auf La Gomera drei Häfen ansteuern, nämlich die von San Sebastián, Playa de Santiago und Vueltas (Valle Gran Rey).
Tauchen	Die faszinierende Meeresfauna und die beeindruckende Unterwasserlandschaft mit Felsen, Höhlen und Schluchten in den sauberen

Urlaub aktiv • ERLEBEN UND GENIESSEN

Gewässern des kanarischen Archipels, die Sichtverhältnisse bis zu 40 m zulassen, machen das Tauchen an den Küsten La Gomeras zu einem wunderschönen Erlebnis. Während sich jedoch das Meer im Sommer bei Temperaturen von durchschnittlich 23 °C normalerweise von seiner ruhigen Seite zeigt, lässt es im Winter (18 – 21°C) infolge starker Wellengänge nicht an allen Tagen Tauchgänge zu.

In den Hotels Jardín Tecina (Playa de Santiago) und Gran Rey (La Puntilla) stehen Tennisplätze zur Verfügung. In San Sebastián kann der Tennisplatz des Club Náutico stundenweise gemietet werden.

Tennis

Im Kommen: Mountainbiking auf La Gomera

WANDERN

Wanderinsel

Wie auch alle anderen Kanareninseln ist La Gomera ein Top-Wanderziel. Mit ihren tief eingeschnittenen Barrancos und dem immergrünen Feuchtwald, den vielen nahezu unberührten Landstrichen sowie den herrlichen Ausblicken ist das Eiland ein wahres Paradies für Bergwanderer. Hauptziel der Wanderer ist natürlich der **Parque Nacional de Garajonay**, in dem von der Parkverwaltung viele Wege angelegt und gut ausgeschildert worden sind. Als Ausgangspunkte für Wanderungen, die auch auf den Garajonay (1487 m ü.d.M.), die höchste Erhebung der Insel, hinaufführen, können mehrere Parkplätze an den das Nationalparkgebiet durchziehenden Straßen gewählt werden. Weitere Hauptwandergebiete sind das Valle Gran Rey und das Tal von Vallehermoso, aber auch Agulo, Hermigua und mit einigen Einschränkungen San Sebastián sowie Playa de Santiago eignen sich als Ausgangspunkte zum Erforschen der Insel per pedes. Bei den Wanderwegen handelt es sich fast ausschließlich um recht bergige Routen, für die eine gewisse Körperkondition und teilweise auch Schwindelfreiheit erforderlich sind; alpine Kletterkünste werden den Wanderern jedoch nicht abverlangt.

> **BAEDEKER WISSEN**
>
> *Drei Farben*
>
> Die Wanderwege auf der Insel sind farblich in drei Kategorien eingeteilt: GR (sendero de gran recorrido) sind mit rot-weißen Wegzeichen markiert. Es handelt sich um die beiden auf mehrere Wandertage angelegten Weitwanderwege. PR LG (sendero de pequeño recorrido) sind als Tagestouren konzipierte, gelb-weiß markierte Verbindungswege. SL (senderos locales) sind kürzere, grün-weiß gekennzeichnete Wanderwege von lokaler Bedeutung.

Wandertouren

Es gibt drei Möglichkeiten, die Insel zu erwandern. Man bucht vor Reiseantritt eine Pauschalreise, in der **geführte Wanderungen** angeboten werden; man schließt sich vor Ort einer organisierten Wanderung an; oder man begibt sich allein auf Schusters Rappen. Letztere Variante hat natürlich den Nachteil, dass man den Anfahrtsweg zu den Wanderrouten, die ja nicht immer direkt vor der eigenen Unterkunft beginnen, selbst organisieren muss. Busse fahren selten, ein Mietwagen muss am Ausgangspunkt wieder abgeholt werden.

Beste Zeit für Wanderungen

La Gomera ist dank des milden Klimas ein ganzjähriges Wanderziel. Beste Zeit sind die Monate April bis Juni und September bis November, denn dann ist es nicht zu heiß, und die Wetterlage bleibt einigermaßen stabil. Im Sommer können mitunter die etwas höheren Temperaturen (jedoch selten über 30° C) zu schaffen machen, in den Wintermonaten trübt manchmal unbeständiges Wetter mit Kälteeinbrüchen, Regenfällen und starkem Wind die Wanderfreuden. Doch

Wandern • ERLEBEN UND GENIESSEN

Unterwegs auf der Hochfläche von Las Pilas

auch im Winter kommen Wanderer auf ihre Kosten, wenn z. B. tagelang völlig klare Sicht herrscht.

Längere Wanderungen sollte man nur mit einer guten Ausrüstung durchführen. Dazu zählt in erster Linie passendes Schuhwerk, am besten gut eingelaufene, knöchelhohe Wanderschuhe mit Profil, mit denen sich auch steinige Routen, die sich nach Regenfällen nicht selten in glitschige Wege verwandeln, bewältigen lassen. Die Wetterverhältnisse können sich binnen kürzester Zeit ändern! Gegen Kälte, Regen und Nebel sollte man sich daher mit warmer Kleidung und einem passenden Regenschutz wappnen, wegen der teilweise intensiven Sonneneinstrahlung sind zudem eine Kopfbedeckung und ein Sonnenschutzmittel unerlässlich.

Viele Wanderer wissen Teleskopstöcke zu schätzen, die die Kniegelenke entlasten. Ins Gepäck gehören ferner reichlich Proviant und genügend Trinkwasser für die z. T. recht schweißtreibenden Touren. Dabeihaben sollte man auch eine kleine Reiseapotheke sowie für

Ausrüstung

Rundwanderung im Valle Gran Rey

BAEDEKER WISSEN

Auf altem Königsweg ins Töpferdorf

Bevor es Straßen gab, stellten mehr als ein halbes Dutzend sogenannte Caminos reales, gepflasterte Königswege, den Zugang in das von allen Seiten von steilen Felswänden abgeschlossene Valle Gran Rey her. So gut wie alle blieben bis heute erhalten und wurden für den Wandertourismus restauriert und markiert Zwei davon werden mit dieser aussichtsreichen, allerdings eine sehr gute Kondition und Trittsicherheit erforderlichen Rundwanderung vorgestellt.

Vom Ausgangspunkt am Buswartehäuschen folgt man der schmalen Calle San Antonio gut zehn Minuten, bis ein Treppenweg (Calle Los Descansaderos) die Straße quert. Hier beginnt links der ausgeschilderte Steilaufstieg nach El Cercado. Sobald man die letzten Häuser unter sich gelassen öffnet sich ein grandioses Panorama auf das Tal des Großen Königs.
Nach wirklich steilem Aufstieg auf überwiegend gepflastertem Pfad wird nach knapp 1,5 Std. ein von einem Geländer gesicherte Aussichtsplattform mit einer langen Steinbank erreicht, von der sich der ultimative Talblick öffnet. Nun nur noch sanft ansteigend wird ein nach Las Hayas abgehender Weg passiert, zehn Minuten darauf trifft man auf den Weitwanderweg GR 131, dem rechts gefolgt wird. Nach Querung eines Barrancos steigt dieser an und erreicht an der Bar María die Dorfstraße von ▶ El

Der Wanderweg bietet schöne Aussichten.

Unterwegs lädt die Bar María zu einer Pause ein.

Cercado. Folgt man dieser ortseinwärts kommt man sogleich zu den berühmten Töpferwerkstätten.

Wiederabstieg ins Tal

Nach einer eventuellen Rast in der Bar María nimmt man von dort das Teersträßchen in Richtung La Vizcaina, das bequem auf einem Bergrücken entlang führt, von dem sich reizvolle Ausblicke auf den Tafelberg Chipude ergeben. Nach wenigen Minuten wird vor einem Gehöft der Teerweg nach rechts in einen Wanderweg verlassen. Der Pfad senkt sich bald steil am Rand des Barranco de la Matanza ins Tal hinab und mündet nach einer guten Stunde kurz nach einem Wasserhaus in La Vizcaina auf die Dorfstraße. Auf dieser rechts haltend kommt man in 15 Minuten wieder zum Ausgangspunkt zurück.

Anfahrt:

Ausgangspunkt ist die Bushaltestelle Lomo del Balo im Ortsteil Retamal. Dort biegt in einer scharfen Linkskurve der Hauptstraße (GM-1, km 59,1) die geteerte Calle San Antonio in Richtung La Vizcaina/El Hornillo ab. Von Valle Gran Rey aus nimmt man am besten den 8.00 Uhr-Bus der Linie 1; Autofahrer finden gegenüber vom Buswartehäuschen einen kleinen Parkplatz.

Ausrüstung

Erforderlich sind festes Schuhwerk, Regen- und Sonnenschutz, in den Wintermonaten eine warme Jacke oder Fleeceweste sowie ausreichend Trinkwasser. Zur Entlastung der Knie empfehlen sich Wanderstöcke.

Markierung:

Der Rundweg ist gelegentlich mit gelb-weißen Wegzeichen markiert, die wichtigsten Verzweigungen sind ausgeschildert.

Gehzeit und Höhenunterschied:

Gut 4 Stunden; jeweils 700 m im An- und Abstieg.

Wegenetz

Notfälle Taschenlampe und Trillerpfeife. Ein GPS-Gerät macht die Orientierung relativ einfach.

Seit alters her ist La Gomera von so genannten **Caminos reales** (Königswegen) durchzogen, die bis zum Zeitalter des Automobils die Verbindungen zwischen den einzelnen Inselteilen herstellten. Im Zuge des Wandertourismus hat man etliche dieser vielfach gepflasterten Wege wieder frei gelegt und restauriert. Die wichtigsten Wanderwege wurden zudem entsprechend den Normen der Europäischen Wandervereinigung (ERA) neu ausgeschildert und mit Nummern versehen. **Farbige Wegzeichen** erleichtern seither die Orientierung, doch für manche Strecken sollte man nach wie vor einen guten Orientierungssinn mitbringen. An manchen Wegkreuzungen machen Infotafeln mit dem Schwierigkeitsgrad und den Besonderheiten der Route bekannt.

Weitwanderwege

Ambitionierte Wanderer können auf zwei Weitwanderwegen in mehrtägigen Touren La Gomera kennen lernen. Der GR 131 quert die Insel in drei bis vier Tagesetappen. Auf dem nahe der Küste verlaufenden GR 132 ist in etwa acht Tagen eine Inselumrundung möglich. Angesichts der zerklüfteten Topografie sind diese Wege selbst von konditionsstarken Wanderern nicht zu unterschätzen. Vor allem auf dem Küstenrundweg geht es ständig auf und ab, wobei es mehrere Tausend Höhenmeter zu bewältigen gilt.

Sport-Adressen

FAHRRAD FAHREN
Bike Station
Avenida Marítima 10
La Puntilla, Valle Gran Rey
Tel. 9 22 80 50 82
www.bike-station-gomera.com
Verleih, Biketouren, Reparaturen,
Shuttle nach Laguna Grande.

Primera Bicicleta
Playa de Santiago
Tel. 690 18 71 00
www.primerabicicleta.de

Bike Center
Valle Gran Rey (La Playa)
Calle Playa Inglés 21
Tel. 922 80 53 36
www.gomera-bikes.com

Mountainbikes, Rennräder,
E-Bikes, Motorroller. Geführte Biker-Touren mit Shuttle-Service.

GOLF
Tecina Golf
Playa de Santiago
Tel. 9 22 14 59 50
www.tecinagolf.com
Golf für Anfänger und Fortgeschrittene, auch Einzelstunden.

TAUCHSCHULEN
Dive art
Calle Real 48, San Sebastián
Tel. 6 60 65 90 98
www,dive-art.com
Individuell geführte Tauchbasis

Urlaub aktiv • ERLEBEN UND GENIESSEN

magmar Watersport
Club Laurel im Hotel Jardin
Tecina
Playa de Santiago
Tel. 6 26 65 89 01
www.magmar-watersport.com
Für Taucher und Schnorchler;
Halbtages- und Tagestouren.

WASSERSPORT
Splash Gomera
Playa Santiago
Calle Santiago Apóstol
(Apartamentos Playa Santiago)
Tel. 626 65 89 01
www.splashgomera.es
Verleih von Kajaks und Stand-Up-
Paddle-Boards, geführte Touren.

GEFÜHRTE WANDERUNGEN
Juego de Bolas
Las Rosas
Tel. 9 22 80 09 93
Mitarbeiter des Besucherzentrums
organisieren Wanderungen im Nationalpark.

La Paloma
Vueltas, Valle Gran Rey
Tel. 9 22 80 60 43
www.gomera.de
Wechselnde Wanderziele.

Ökotours
Vueltas Valle Gran Rey
Tel. 9 22 80 52 34
www.oekotours.com
Der deutsche Diplombiologe
Dieter Scriba führt in kleinen
Gruppen über die Insel – naturgemäß steht dabei die Botanik im
Vordergrund.

Timah Bergwandern
Avenida Marítima
La Puntilla, Valle Gran Rey
Tel. 9 22 80 70 37
www.timah.net
Wanderungen in kleinen Gruppen

TOUREN

Auf La Gomera gibt es viel zu entdecken: Unsere Routen führen Sie zu den landschaftlichen Highlights und zu den schönsten Orten. Natürlich verraten wir Ihnen auch, wo Sie am besten eine Pause einlegen.

Touren durch La Gomera

Drei Rundfahrten erschließen La Gomeras landschaftliche Highlights, führen zu idyllischen Dörfern und romantischen Badebuchten. Generell gilt: Die Entfernungen auf La Gomera sind zwar gering, aber alle Straßen sind ausgesprochen kurvenreich. So sind auch für kurze Strecken lange Fahrzeiten einzuplanen. Mit ausgiebigen Stopps werden aus allen drei Touren lohnende Tagesausflüge.

Tour 1 — Der grüne Inselnorden

Diese Tour ist für jeden La Gomera-Urlauber fast obligatorisch, berührt sie doch die schönsten landschaftlichen Stätten und die hübschesten Dörfer und Orte. Natürlich darf auch ein Besuch in der Inselmetropole nicht fehlen.

▶ Seite 106

Tour 2 **Durch den Nationalpark**
Ausgedehnte Wanderungen oder Mountainbiketouren kann diese Rundfahrt natürlich nicht ersetzen, aber sie liefert einen hervorragenden ersten Eindruck von dem urwaldartigen Parque Nacional de Garajonay. Unterwegs ergeben sich immer wieder prächtige Ausblicke.
▶Seite 110

Tour 3 **Die Landschaft des Südens**
Ein landschaftliches Kontrastprogramm liefert die Rundfahrt durch den trockenen Süden. Wer auch diese Tour absolviert, kann die Vielseitigkeit der Insel erst richtig würdigen.
▶Seite 112

Urlaub auf La Gomera

Trotz der überschaubaren Größe will die Wahl des Feriendomizils gut überlegt sein. Zwar sind von jedem Standort alle Orte in Tagesausflügen erreichbar, doch angesichts der von unzähligen Barrancos (Schluchten) gegliederten Insel sind dabei mitunter erhebliche Fahrzeiten einzuplanen. Mitentscheidend für die Wahl des Urlaubsortes ist zudem die jeweilige Reisezeit. Das zentrale Bergland trennt die Insel in einen meist sonnigen Süden und einen vielfach wolkenverhangenen Norden. Die durch den Passat bedingte Wetterscheide macht sich vor allem in den Wintermonaten bemerkbar. Für Sonnenanbeter ist dann die Südküste die eindeutig bessere Wahl.

Der richtige Urlaubsort

Die kleine Inselmetropole **San Sebastián** ist mit ihrem Fährhafen das Nadelöhr, durch das die meisten Gomera-Reisenden hindurch müssen.
Im Stadtkern gibt es etliche einfache teils nicht mehr ganz zeitgemäße Pensionen und von Geschäftsleuten frequentierte Mittelklassehotels mit nur wenig Komfort. Trotz der betont kleinstädtischen Atmosphäre kann es durch knatternde Mopeds und zu laut gestellte Fernseher mitunter bis weit in die Nacht hinein laut sein. Mehr Ruhe, Komfort und dazu noch eine hervorragende Aussicht bietet der oberhalb der Stadt gelegene Parador – das staatliche Hotel gehört zu den besten der Insel.

Wohnen in der Hauptstadt

Nur etwa 15 km Luftlinie von San Sebastián entfernt ist **Playa de Santiago** der am meisten von der Sonne verwöhnte Platz La Gomeras. Oberhalb der Ortschaft liegt der kleine Regionalflughafen, der angesichts der wenigen Starts und Landungen sich kaum störend auf

Badeorte an der Südküste

die Urlaubsruhe auswirkt. Mit dem Hotel Jardín Tecina kann der Ferienort das größte und vielleicht angenehmste Pauschalhotel der Insel aufweisen. Daneben gibt es etliche kleine Apartmenthäuser und auf Individualreisende eingestellte einfache Unterkünfte.

Das größte Ferienzentrum der Insel ist **Valle Gran Rey** an der Südwestküste. Bis auf ausgesprochene Luxusherbergen finden sich hier eine Vielzahl verschiedener Unterkünfte aller Preisklassen. Vorherrschend sind familiengeführte kleine Apartmenthäuser, daneben gibt es mittlerweile auch etliche mittelgroße Pauschalanlagen. Die Unterkünfte verteilen sich auf vier bis fünf Ortschaften, die durch die touristische Entwicklung immer näher zusammenrücken. Strandnah wohnt man in La Playa und La Puntilla. Als Szeneplatz gilt nach wie vor der Hafenort Vueltas, viel Flair hat das etwas taleinwärts gelegene Hangdorf La Calera zu bieten. Valle Gran Rey ist zudem ein guter Standort für Wanderer und Mountainbiker, der Startpunkt zu den schönsten Touren ist von hier aus schnell erreichbar.

Bunte Fischerboote im Hafen des Valle Gran Rey sorgen für ein stimmungsvolles Bild.

Wo es besonders üppig grünt, kann es mitunter auch ziemlich feucht sein. In den trockenen Sommermonaten sind die Täler von **Hermigua** und **Vallehermoso** jedoch ein Idyll. In der touristisch wenig erschlossenen Region gibt es bislang allerdings nur wenige kleine Landhotels, die bevorzugt von Wanderern nachgefragt werden.

Immergrüner Norden

Bedingt durch die geringe Einwohnerzahl der Insel ist das öffentliche **Busnetz** nur schwach entwickelt. Relativ gut kommt man lediglich von der Hauptstadt San Sebastián aus in alle größeren Ortschaften. Querverbindungen gibt es keine, d. h., wer beispielsweise von Valle Gran Rey nach Hermigua will, muss zunächst nach San Sebastián und dort umsteigen.

Das richtige Verkehrsmittel

Größte individuelle Freiheit verspricht ein **Mietwagen**. Vor allem für Fincaurlauber empfiehlt sich ein fahrbarer Untersatz. Sofern man in den Ferienorten wohnt, reicht eine Mietdauer von zwei oder drei Tagen zur Erkundung der Insel aus. Das Verkehrsaufkommen ist ausgesprochen gering. Touren abseits der gut ausgebauten Hauptstraßen setzen allerdings etwas fahrerisches Können voraus.

Ein **Mountainbike** empfiehlt sich nur für ausgesprochen sportliche Naturen – Flachstrecken gibt es auf La Gomera kaum. Im Valle Gran Rey organisieren Bikestationen Tagestouren inklusive Shuttle-Transfer ins Bergland.

Der grüne Inselnorden

Tour 1

Start und Ziel: Valle Gran Rey
Dauer: 1 Tag   **Länge:** 117 km

Die Tour durch La Gomeras grünen Norden erschließt die landschaftlichen Highlights der Insel, auch die hübschesten Orte werden bei dieser Rundfahrt besucht. Für eine genauere Erkundung der Inselhauptstadt bzw. des Garajonay-Nationalparks reicht die Zeit jedoch sicher nicht aus.

Eine gut ausgebaute Straße verbindet das ❶****Valle Gran Rey** mit dem Inselzentrum. Sind die Valle-Orte La Playa oder Vueltas Ausgangspunkt der Rundfahrt, so passiert man nach ca. 10 km rechts den ❷**Mirador César Manrique**. Spätestens hier lohnt ein erster Stopp. Terrassenfelder, kleine weiße Häuschen und Palmen über Palmen – die Szenerie ist grandios! Mit dem Durchfahren des nächsten Tunnels lässt man die liebliche Landschaft des Valle Gran Rey schon hinter sich. Man befindet sich nun bereits in 800 m Höhe, im Bereich des zentralen Hochlandes von La Gomera. Hier ist es bereits deutlich kühler als tief unten im Tal, und an nicht wenigen Tagen im Jahr hül-

len Wolken oder Nebel die Landschaft ein, während im Valle Gran Rey die Sonne von einem strahlend blauen Himmel herabscheint. Gleich am Ortseingang von ❸ **Arure** weist ein Schild nach links zum Mirador del Santo. Von hier blickt man hinab auf das tief unten am Meer gelegene Taguluche. Bald hinter Arure ändert sich das Landschaftsbild. An die Stelle von Feldern und Wiesen tritt die typische Vegetation des Lorbeerwaldes. Etwa 3 km hinter der Ortschaft zweigt links eine Piste zum Mirador de Alojera ab. Nach weiteren 500 m passiert man einen Parkplatz. Er ist Ausgangspunkt für den nur 780 m langen Rundweg »Los Barranquillos« (▶ S. 155). Bei der nach etwa 1 km folgenden Kreuzung Apartacaminos biegt man links Richtung Vallehermoso ab. In Kurven und Kehren windet sich die Straße durch den dichten Lorbeerwald. Bei schönem Wetter sollte man nach rund 3,5 km einen erneuten Halt einplanen. Kurz vor dem Restaurant Los Chorros de Epina zweigt links ein für den motorisierten

Verkehr gesperrter etwa 200 m langen Pflasterweg zu den ❹**Chorros de Epina** ab, Quellen, denen wundersame Kräfte nachgesagt werden. Das lauschige Plätzchen eignet sich hervorragend für ein Picknick unter schattigen Bäumen. Ist es hier oben jedoch feucht und kühl, so bietet es sich eher an, im zuvor erwähnten Restaurant Los Chorros de Epina einzukehren und durch die großen Fenster den Blick hinab ins Tal von Alojera zu genießen. Ca. 100 m nördlich des Restaurants zweigt links die Straße nach Alojera ab. Der Abstecher dorthin nimmt jedoch relativ viel Zeit in Anspruch, so spart man sich die Tour besser für eine andere Gelegenheit auf und fährt weiter Richtung Vallehermoso. Nach rund 4,5 km kündigt ein Schild die Ortschaft an. Parkt man am Straßenrand, so ergibt sich von hier ein schöner Blick auf die weit verstreut liegenden Ortsteile und auf das Wahrzeichen des Ortes, den Roque Cano. In ❺***Vallehermoso** geht es rund um die zentrale Plaza de la Constitución vor allem in den Vormittagsstunden recht lebhaft zu. Bei schönem Wetter bietet sich ein Abstecher an die 4 km entfernte Playa de Vallehermoso an. An der Mündung des Barranco del Valle kann man im Meerwasserschwimmbad Parque Marítimo vortrefflich baden. Westlich vom Strand thront auf einem Küstenfelsen eine ehemalige Bananenverladestation, das Castillo del Mar (derzeit geschlossen). Zurück an der Plaza in Vallehermoso fährt man in Richtung Agulo weiter. Nach Verlassen der Ortschaft durchfährt man zwei Tunnel, gut 1 km hinter dem zweiten Tunnel zweigt links eine Piste nach ❻**Tamargada** ab. Das abgeschiedene Dorf ist auf der Insel bekannt wegen des in der Nähe reifenden guten Weines. Außergewöhnlich ist die Bauart der Häuser in Tamargada. Bei den einstöckigen lang gezogenen Häusern finden sich Wohnbereich und Scheune bzw. Stallungen unter einem Dach. Am besten nimmt man sich etwas Zeit, um zu Fuß die ländliche Idylle auf sich wirken zu lassen. Zurück zur Hauptstraße sind von hier noch rund 6 km bis zur nächsten Ortschaft Las Rosas zurückzulegen. Eine schmale Straße führt südwärts in die Bergeinsamkeit, zur Bar Roque Blanco. In Las Rosas zweigt auch die Straße zum 3 km entfernten Besucherzentrum des Nationalparks ab, dieses wird allerdings im Rahmen der Route 2 besucht.

Das 5 km östlich von Las Rosas gelegene ❼***Agulo** gilt als eines der hübschesten Inseldörfchen. Schon von der Hauptstraße aus bietet sich eine prächtige Sicht auf den am Fuße hoher Felswände gelegenen Ortskern. Nächste Station der Rundfahrt ist ❽***Hermigua**, dessen Sehenswürdigkeiten einen etwas längeren Stopp rechtfertigen. Ein guter Platz für eine Pause ist die Terrasse der Café-Bar Pedro an der Durchgangsstraße.

Wer die Inselhauptstadt San Sebastián nicht im Rahmen dieser Rundfahrt besuchen möchte, kann die Tour abkürzen und rund 6 km südlich des höheren Ortsteiles von Hermigua der Beschilderung Abkürzung

Die Aussichtspunkte bei Los Roques verlangen geradezu einen Fotostopp.

nach rechts, Richtung El Cedro, folgen. Diese Straße stößt nach rund 7 km beim Cruce de la Zarcita auf die Carretera Dorsal, die Höhenrückenstraße.

Zur Inselhauptstadt
Die 20 km lange Strecke zwischen Hermigua und San Sebastián ist streckenweise gut ausgebaut. Bald hinter der zuvor erwähnten Abzweigung nach El Cedro folgt der Mirador de la Carbonera, der nochmals einen schönen Blick auf den grünen Inselnorden gewährt. Man überblickt den Barranco de Monte Forte und sieht in der Ferne die Häuser von Hermigua. Dann ändert sich hinter dem Túnel de la Cumbre das Landschaftsbild schlagartig: Kahle Berghänge verraten, dass hier deutlich weniger Niederschläge zu verzeichnen sind als wenige Kilometer weiter westlich, jenseits der 900 m hohen, als Klimascheide fungierenden Cumbre Carbonera. Bis ❾*San Sebastián beschränkt sich die Vegetation weitgehend auf Wolfsmilchgewächse und Agaven. Hat man die Inselhauptstadt noch nicht bei anderer Gelegenheit besucht, so sollte man sich mindestens eine Stunde Zeit für einen Stadtrundgang nehmen. Bei einem cafe con leche oder ei-

nem Aperitif auf der Plaza de las Américas bzw. der Plaza de la Constitución kann man dann die letzten Sonnenstrahlen des Tages genüsslich auskosten.
Fährt man auf der quer über die Insel verlaufenden Carretera Dorsal von San Sebastián direkt zurück ins Valle Gran Rey, so ist mit rund einer Stunde Fahrzeit zu rechnen (Entfernung ca. 50 km). Bei guten Witterungsverhältnissen lohnen an verschiedenen Aussichtspunkten jedoch noch kurze Stopps. Vom Mirador an der ❿**Degollada de Peraza** kann man häufig beobachten, wie die Passatwolken aus Richtung Nordosten heranziehen, über den Bergkamm quellen und sich dann auflösen. Die Carretera Dorsal passiert im weiteren Verlauf die sogenannten ⓫****Los Roques**, markante Felsmonolithe. Bei der Kreuzung Apartacaminos zweigt man schließlich links ab und fährt über Arure zurück ins ❶****Valle Gran Rey**.

Durch den Nationalpark Tour 2

Start und Ziel: La Laguna Grande
Dauer: min. 4 Stunden   **Länge:** 40 km

Natürlich lernt man den Parque Nacional de Garajonay am besten bei ausgedehnten Wanderungen kennen, doch für einen ersten Eindruck empfiehlt sich diese Autorundfahrt mit einzelnen kürzeren Spaziergängen unverzichtbar.

Die Rundfahrt ist bei den Reisezielen von A bis Z unter dem Stichwort **Parque Nacional de Garajonay** streckenweise ausführlich beschrieben, daher hier nur eine kurze Zusammenfassung. Von ❶**La Laguna Grande** fährt man in südöstlicher Richtung, bereits nach 3 km empfiehlt sich am Wanderparkplatz El Contadero ein Halt, hier beginnt ein nur 1,4 km langer Weg zum ❷***Alto de Garajonay**, der höchsten Erhebung der Insel mit grandioser Aussicht. Bei der nächsten Kreuzung (nach ca. 3 km) zweigt man links Richtung Norden ab, verlässt die Hauptstraße jedoch bereits wieder nach 1 km und folgt der Beschilderung nach ❸**El Cedro**. Die Häuseransammlung liegt inmitten dichten Lorbeerwaldes, von hier aus kann man zu einer kurzen Wanderung starten oder aber im urigen Lokal La Vista einkehren. Die Rückfahrt zur Hauptstraße erfolgt auf derselben Strecke, dann geht es in Kurven und Kehren weiter nordwärts. Nach rund 10 km ist ❹***Hermigua** erreicht. Das Gofiomühlenmuseum mit angeschlossenem kunsthandwerksladen lädt hier zum Souvenirkauf ein. Nächstes Ziel ist das hübsche ❺***Agulo** mit romantischen Gassen und dem berühmten Teideblick. 4 km westlich von Agulo zweigt bei der Ortschaft Las Rosas eine Straße ins Inselzentrum ab. Auf ihr

erreicht man nach 2 km das ⑥**Centro de Visitantes Juego de Bolas**. Im Besucherzentrum des Nationalparks muss man unbedingt einen Stopp einplanen, bekommt man hier doch den besten Einblick in Entstehung, Geologie, Flora und Fauna des Garajonay-Nationalparks. Lohnend ist auch ein Rundgang durch den angeschlossenen Botanischen Garten. Etwa 4 km hinter dem Besucherzentrum gelangt man zum Mirador de Vallehermoso, der einen hübschen Blick auf Ort und Tal preisgibt, nach weiteren 4,5 km stößt die Straße auf die quer über die Insel verlaufende Carretera Dorsal. Folgt man ihre

Vom Parkplatz bei La Laguna kann man zu herrlichen Touren durch den Nationalpark starten.

einige wenige Hundert Meter in westlicher Richtung, so ist der Parkplatz bei ❶ **La Laguna Grande** wieder erreicht. Übrigens serviert das hier befindliche Lokal eine recht gute kanarische Küche (nur tagsüber geöffnet!).

Die Landschaft des Südens   Tour 3

Start und Ziel: Valle Gran Rey
Dauer: 1 Tag   **Länge:** 88,5 km

Die Sehenswürdigkeiten bzw. Naturschönheiten an dieser Strecke sind etwas spärlicher gesät als bei Tour 1, so ist unterwegs genügend Zeit für eine der erwähnten kürzeren Wanderungen oder für eine längere Badepause in Playa de Santiago.

Von den Küstenorten im ❶****Valle Gran Rey** erreicht man nach ca. 10 km den ❷ **Mirador César Manrique** und nach weiteren 2 km die Ortschaft ❸ **Arure**. Gleich am Ortseingang biegt rechts ein schmales Sträßchen ab, das am Friedhof vorbei nach ❹ **Las Hayas** führt. An der Kreuzung nach 6,5 km (ab Arure) hält man sich rechts und erreicht nach weiteren 4 km ❺ **El Cercado**. Bekannt ist die Ortschaft für die hier noch nach Art der Urbevölkerung betriebene Töpferei, drei Töpferwerkstätten befinden sich am Ortseingang links. Östliche

Nachbarortschaft von El Cercado ist Chipude. Folgt man in Chipude noch gut 1 km der Straße Richtung La Dama, so kommt man im Weiler Pavón zum Ausgangspunkt der Wanderung auf die ❻**Fortaleza**, den markanten, den gesamten Inselsüden beherrschenden Tafelberg. Wer ihn nicht erklimmen möchte, fährt von Chipude weiter in östlicher Richtung. Nach 6 km bietet sich vom Mirador de Igualero ein schöner Blick auf die Fortaleza. Wenige hundert Meter weiter hält man sich an der Kreuzung rechts. Die streckenweise gut ausgebaute Strecke führt Richtung Alajeró und Playa de Santiago. Nach ca. 5,5 km passiert man kurz vor dem Abzweig rechts eine Haltebucht. Hier beginnt ein Stufenweg, der zu La Gomeras einzigem größeren wild wachsenden Drachenbaum (❼*El Drago*) hinabführt. Die Straße verläuft dann an der Ortschaft ❽**Alajeró** vorbei durch eine zunehmend trockenere und vegetationsärmere Landschaft. Schließlich rückt der Flughafen von La Gomera ins

Mirador César Manrique: der berühmteste Aussichtspunkt im Valle Gran Rey

Blickfeld. Das Abfertigungsgebäude ist mit üppigem Pflanzenschmuck hübsch gestaltet – nur meistens menschenleer. Zwar führt eine Umgehungsstraße an ❾***Playa de Santiago*** vorbei, doch sollte man sich die Zeit für einen Abstecher in das zweitgrößte Touristenzentrum der Insel nehmen. Ganz hübsch ist die Szenerie am kleinen Hafen und im alten Kern des Ortsteiles Laguna de Santiago. Für eine Rast wählt man am besten eines der Restaurants entlang der Avenida Marítima.

Die Straße von Playa de Santiago ins Inselinnere und dann nach San Sebastián wurde in den letzten Jahren gut ausgebaut, so lässt sich auf ihr der erste Teil der folgenden Wegstrecke zügig zurücklegen. 12 km sind bis zum Erreichen der quer über die Insel laufenden Höhenstraße bzw. Carretera Dorsal zurückzulegen. Etwa nach der Hälfte dieser Strecke folgt die Abzweigung der recht schwierig zu befahrenden Strecke nach Benchijigua. Unmittelbar östlich der Straßenkreuzung mit der Höhenstraße in Richtung San Sebastián befindet sich an der ❿**Degollada de Peraza** ein schöner Aussichtspunkt. Man folgt dann der Carretera Dorsal jedoch in westlicher Richtung. Bei den sogenannten ⓫****Roques** passiert man die Grenze zum Parque Nacional de Garajonay. Der dichte Lorbeerwald gibt nur selten den Blick über die Gebirgsinsel frei. Die Beschilderung weist bei der Kreuzung Apartacaminos nach links ins ❶****Valle Gran Rey**.

Quer durch die Insel

REISEZIELE VON A BIS Z

Undurchdringliche Lorbeerwälder, eindrucksvolle Vulkanlandschaften, Bananenplantagen und Palmenhaine: La Gomera ist ein Wanderparadies – hier unterhalb der Fortaleza de Chipude.

Agulo

✺ C 9

Höhe: 190 m ü.d.M.
Gemeindebezirk: Agulo
Einwohnerzahl: 1150 (ges. Bezirk)

Auf kaum einer Inselrundfahrt fehlt ein zumindest kurzer Halt in Agulo. Kein Wunder! Das Bilderbuchstädtchen im Norden La Gomeras bietet eines der schönsten Postkartenmotive der Insel. Den besten Blick hat man bereits von der Durchgangsstraße, die Hermigua mit Vallehermoso verbindet: Auf einer Anhöhe scharen sich weiße Häuschen um die Pfarrkirche – im Hintergrund die majestätische Kulisse des 3718 m hohen Teide auf Teneriffa.

Mit einer Fläche von 25 km² und rund 1100 Einwohnern ist Agulo der kleinste der sechs Gemeindebezirke der Insel. Nach wie vor bildet die Landwirtschaft die Haupteinnahmequelle der Bevölkerung. Vor allem Bananen, aber auch etwas Wein und Kartoffeln werden auf den Feldern rund um Agulo angebaut. Seit einigen Jahren spielt in Agulo nun auch der Tourismus eine Rolle. Übernachtungsgäste ha-

Agulo vor der Kulisse des majestätischen Teide auf Teneriffa

Agulo erleben

ESSEN
La Vieja Escuela €€€
Calle Poeta Trujillo Armas 2
Tel. 9 22 14 60 04
Im Ortsteil Las Casas wird in der alten Dorfschule nicht weit von der Kirche entfernt authentische gomerische Kost aufgetischt. Spezialitäten sind Tunfisch mit Runzelkartoffeln und Mojo, und als Dessert darf Leche asada nicht fehlen. Dazu trinkt man Hauswein vom Fass.

Zumería Lila €
Carretera General s/n
Die kleine Bar ist in einem farbenfrohen Haus an der Hauptstraße untergebracht. Angeboten werden Tapas, Snacks und frisch gepresste Säfte.

ÜBERNACHTEN
Apartamentos Villa de Agulo €€
Calle El Charco 2
Tel. 9 22 14 61 12
www.villa-de-agulo.com
Neues modernes Haus mit 13 Apartments, eines davon hat zwei separate Schlafzimmer mit Platz für bis zu vier Personen. Zum Anwesen gehören ein Pool und ein netter Garten, in dem diverse subtropische Früchte reifen.

Casa de los Helechos €
Calle de la Seda 2
Tel. 9 22 14 69 68
www.casarural-loshelechos-gomera.com
Das »Haus der Farne« ist ein gemütliches Hotel mit nur vier Apartments im Zentrum der Altstadt (dennoch recht ruhig!). Alle Räume in dem Mitte des 19. Jh.s errichteten, behutsam restaurierten herrschaftlichen Landhaus sind in kanarischem Stil gehalten. Sowohl im schön begrünten Innenhof als auch auf der Dachterrasse mit Blick zum Meer und auf den Teide kann man schnell die Zeit vergessen.

ben mittlerweile die Wahl zwischen einer Hand voll kleiner Hotels und Apartmenthäuser.
Stolz ist man in Agulo darauf, dass hier der weit über die spanischen Grenzen hinaus bekannte Maler **José Aguiar** (1895 – 1975; ▶ Berühmte Persönlichkeiten) aufgewachsen ist.

SEHENSWERTES IN AGULO

Agulo ist viel zu hübsch, um es bei dem Blick von der Hauptstraße auf das Städtchen zu belassen. Am besten stellt man sein Auto am Ortsrand ab und läuft durch schmale, kopfsteingepflasterte Gassen hinauf zur **Plaza** im alten Ortsteil Las Casas. Die ersten Häuser wurden hier in den zwanziger Jahren des 17. Jh.s errichet. Heute findet man einige ansehnliche Bürgerhäuser mit hübschen Holzbalkonen. Die Plaza beherrscht jedoch die **Iglesia de San Marcos**. Ihre blendend weißen Kuppeln lassen arabische Assoziationen aufkommen, die Einheimischen nennen sie daher auch La Mezquita (Die Mo-

Las Casas

> **BAEDEKER TIPP**
>
> ### Mutprobe in Agulo
>
> Ende April steigt mit der Fiesta de San Marcos das spektakulärste Fest auf La Gomera. Nach einer von Trommeln und Kastagnetten begleiteten Prozession zu Ehren des Heiligen Markus werden auf dem Kirchplatz große Feuer entzündet. Die mutigsten jungen Männer versuchen sich im Sprung über die lodernden Flammen – wer es geschafft hat, soll einer alten Legende zufolge auch gegen einen Feuer speienden Vulkan gewappnet sein.

schee). Die einschiffige Pfarrkirche wurde um 1920 nach Plänen von Pintor y Ocete errichtet. Beachtenswert im Innern sind das steinerne Taufbecken und die Christusfigur von Pérez Donis. Schräg gegenüber dem Kirchhauptportal steht das im spanischen Kolonialstil erbaute **Rathaus**.

Das Geschäftsleben von Agulo spielt sich im von der Carretera del Norte durchzogenen Ortsteil **La Montañera** ab. Etliche Geschäfte, verschiedene Bars und Cafeterias reihen sich hier in den Straßen aneinander.

Alajeró

K 6

Höhe: 836 m ü.d.M.
Gemeindebezirk: Alajeró   **Einwohnerzahl:** 2000 (ges. Bezirk)

Die Ortschaft Alajeró liegt 12 km nordwestlich von Playa de Santiago im trockenen Inselsüden. Einen Besuch lohnt Alajeró vor allem wegen zweier naher Ausflugsziele: Ganz in der Nähe steht der schönste und älteste Drachenbaum der Insel, und unweit südlich lohnt eine kurze Wanderung nach El Calvario.

Der Landwirtschaft sind enge Grenzen gesetzt. Manch kleines Dorf, das zum Gemeindebezirk von Alajeró gehört, ist nahezu verlassen, viele Felder liegen brach. Anders die Situation in Alajeró selbst. Hier wurden in den letzten Jahren wieder etliche Häuser instand gesetzt und restauriert. Viele in Playa de Santiago Beschäftigte haben sich in Alajeró – der günstigeren Grundstückspreise wegen – niedergelassen. Auch die Gemeinde selbst profitiert von Einnahmen aus dem Tourismus. Playa de Santiago gehört verwaltungstechnisch teilweise zu Alajeró, und die Steuereinnahmen fließen so reichlich, dass man sich ein modernes Rathaus und nun auch eine Komplettsanierung der Pfarrkirche leisten konnte.

Sehenswert Von der Umgehungsstraße zweigen zwei Zufahrtsstraßen ins Ortszentrum ab. Oberhalb der Kirche findet man ein stimmungsvolles Gebäudeensemble mit Rathaus und Casa de la Cultura. Die **Igle-**

Alajeró erleben

ESSEN
El Mesón de Clemente €€€
Las Cruces 6
Tel. 9 22 89 57 21
Der einfache Landgasthof mit kleiner Terrasse liegt aussichtsreich am südlichen Ortsrand. Geboten wird deftige gomerische Küche mit Klassikern wie Kaninchen, Lamm und Zicklein (Mi. Ruhetag).

ÜBERNACHTEN
Casa Don Pedro €€
Plaza Mayor
www.casasruralesdelagomera.es
Einfaches kanarisches Landhäuschen neben der Kirche mit Platz für maximal drei Personen. Gegenüber befindet sich ein weiteres Haus, das demselben Besitzer gehört und ebenfalls vermietet wird.

sia de San Salvador, deren Anfänge auf das 16. Jh. zurückgehen, beherbergt eine hölzerne Christusstatue. Schon vom mit einem prächtigen Indischen Lorbeerbaum bestandenen Kirchenvorplatz hat man einen guten Blick nach Süden zum Kalvarienberg.

UMGEBUNG VON ALAJERÓ

Am Südrand von Alajeró steht auf dem weithin sichtbaren Kalvarienberg (El Calvario) die **Ermita San Isidro**. Einige Funde belegen, dass dieser Kegelberg schon den Altkanariern heilig war. Man benötigt für den Weg vom Ortszentrum hinauf zum Kalvarienberg ca. 30 Min., die letzten 10 Min. legt man auf einem gepflasterten Weg zurück. Ein schöner Blick über den Inselsüden entschädigt für die Mühen des Aufstiegs. — El Calvario

Ca. 2 km nördlich von Alajeró zweigt eine Straße zur von hier noch 2 km entfernten Ortschaft Imada ab. Ebenso wie in Alajeró wird auch hier gebaut, werden die Häuschen verschönt. Autofahrer haben in Imada wenig Freude, nur mit Mühe kommen im Ortskern zwei Fahrzeuge aneinander vorbei. Parkplätze sind rar. Am besten schlendert man zu Fuß durch den idyllisch gelegenen, recht ursprünglichen Ort, der allerdings weder mit Sehenswürdigkeiten noch mit einem schönen Ausflugslokal aufwarten kann. — Imada

Von Alajeró kommend, befindet sich gleich hinter der Abzweigung nach Imada links der Straße eine Parkbucht. Von hier führt ein gepflasterter Weg hinab zum ältesten und schönsten **Drachenbaum** (span. Drago) der Insel. Für den etwas holprigen Fußweg benötigt man ca. 30 Minuten. Etwa auf halber Strecke erreicht man eine Aussichtsterrasse, von der aus man einen schönen Blick auf den in einem einsamen Tal stehenden, ansehnlichen Drago hat. Wer sich einige — *El Drago

Ein hübscher Weg führt zu La Gomeras ältestem Drachenbaum.

Höhenmeter ersparen will, erreicht den Drachenbaum auch von der südlich gelegenen Häuseransammlung Agalán. Vom Ende der schmalen Zufahrtstraße (wenig Parkraum) führt der Weg vor einem Bauernhaus nach halbrechts. Ohne fehlgehen zu können, erreicht man nach rund 7 Min. auf einem überwiegend ebenen Weg die Aussichtsterrasse oberhalb des Drachenbaums. Von hier geht es dann in Serpentinen abwärts.

Die Altersangaben für das schöne Drachenbaumexemplar schwanken beachtlich. Drachenbäume besitzen keine Jahresringe. Man kann das Alter nur nach der Anzahl der Verästelungen bestimmen, die allerdings in unregelmäßigen Zeitabständen erfolgen. Vermutlich ist La Gomeras ältester Drago rund 400 Jahre alt.

Alojera

Höhe: 350 m ü.d.M.
Gemeindebezirk: Vallehermoso   **Einwohnerzahl:** ca. 300

Alojera ist die größte Ortschaft im Nordwesten der Insel. Kahle Berghänge, einzelne Palmenhaine und kleine Felder, auf denen Kartoffeln und Gemüse angebaut werden, prägen das Bild. Nur wenige ausländische Touristen verirren sich in das abseits der Hauptstraßen gelegene Gebiet. Eher schon kommen am Wochenende Ausflügler aus der Inselhauptstadt oder von Teneriffa, im Sommer ist der zum Ortsbereich gehörende Strand ein beliebtes Ziel.

Alojera • ZIELE

Man erreicht Alojera über eine Straße, die etwa auf halber Strecke zwischen Arure und Vallehermoso von der schmalen Zufahrtstraße (wenig Parkraum) durch den Inselnorden abzweigt. Nach rund 8 km kurvenreicher Fahrt wird kurz nach dem Ortseingang die Bar Perdomo passiert. An der Gabelung kurz darauf erreicht man linkerhand die kleine Kirche des Ortes, von der sich ein schöner Blick auf die Terrassenfelder und Palmenhaine bei Alojera bietet.
Die Häuser und Ortsteile verteilen sich weitläufig über die zur Küste abfallende Landschaft. Ein eigentliches Zentrum gibt es nicht, am ehesten könnte die zuvor erwähnte Straße mit der Bar Perdomo als solches dienen.

UMGEBUNG VON ALOJERA

Die 3 km entfernte Playa de Alojera gilt als einer der schönsten Strände der Insel. Vor allem Einheimische und Festlandspanier kommen im Sommer zu der stellenweise sandigen, doch überwiegend von mit Kies und großen Steinen gefüllten, etwa 250 m langen **Badebucht**. Wellenbrecher schützen vor der häufig starken Brandung. Gesäumt wird die Playa de Alojera von kleinen weißen Häuschen. Einfache Apartments werden vermietet. **Playa de Alojera**

Fährt man von der Playa de Alojera auf derselben Strecke zurück, so erreicht man nach 7 km die Abzweigung nach rechts zum von hier 9 km entfernten Taguluche. Unterhalb steiler Berghänge windet sich die Asphaltstraße durch die Einsamkeit. Ab und an sieht man Palmen mit einem breiten Metallring, er verweist darauf, dass von diesen Palmen Miel de Palma, Palmhonig, gewonnen wird (▶ Baedeker Wissen, S. 72). **Taguluche**
Die Straße endet in der abgeschiedenen Ortschaft Taguluche. Ein schönes Plätzchen für ein Picknick findet man bei der **Ermita de San Salvador**. Tische, Bänke, viel Blumenschmuck und ein schöner Ausblick laden hier zum Verweilen und Entspannen ein.

Will man noch weiter in den Nordwesten La Gomeras vordringen, so muss man sich auf langwierige Fahrten auf nicht asphaltierten Pisten einstellen. Einen knappen Kilometer nach dem Abzweig bei Chorros de Epina zweigt eine mitunter ruppige Erdstraße in nördlicher Richtung nach Arguamul ab, das sich in einen unteren und oberen Ortsteil gliedert. Etliche der einstigen Bauernhäuser haben mittlerweile neue Besitzer gefunden, denen sie nun als romantische Ferienunterkünfte dienen. Die Piste hinab zur **Playa de Arguamul** mutet recht abenteuerlich an – besser man verzichtet auf die Weiterfahrt oder steigt zu Fuß in etwa 20 Min. zur Strandsiedlung hinab. Doch der Kiesstrand lädt nicht zum Baden ein! **Arguamul**

ZIELE • Alojera

Alojera erleben

ESSEN
Prisma ●●
Playa de Alojera
Tel. 9 22 80 07 03
Bei Mariano bekommt man frischen Fisch, verschieden zubereitet, ganz nach Tagesangebot. Das unscheinbare Restaurant liegt etwas versteckt in einer Gasse, nur wenige Meter vom Strand entfernt. Am Wochenende ist es erklärtes Ausflugsziel der Gomeros.

ÜBERNACHTEN
Finca Medina ●
Buchbar über La Gomera Travel Service
Tel. 9 22 14 41 00
www.travel-gomera.com
Weniger eine Finca, sondern ein kleines Apartmenthaus mit zwei im inseltypischen Stil möblierten Ferienwohnungen und Dachterrasse mit Meerblick. Die Playa Alojera erreicht man in 20 Gehminuten. Mietwagen empfehlenswert.

Cumbre de Chiguere Reizvoll ist der Abstecher in die karge Bergwelt der Cumbre de Chiguere, ganz im Nordwesten La Gomeras, bis zur **Punta de Alcalá**, einem prächtigen Aussichtspunkt. Auch diese Strecke lässt sich mit einem Pkw (gerade noch) bewältigen. Von Arguamul kommend, fährt man 2 km auf derselben Strecke zurück. Bei der Wegkreuzung hält man sich links, nach 1,7 km biegt man nochmals links auf eine nun parallel zur Küste verlaufende Piste ab. (Wer die Punta de Alcalá ohne den Umweg über Alojera und Tazo ansteuern möchte, zweigt etwa auf halber Strecke von der Hauptstraße Arure – Vallehermoso Richtung Epina und Alojera ab, schon nach wenigen hundert Metern weist die Beschilderung rechts nach Arguamul, nach 2,5 km hält man sich nochmals rechts und folgt dann der zuvor erwähnten, parallel zur Küstenlinie verlaufenden, gut 6 km langen Piste zur Punta de Alcalá.) Mehrfach ergeben sich von dieser Strecke schöne Ausblicke über die Nordküste der Insel. Schließlich ist die moderne **Ermita de Santa Clara** erreicht (Picknickmöglichkeiten).

Da die Piste im Folgenden teilweise stark ausgewaschen ist, stellt man am besten hier sein Fahrzeug ab. Ein schmaler Pfad führt links an der Kapelle vorbei (er trifft später wieder auf die Piste). Autofahrer folgen vor der Kapelle dem breiten Feldweg rechts, schon bald eröffnet sich eine beinahe unwirklich erscheinende Szenerie: eine in Gelb-, Braun- und Rottönen schimmernde Mondlandschaft. Rechts des Weges steht die 1985 von einem ausgewanderten Gomero errichtete **Ermita Nuestra Señora de Coromoto**. Bald darauf führt links ein Weg zum nicht mehr bewohnten Weiler **Chiguere**. Dann endet die Piste unvermittelt vor einer Anhöhe. Hier, vom **Aussichtspunkt Buenavista** an der Punta de Alcalá, bietet sich ein schöner Blick über die steil zum Meer hin abfallende Küstenlandschaft des Nordens und hinüber nach Teneriffa. Wanderer können auf schmalem Pfad zur Playa de Vallehermoso (▶ Vallehermoso) absteigen.

Die Küstenlandschaft nördlich von Alojera erreicht man bisher nur auf teilweise sehr holprigen Pisten.

Tazo

Von Arguamul aus lässt sich ein weiterer Abstecher ins noch einsamer gelegene Tazo machen. Kurz vor dem Ort wird die Ermita de Santa Lucía passiert, deren Ursprung bis auf das 15. Jh. zurückgehen soll, die kleine Kapelle wäre damit eines der ältesten Gotteshäuser der Insel. Tazo selbst ist ein recht unscheinbarer Ort, liegt jedoch reizvoll von Palmen umgeben, die wie in Alojera und Arguamul zur Palmsaftgewinnung angezapft werden. Eine Einkehrmöglichkeit gibt es in dem Weiler keine. Von Tazo aus ist theoretisch die Weiterfahrt auf einer wirklich schmalen und holprigen Piste über den verlassenen Weiler Cubaba nach Alojera möglich, doch dafür empfiehlt sich neben fahrerischem Können vor allem auch ein Allradfahrzeug.

Arure

F 3

Höhe: 834 m ü.d.M.
Gemeindebezirk: Valle Gran Rey   **Einwohnerzahl:** 300

An Arure kommt kein Urlauber vorbei, der seinen Feriensitz im Valle Gran Rey gewählt hat. Aus Richtung Valle Gran Rey sind zwei Tunnel zu passieren, bis man nach 12 km die Ortschaft Arure erreicht. Während im Valle Gran Rey häufig noch die Sonne scheint, ist Arure bereits von Passatwolken eingenebelt, es ist deutlich kühler als im sonnenverwöhnten Tal des Großen Königs. Arure ist ein Straßendorf, in dessen Umgebung vor allem Weinbau betrieben wird.

Arure erleben

ESSEN

Los Chorros de Epina ●●●
an der Hauptstraße Arure – Vallehermoso (GM-1, km 46); Tel. 9 22 80 00 30
Großes Restaurant mit rustikalen Holztischen. Am Wochenende erscheinen viele gomerische Ausflügler, unter der Woche kommen oft Ausflugsbusse hierher.

Casa Conchita ●●
Carretera General 40
Tel. 9 22 80 41 51
Einfaches, vor allem von Wanderern geschätztes Lokal am nördlichen Ortsausgang. Hier wird echte gomerische Hausmannskost aufgetischt: Kressesuppe, Kaninchenragout mit gutem Mojo, Ziegenkäse und dazu Gomera-Wein.

Mirador César Manrique ●●
an der Straße ins Valle Gran Rey
(ca. 2 km außerhalb von Arure)
Tel. 922 80 58 68
Nach dem das Lokal in den letzten Jahren mehrmals für längere Zeit geschlossen war, scheint der neue Pächter seine Gäste nicht nur wegen des grandiosen Panoramas, sondern auch der kreativen spanisch-kanarischen Küche wegen anzuziehen. Als Vorspeise bietet sich die iberische Wurst- und Schinkenplatte an (Mo. Ruhetag).

Zwei Stauseen versorgen die Reben ebenso wie die kleinen Felder, auf denen vor allem Gemüse und Kartoffeln angebaut werden, mit dem nötigen Nass. Bisher machen Touristen allerdings nur auf der Durchfahrt oder bei einer Wanderung kurz in den beiden Lokalen von Arure Station.

Geschichte In vorspanischer Zeit war Arure vermutlich eines der Inselzentren. Die Ur-Gomeros nannten es »aruri«, was sich mit »Königshaus« oder »Herrschaftssitz« übersetzen lässt. Auch frühe spanische Siedler ließen sich in der hoch gelegenen Hügellandschaft am Rande der Lorbeerwaldzone nieder. 1812 wurde Arure Hauptort der damals neu gegründeten gleichnamigen Gemeinde. Diese Funktion behielt Arure bis ins Jahr 1950, dann wurde der Verwaltungssitz nach La Calera verlegt, der Gemeindebezirk heißt seitdem Valle Gran Rey.

Mirador del Santo Am südlichen Ortsrand zweigt ein Weg in westlicher Richtung zum 150 m entfernten Mirador del Santo ab. Von einer gemauerten Aussichtsplattform ergibt sich ein prächtiger Blick auf das viele Höhenmeter tiefer gelegene **Taguluche**, das man über ▶Alojera erreicht.

UMGEBUNG VON ARURE

Mirador de Alojera Folgt man von Arure der in nordöstlicher Richtung verlaufenden Hauptstraße, so passiert man nach ca. 3 km den Mirador de Alojera

– wie der Name sagt: Man hat einen sehr schönen Blick auf Alojera, sofern nicht Passatwolken den Aussichtspunkt vollkommen einnebeln (was recht häufig der Fall ist).

Los Chorros de Epina

Ein lauschiges Plätzchen sind die Chorros de Epina, Quellen, deren Wasser wundersame Kräfte nachgesagt werden. Man erreicht die 8 km nordöstlich von Arure gelegenen Quellen über die nach Vallehermoso führende Straße. Wenige Meter vor dem Restaurant Los Chorros de Epina führt ein Pflasterweg in westlicher Richtung abwärts. Der für Fahrzeuge gesperrte Weg endet nach ca. 200 m bei einer kleinen Kapelle. Vorbei an romantischen Picknickplätzen führt eine Treppe abwärts zu den nahen Chorros de Epina. Frauen, die Liebesglück erlangen möchten, müssen von links nach rechts aus jedem zweiten Quellfluss (also dem 2., 4. usw.) trinken – Männer beginnen mit dem ersten Quellflüsschen (1., 3. usw.)!

Benchijigua

H 8

Höhe: 850 m ü.d.M.
Gemeindebezirk: San Sebastián   **Einwohnerzahl:** 200

Benchijigua ist ein völlig abgeschiedener Weiler im Inselsüden, bestehend aus einer Hand voll Häuschen und einer kleinen Kapelle. Der Weiler mit seinen längst verlassenen Natursteinhäusern liegt auf halbem Weg der beliebten Wanderroute vom Roque Agando nach Playa de Santiago, ist jedoch auch über eine staubige Piste erreichbar.

Benchijigua liegt inmitten des wegen seiner einmaligen Flora zum Naturschutzgebiet erklärten **Barranco de Benchijigua**. Schon die Anfahrt ist ein kleines Abenteuer. Von der gut ausgebauten GM-3, die San Sebastián mit Playa de Santiago verbindet, zweigt rund 6 km vor Playa de Santiago eine (schlechte) Piste in nördlicher Richtung ab. Eine Abzweigung nach links lässt man unberücksichtigt und erreicht nach etwa 4 km die Häuschen von Benchijigua.
Die Szenerie ist äußerst malerisch. Im Tal unterhalb des markanten **Roque de Agando** grünt und blüht es, wohin man schaut. Es ist unvergesslich schön mit seinen wilden Agaven, Feigen- und Mandelbäumen. An Palmen und bestellten Terrassen vorbei kann man die Dörfer Lo de Gato, Pastrana und Taco erkennen. Die Piste nach Benchijigua soll irgendwann asphaltiert werden, was die Nerven der Autofahrer sicher schonen würde, dem beinahe verwunschen wirkenden Ort aber möglicherweise ein wenig von seinem idyllischen Reiz nähme.

Pfeifsprache El Silbo

Unterhaltung mit Pfiff

»El Silbo« (span. »der Pfiff«) ist eine ausgeklügelte Pfeifsprache, die sich bis heute auf La Gomera erhalten konnte. Man kann sich mit ihr über tiefe Schluchten hinweg bis über 6 km weit verständigen. Seit 1999 ist El Silbo Pflichtfach an Grundschulen, seit 2009 gehört sie zum UNESCO-Weltkulturerbe. Selbst ein Denkmal hat sie: in Igualero, dem höchstgelegenen Ort der Insel.

©BAEDEKER

▶ **Technik**
Gepfiffen wird mit einem oder zwei Fingern einer Hand. Je nach Tonlage werden die Lippen gespitzt oder mit den Fingern in die Breite gezogen. Die andere Hand verwendet man als Schalltrichter.

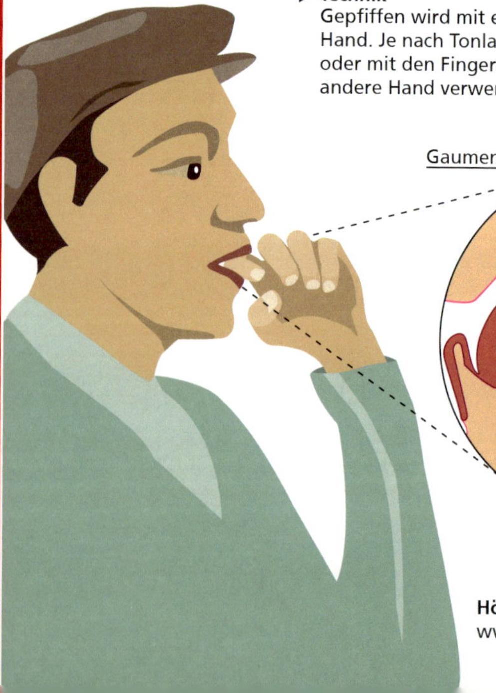

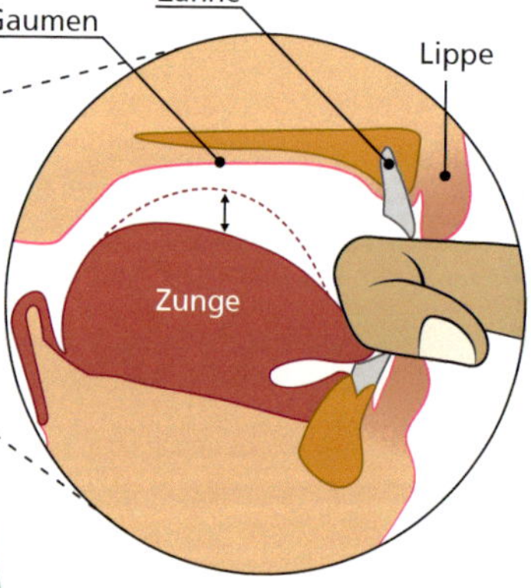

Hörbeispiel (Dialog)
www.silbogomero.com

Die Artikulation der Töne

Dieses Tonschema beschreibt die Artikulation der Pfeifsprache. Wenn die Zunge an den Gaumen stößt, gibt es eine Unterbrechung.

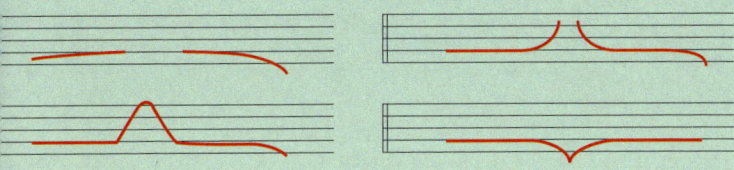

Die Notation der Sprache

El Silbo ahmt Laute nach. Da man nur Höhen und Tiefen sowie Kürzen und Längen pfeifen kann, reduziert sich die Pfeifsprache auf zwei Vokale und vier Konsonanten.

| i, e | → **I** | t, ch, s | → **CH** | d, n, ñ, l, y, r, rr | → **Y** |
| a, o, u | → **A** | p, k | → **K** | b, f, m, g, j | → **G** |

Wörterbuch

GESPROCHENE SPRACHE	→ PFEIFSPRACHE EL SILBO	DEUTSCH
mamá, papá	→ gagá, kaká	Mama, Papa
buenos días	→ geyoi yiai	Guten Morgen
buenas tardes	→ geyai chayei	Guten Tag
¿cómo te llamas?	→ kógo che yagai	Wie heißt Du?
Yo me llamo Ramón	→ yo ge yago Yagói	Ich heiße Ramón
¿Qué hora es?	→ Ké oya ei	Wieviel Uhr ist es?

Pfeifsprachen weltweit

Auch anderswo auf der Welt verständigt man sich per Pfeifsprache, doch keine ist so perfekt wie El Silbo.

UMGEBUNG VON BENCHIJIGUA

Lo del Gato Von der Waldpiste zweigt 600 m vor Benchijigua ein Weg in das südlich unterhalb gelegene Lo del Gato ab. Hier hat der Tourismus bisher noch keinen Einzug gehalten, nur wenige Menschen leben dauerhaft in dem von terrassierten Feldern umgebenen Weiler. Auch einige Aussteiger haben sich hier niedergelassen. Ein Fußweg führt von Lo del Gato hinab nach **Pastrana** (▶ Playa de Santiago).

Chipude

G 4

Höhe: 1050 m ü.d.M.
Gemeindebezirk: Vallerhermoso   Einwohnerzahl: 800

Chipude ist eine der am höchsten gelegenen Siedlungen der Insel. Im Winter kann es mitunter ziemlich neblig und kalt sein. Doch die zentrale Lage am südlichen Rand des Hochlandes macht den Ort zu einem wichtigen Wanderdrehkreuz. Hier treffen sich die Wanderwege von Valle Gran Rey, Arure und Igualero, Chipude ist zugleich Ausgangspunkt für die Besteigung der über 1200 m hohen Fortaleza de Chipude, eines markanten Tafelbergs.

Eigentlich ist Chipude die Sammelbezeichnung für mehrere Ortschaften nahe dem Südwestrand des Garajonay-Nationalparks (**Temocodá**, **Pavón**, **Los Manantiales**, **Los Apartaderos**). Allgemein hat sich aber durchgesetzt, den Hauptort Temocodá als Chipude zu bezeichnen. Es ist eine der ältesten Ortschaften der Insel. Ehemals lebten hier mehr Menschen als in der Inselhauptstadt San Sebastián. Schon seit Jahrzehnten liegen jedoch viele Felder brach, etliche Häuser sind längst verlassen. Früher reichte der Lorbeerwald bis nahe an die Ortschaft heran. Weite Flächen wurden gerodet und landwirtschaftlich genutzt. Als Folge davon sank der Grundwasserspiegel, die Quellen versiegten, bis heute ist die Wasserknappheit ein ernstes Problem.

Chipude erleben

ESSEN
Hotel Bar Sonia ●
Plaza de Chipude
Tel. 9 22 80 41 58
www.chipude.es

In dem einfachen Lokal gegenüber der Kirche gibt es gomerische Küche. Die schlichten, dafür preiswerten 19 Zimmer werden vornehmlich von Wanderern und Wandergruppen gebucht.

Chipude • ZIELE

Das Leben konzentriert sich in Chipude auf die große Plaza bei der **Iglesia Nuestra Señora de la Candelaria**. Bereits 1540 wurde mit dem Bau einer Kirche an dieser Stelle begonnen. Ihr heutiges Aussehen erhielt die zweischiffige Iglesia N. S. de la Candelaria jedoch im Wesentlichen im 17. Jahrhundert. Den Kirchplatz säumen mehrere Bars, es gibt sogar eine Pension.

Ortsbild

UMGEBUNG VON CHIPUDE

Den Südwesten der Insel beherrscht die Fortaleza de Chipude (1241 m ü.d.M.), ein markanter Tafelberg, der sich südöstlich von Chipude erhebt. Die Fortaleza (span. für »Festung«) war bereits den Ur-Gomeros heilig. Tierknochen und Steinsetzungen sowie Reste von Werkzeugen sind Hinterlassenschaften aus vorspanischer Zeit. Ob die Altkanarier hier nur zu Kultzwecken zusammenkamen oder ob ständig einige Menschen auf dem Tafelberg lebten, ist nicht geklärt. Ähnlich wie die für das Landschaftsbild von La Gomera typischen »Roques« besteht die Fortaleza aus hartem Ergussgestein (▶ S. 19). Weichere aufliegende Gesteinsschichten wurden durch Erosion abgetragen, zurück blieb die auffallende Felsformation.
Im 2 km südöstlich von Chipude gelegenen Weiler **Pavón** beginnt an der Hauptstraße ein gepflasterter (gut erkennbarer) Weg, der zur Fortaleza hinaufführt. Er geht bald in einen steinigen Pfad über, der zunehmend steiler und schmaler wird. Vorbei an einigen Natursteinhäusern gelangt man zum Fuß der Steilwand. Einige Kraxelpartien,

**La Fortaleza de Chipude (▶Abb. S 114)

Heiligtum der Ur-Gomeros: Fortaleza de Chipude

für die man gutes Schuhwerk, aber keine Klettererfahrung benötigt, sind zu bewältigen, bis man nach ca. 40 Min. auf der Hochfläche der Fortaleza steht. Ein prächtiger Blick über den trockenen Südwesten der Insel und bei klarer Sicht hinüber nach La Palma und El Hierro entschädigen für den Aufstieg (150 Höhenmeter).

Mirador de Igualero
Wer sich lieber mit einem Blick auf die Fortaleza de Chipude begnügt, dem bietet sich vom Mirador de Igualero 6 km östlich von Chipude die beste Sicht. Kurz vor dem höchstgelegenen Ort der Insel, **Igualero** (1300 m ü.d.M.), folgt man der Piste zum 100 m entfernten Aussichtspunkt bei einer Kapelle.

La Dama
Am östlichen Ortsausgang von Chipude zweigt eine Straße nach Süden ab. Man durchfährt eine kahle, öde Gegend und erreicht nach 14 km den Ort La Dama. Erstaunlich angesichts der trockenen Umgebung, aber La Dama lebt vom Bananenanbau – und das dank Subventionen wohl nicht schlecht: Für die Plantagenarbeiter wurden nüchterne moderne Reihenhäuschen errichtet, Straßenlaternen beleuchten bei Dunkelheit die ausgestorben wirkenden Straßen. Eigentlich gibt es keinen Grund, hierher zu fahren, am interessantesten ist noch ein Blick in die oberhalb des Ortes gelegene **Bananenverladestation**.

La Rajita
Am Ortsende von La Dama geht die Straße in eine recht schlechte Piste über. Sie führt zur heute praktisch verlassenen Ortschaft La Rajita. In den Fabrikgebäuden an der Küste wurden bis Mitte der 1980er-Jahre Fischkonserven produziert, die geringen Fangmengen erlaubten danach keine rentable Produktion mehr.

Degollada de Peraza

H 9

Höhe: 940 m ü.d.M.
Gemeindebezirk: San Sebastián

Bei der Degollada de Peraza handelt es sich um einen Pass an der Höhenstraße, 13 km westlich von San Sebastián. Benannt ist er nach Hernán de Peraza dem Jüngeren, der mit Beatriz de Bobadilla verheiratet war. Er soll in einer nahen Höhle (kein Zutritt) von drei Gomeros ermordet worden sein (▶ Baedeker Wissen, S. 60).

*Aussicht
Vom Mirador bei der Degollada de Peraza hat man einen prächtigen Blick nach Norden in den **Barranco de la Villa**. An vielen Tagen im Jahr ist man hier Zeuge eines eindrucksvollen Naturschauspiels:

Degollada de Peraza erleben

ESSEN
Bar Peraza €
an der GM-2, km 14,8
zwischen San Sebastián und Roque Agando
Tel. 9 22 87 03 90
Die Bar des einfachen Ausflugslokals hat täglich bereits ab 8.00 Uhr geöffnet, ab Mittag gibt es Grillgerichte und schnörkellose gomerische Hausmannskost.

Passatwolken quellen über die Bergkämme und lösen sich beim Herabsinken auf. Nach Süden gleitet der Blick über eine kahle Bergszenerie.

Eine der klassischen Wanderungen auf La Gomera führt von der Degollada de Peraza in die tief im Tal gelegene Ortschaft La Laja, weiter zur Ermita de las Nieves und wieder zurück zur Degollada de Peraza. Der Höhenunterschied bei dieser ca. 12 km langen Wanderung beträgt rund 550 m, es ist eine Gehzeit von drei bis vier Stunden einzuplanen. Der Weg folgt **caminos reales**, alten, vielfach schon von der Urbevölkerung benutzten Verbindungswegen zwischen den Siedlungen.

Wanderung über La Laja zur Ermita de las Nieves

Auf den schmalen Pfaden im Nationalpark sind Begegnungen eher selten.

Der gelb-weiß markierte Wanderweg PR LG 17 beginnt direkt bei der Aussichtsterrasse. In Serpentinen geht es steil abwärts. Nach rund einer Stunde erreicht man die ersten Häuser von **La Laja**. Bei einer Wegkreuzung halten wir uns links, leicht ansteigend führt der Weg, vorbei an einigen Häusern, weiter am Südhang des Barrancos entlang. Von nun an geht es anfangs eher gemächlich, später steiler bergauf. Rechts abzweigende Pfade bleiben unberücksichtigt. Zunächst spendet lichter Kiefernwald Schatten. Je mehr wir an Höhe gewinnen, desto artenreicher wird die Vegetation. Im Frühjahr sieht man die weiß blühende Zistrose überall am Weges-

> **BAEDEKER TIPP**
>
> ### Gut erreichbar!
>
> Direkt beim Mirador Degollada de Peraza befindet sich die Haltestelle für die zwischen San Sebastián und Valle Gran Rey hin und her pendelnden Busse. Sie fahren recht häufig, insofern ist der Ausgangs- und Endpunkt dieser Wanderung auch mit öffentlichen Verkehrsmitteln gut erreichbar.

rand, nach und nach gesellen sich Baumheide und Gagelbaum dazu. Etwa 1 Std. hinter La Laja passiert man an der **Degollada del Tanque** ein verfallenes Häuschen. Hier kann man hervorragend eine Rast einlegen – mit gutem Blick auf die drei bizarren Felsdome (Roque de Agando, Zarcita und Ojila).

Nach der Pause ist nochmals ein Aufstieg von etwa 20 Min. zu bewältigen. Links der Hütte geht es bergauf. Nach Erreichen der Höhenstraße trifft man auf den rot-weiß markierten GR 131, der zurück zur Degollada de Peraza weist. Man folgt der Straße für 2 Min. nach links und biegt dann abermals links in einen Weg ein. Der alte gepflasterte Pfad bringt uns von hier zum höchsten Punkt der Wanderung. In dieser Höhe ist oft mit Nebel zu rechnen. Etwa 15 Min. nach Verlassen der Straße treten wir wieder aus dem Wald heraus und stoßen auf einen breiten Weg. Geradeaus weitergehend, erreicht man die **Ermita de Las Nieves**. Die kleine Kapelle der Jungfrau vom Schnee ist am zweiten Sonntag im Oktober Schauplatz einer großen Fiesta. Aber auch an anderen Wochenenden belebt sich bei schönem Wetter die Szenerie. Das Picknickareal an der Ermita ist bei den Insulanern äußerst beliebt. Wir überqueren den Platz vor der Kapelle, steigen ein paar Treppenstufen hinab und laufen ca. zehn Minuten auf der asphaltierten Straße bergab. Kurz bevor die Straße nach rechts schwenkt hält man sich links auf dem markierten GR 131. Die ungeteerte Piste geht nach zehn Minuten in einen Pflasterweg über. Bald kommt die Bar Degollada de Peraza wieder in Sicht. Der Weg trifft schließlich auf die Höhenstraße, auf der nach 100 m Bar und Busstopp erreicht werden.

El Cabrito

K 11

Höhe: Meereshöhe
Gemeindebezirk: San Sebastián

El Cabrito (= das Zicklein) war in den achtziger Jahren des 20. Jh.s bekannt als verrufene Kommune des Österreichers Otto Mühl. Heute ist die Finca im Südosten der Insel eine einmalig abgeschiedene Ferienadresse. Mehrere deutsche Reiseveranstalter organisieren hier regelmäßig Meditations- oder Malkurse.

El Cabrito erleben

ÜBERNACHTEN
Finca El Cabrito ❸❸❸❸
Tel. 9 22 14 16 14; www.elcabrito.es
Gewohnt wird in den hübsch ausgebauten Reihenhäusern des ehemaligen Landguts. Es bietet insgesamt Platz für 75 Gäste. Wahlweise stehen etwa 20 m² große Doppelzimmer mit Bad sowie mit 30 bis 40 m² geräumigere Familienzimmer zur Verfügung. Kinderbetreuung ist möglich, sodass die Eltern in aller Ruhe an dem Workshop-Programm teilnehmen können. Vermietet wird ausschließlich wochenweise mit Vollpension.

Obgleich nur rund 5 km Luftlinie von San Sebastián entfernt, ist die Anreise doch zeitraubend bzw. erfordert Organisation. Man erreicht El Cabrito nur zu Fuß (von San Sebastián benötigt man ca. 2 Std. 30 Min.) oder per Schiff. Die Gäste der Finca werden mit dem eigenen Boot in der Inselhauptstadt abgeholt.
Das 300 ha große Gelände der Finca liegt auf dem fruchtbaren Schwemmland eines Barrancos. Bis zu 600 m hohe Felsen begrenzen die Schlucht. An der Barrancomündung gibt es einen kleinen Stein-/Kiesstrand.

Geschichte Landwirtschaftlich genutzt wird das Land der Finca seit 1907. Damals wurden Wege angelegt, Häuser errichtet, Brunnen gebohrt und Stauseen geschaffen, um vor allem Tomaten zu produzieren. Zeitweise arbeiteten bis zu 100 Menschen auf der Finca. Nach dem Zweiten Weltkrieg war die Produktion in dem abgelegenen Tal nicht mehr rentabel, die Einrichtungen verfielen allmählich. Der österreichische Aktionskünstler und Kommunenchef **Otto Mühl** (1925 – 2013) weckte El Cabrito aus dem Dornröschenschlaf. Mühl, der seit 1972 auf dem Gut Friedrichshof am Neusiedler See im österreichischen Burgenland Anhänger um sich geschart hatte, erwarb nach der Katastrophe von Tschernobyl 1986 für 3,9 Mio. Euro die Finca El Cabrito als zweiten Kommunensitz. Für weitere 3,5 Mio. Euro ließ er hier ein feudales Anwesen bauen mit eigener Stromversorgung, zusätzlichen Staubecken und Landungssteg. Zwei Jahre später geriet die mitunter bis zu 500 Mitglieder zählende Kommune, in der das Privateigentum abgeschafft war und freie Liebe praktiziert wurde, wegen sexuellen Missbrauchs an Kindern und Jugendlichen in die Schlagzeilen. Mühl wurde schließlich in Österreich 1991 zu einer Gefängnisstraße von sieben Jahren verurteilt, die Kommunen im Burgenland und auf La Gomera lösten sich auf. Nach seiner Haftentlassung widmete sich Mühl wieder verstärkt der Kunst, zu seinem 85. Geburtstag zeigte 2010 das Wiener Leopold Museum eine große Werkschau. Otto Mühl verbrachte seine letzten Lebensjahre an der Algarve in Portugal, wo er 2013 verstarb.

Nach der Auflösung der Kommune wandelte sich El Cabrito zu einem Ferienzentrum, in dem zeitweise die Internationale Sommerakademie für Bildende Kunst in Salzburg Malkurse veranstaltete. Heute werden von kleineren Veranstaltern Kreativ-Seminare sowie Yoga- und Massagekurse angeboten. Zur Selbstversorgung wird auf dem Finca-Gelände biologische Landwirtschaft betrieben.

El Cedro

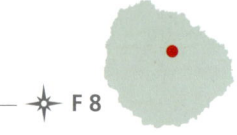

F 8

Höhe: 820 m ü.d.M.
Gemeindebezirk: Hermigua

Wären da nicht die zahlreichen Wanderer, die die an drei Seiten von den Nationalparkgrenzen umschlossene Häuseransammlung El Cedro regelmäßig aufsuchen, hätten die letzten Bewohner den weltabgeschiedenen, nur auf schlechten Pisten erreichbaren Ort vermutlich schon lange verlassen.

Wer mit dem Auto kommt, wählt für die Anfahrt die Straße, die beim **Cruce de la Zarcita** von der Höhenstraße nach Norden, Richtung Hermigua abzweigt. 1,5 km nördlich vom Cruce de la Zarcita folgt man der Beschilderung links in das 3 km entfernte El Cedro. Der breite, zunächst gepflasterte Waldweg wird allerdings zunehmend schlechter, mit dem Auto kommt man zuletzt nur noch im Schritttempo vorwärts. Doch es lohnt sich, diese Hindernisse zu überwinden. Dschungelartiger Lorbeerwald umgibt El Cedro, ein ganzjährig sprudelnder Bach fließt durch die Ortschaft; so ist ausreichend Wasser vorhanden, um einige Terrassenfelder zu bestellen.

Wanderung nach El Cedro Viel schöner als die Autofahrt ist jedoch eine Wanderung nach El Cedro. Die nachfolgend beschriebene 10 km lange Rundwanderung beginnt am zuvor erwähnten Waldweg nach El Cedro. Der Höhenunterschied auf der Tour beträgt 250 m. Eine reine Gehzeit von etwa 2 Std. 30 Min. ist einzuplanen.

El Cedro erleben

ESSEN
La Vista ❻
Tel. 9 22 88 09 49
Uriges Lokal mit großer Aussichtsterrasse. Die typisch kanarischen Speisen – Kressesuppe im Holznapf, papas arrugadas oder ein Fleischgericht – holt man sich an der Theke. Bei schönem Wetter herrscht viel Betrieb!

Man folgt dem breiten, streckenweise gepflasterten Waldweg rund 1,5 km bis zu einer Wegkreuzung. Den nach links mit »Arroyo de El Cedro« beschilderten Weg lässt man unberücksichtigt und bleibt noch ca. 200 m auf dem Hauptweg nach El Cedro. Dann biegt links ein schmaler Pfad zur **Ermita Nuestra Señora de Lourdes** ab, die man nach ca. 10 Min. erreicht. Die kleine Kapelle steht inmitten dichten Lorbeerwaldes, unterhalb der Ermita laden Holzbänke und Tische zum Picknick ein. Der gut angelegte Pfad überquert den Cedro-Bach (Holzbrücke), steigt leicht an, um dann nochmals den Wasserlauf zu überqueren. Bald darauf mündet er in einen breiten Waldweg nahe der Wegkreuzung **Las Mimbreras**. Von dort folgt man dem breiten Weg nach rechts. Parallel zum Cedro-Bach verläuft der Weg ohne nennenswerte Höhenunterschiede durch dichten Lorbeerwald. Nach rund 45 Min. (seit Las Mimbreras) verlässt man die Forstpiste und folgt einem scharf nach rechts abzweigenden Weg (beschildert mit »Caserío El Cedro«). Er gabelt sich schon nach wenigen Metern, man hält sich rechts, bei einer erneuten Wegkreuzung nochmals rechts geht es am steilen Hang entlang. Bald treten die Häuser von El Cedro ins Blickfeld. Vorbei an der Bar La Vista geht man auf einem Fahrweg bis zum Talgrund, den der Lauf des Cedro-Baches durchzieht. Die streckenweise betonierte Piste führt leicht ansteigend von hier zurück zum Ausgangspunkt der kleinen Wanderung (3 km). Etwa auf halber Strecke wird die Abzweigung zur Ermita Nuestra Señora de Lourdes passiert. Das folgende Wegstück hat man schon beim Hinweg kennen gelernt.

La Vista: typisch kanarische Kost und ein toller Ausblick

El Cercado

G 4

Höhe: 1060 m ü.d.M.
Gemeindebezirk: Vallehermoso

El Cercado ist das Töpferzentrum der Insel. Diese Tatsache bereitete dem hoch gelegenen Ort einen gewissen wirtschaftlichen Aufschwung. Ein Übriges taten Wanderer, die auf ausgedehnten Touren gern in einer der beiden Bars im Ort Station machen.

El Cercado erleben

ESSEN
Restaurant La Montaña €€
Las Hayas
Tel. 9 22 80 40 77
Doña Efigenia ist beinahe schon eine Institution auf der Insel. Nicht nur Wanderer kehren gern in der urigen Bar ein. Spezialität des Hauses ist das vegetarische Bio-Menü (geöffnet: 12.00 – 19.00 Uhr).

Man erreicht die Nachbarortschaft von ▶ Chipude über ein kurvenreiches Sträßchen, das Las Hayas mit Igualero verbindet und unweit westlich der Nationalparkgrenze verläuft.

Töpferwerkstätten Auf dem an Sehenswürdigkeiten nicht gerade reichen La Gomera sind die nur wenige Meter voneinander entfernt an der Hauptstraße gelegenen Töpferwerkstätten in El Cercado durchaus als Attraktion zu betrachten. Die Töpferinnen, denen man häufig auch bei der Arbeit zuschauen kann, stellen ihre dunklen, sparsam dekorierten Gefäße nach Art der Urbevölkerung – also ohne Töpferscheibe – her. Produziert werden Schalen, Becher und Gefäße, die schon von jeher von den Gomeros benötigt werden. Typisch ist der »plato de las papas«, eine Schale, auf der die kanarischen Kartoffeln, papas arrugadas, serviert werden, oder die »tostadora«, auf der man Getreide röstete.

María stellt ihre Töpferwaren ohne technische Hilfsmittel her. In der kleinen Ladenwerkstatt kann man ihr oft bei der Arbeit zuschauen.

UMGEBUNG VON EL CERCADO

Die Häuser des 4 km nordwestlich gelegenenLas Hayas liegen verstreut in der Landschaft. Viele Palmen lockern das Bild auf. Als Zentrum von Las Hayas kann am ehesten die kleine Plaza beim Restaurant Montaña gelten. Hier kann man inzwischen auch in renovierten Bruchsteinhäusern ein sehr abgeschiedenes Quartier beziehen.

Las Hayas

* Hermigua

D 9

Höhe: 250 m ü.d.M.
Gemeindebezirk: Hermigua   **Einwohnerzahl:** 2100 (ges. Bezirk)

Das lang gezogene Straßendorf Hermigua ist die »Bananenhauptstadt« der Insel – praktisch das ganze Tal ist mit terrassierten Plantagen ausgefüllt. Darüber hinaus wird hier viel gewebt, gestickt und geflochten, Besucher schauen vor allem im ethnografischen Museum vorbei.

Die Lage im Nordosten der Insel verspricht Wasserreichtum: Die Passatwolken regnen sich an den Bergen oberhalb von Hermigua ab und sorgen dafür, dass die Staubecken der Ortschaft meist gut gefüllt sind. Was für die Landwirtschaft erfreulich ist, begeistert Touristen weniger. Dennoch kommen schon seit einigen Jahren Urlauber nicht mehr nur auf der Durchfahrt hierher. In Hermigua setzt man vor allem auf **Ökotourismus** – und das mit gewissem Erfolg. Einige Landhäuser wurden renoviert und zu individuellen Unterkünften für Feriengäste umgebaut. Es gibt sogar zwei hübsche kleine Hotels. Außerdem ist ein großes Schwimmbad geplant, mit breitem Wellness- und Fitnessangebot. Vor allem Wanderer wählen den Ort gern als Ausgangspunkt für ihre Touren. Wichtigste Einnahmequelle ist aber nach wie vor die Landwirtschaft. Auf den Terrassenfeldern rund um Hermigua werden bis in eine Höhe von 350 m vor allem **Bananen** angebaut (▶Baedeker Wissen S. 140) – und dies, obgleich die Bananenwirtschaft schon seit Jahren in der Krise steckt. Viele Plantagen können nur dank staatlicher Subventionen weiter existieren. Eine Folge der ungünstigen wirtschaftlichen Gegebenheiten ist der starke Bevölkerungsrückgang. Vor dreißig Jahren lebten noch doppelt so viele Menschen hier.

Die Altkanarier nannten das Gebiet des heutigen Hermigua »Mulagua«. Schon bald nach der spanischen Inbesitznahme der Insel ließen sich europäische Siedler in dem fruchtbaren Tal nieder. Zunächst wurde Zuckerrohr angebaut, später folgten Wein und Tomaten und

Geschichte

seit dem Ende des 19. Jh.s vorwiegend Bananen. Bedeutendstes politisches Ereignis in Hermigua war der **Streik des Jahres 1933**. Aus Unzufriedenheit mit dem herrschenden System – die meisten Ländereien und damit auch die politische Macht befanden sich in den Händen weniger Großgrundbesitzer – begannen sich seit 1932 die Arbeiter und Tagelöhner auf der Insel in der Gewerkschaft »Federación Obrera« zu organisieren. Nachdem die Gelder für den Bau der Verbindungsstraße zwischen San Sebastián und Vallehermoso kurzerhand gestrichen worden waren, 500 Gomeros dadurch kein Einkommen mehr hatten und die geforderte Wiedereinstellung von mindestens 100 gewerkschaftlich organisierten Arbeitern rigoros abgelehnt worden war, rief die Federación Obrera am 22. März 1933 in Hermigua zum Generalstreik auf und organisierte einen Protestmarsch. Der örtliche Hauptmann der Guardia Civil erhielt von den Großgrundbesitzern die Order, die Demonstration aufzulösen. Unterstützt von zwei eigens aus Agulo herbeigeholten Polizisten gab er, als sich die Situation zuspitzte, den Schießbefehl. Die wutentbrannte Menge kannte kein Halten mehr. Auf die drei Ordnungshüter wurde mit Ästen und Stöcken eingeschlagen. Der Hauptmann und einer der beiden Polizisten sowie ein Arbeiter fanden den Tod. Von den 35 später verhafteten Personen wurden fünf zum Tode verurteilt, neun erhielten Haftstrafen zwischen zwei und 20 Jahren. Nach ihrem Wahlsieg im Februar 1936 ließ die Volksfront-Regierung alle Häftlinge amnestieren. Zwölf begnadigte Gefangene, die als Kommunisten gebrandmarkt waren, wurden daraufhin von den Mordkommandos der rechtsgerichteten Falange umgebracht.

Ortsbild Hermigua ist eine weit auseinandergezogene Ortschaft in dem fruchtbaren, von der Carretera del Norte durchzogenen Tal. Nichts für Spaziergänger: Rund 5 km entlang der vielbefahrenen Hauptstraße sind es von einem Ortsende zum anderen.
Im Ortsteil **Valle Alto** (oder El Convento) scharen sich die wichtigsten Bauten um die Iglesia de Santo Domingo de Guzmán, weiter talabwärts in **Valle Bajo** (oder El Curato) findet man bei der Iglesia Nuestra Señora de la Encarnación die Casa de la Cultura, einige Geschäfte und Kneipen sowie eine kleine Plaza mit Steinbänken und alten Lorbeerbäumen.

SEHENSWERTES IN HERMIGUA

Iglesia de Santo Domingo de Guzmán Im Ortsteil El Convento führt eine Gasse wenige Meter hinab zur Iglesia de Santo Domingo de Guzmán. Sie gehörte zu einem Dominikanerkloster, das Anfang des 19. Jh.s aufgelöst wurde. Eine Kapelle an dieser Stelle wurde bereits 1511 erwähnt, später wurde sie vergrößert und die Klostergebäude angebaut.

Hermigua erleben

AUSKUNFT
Oficina de Información de Turismo
Carretera General del Norte s/n
Tel. 9 22 88 09 90
Mo. – Sa. 9.00 – 13.00 und 16.00 – 20.00 Uhr
Das Infobüro der Gemeinde liegt in einem modernen Neubau unterhalb des Parque El Curato.

ESSEN
El Silbo €€€
Carretera General 249
Tel. 9 22 88 03 04
Traditionelle gomerische Küche. An den Wänden hängen historische Fotos.

Café-Bar Pedro €
Carretera Genelral del Norte 56
Tel 9 22 88 09 91
Das früher als Casa Creativa bekannte Lokal liegt an der Durchgangsstraße (GM-1) südlich der Iglesia Nuestra Señora de la Encarnación. Im Angebot sind neben Kuchen auch Tapas und frische Fruchtsäfte, bei schönem Wetter sitzt man auf der Terrasse mit schöner Aussicht.

ÜBERNACHTEN
Hotel Ibo Alfaro €€€
Barrio de Ibo Alfaro
Tel. 9 22 88 01 68
www.hotel-gomera.com
Über 150 Jahre alter restaurierter, 400 m hoch am Hang gelegener Herrensitz mit weitem Tal- und Meerblick. 17 Zimmer für gehobene Ansprüche, reichhaltiges Frühstück. Haus steht unter deutscher Leitung; ideal für Wanderer.

Hotel Villa de Hermigua €€
Carretera General 117
Tel. 9 22 88 07 77
Tel. 6 00 52 69 25
www.hotelrural-villahermigua.com
Das über 120 Jahre alte Haus an der Durchgangsstraße war früher die Dorfschule, heute gibt es darin zwölf Gästezimmer, einen Aufenthaltsraum und eine Sonnenterrasse auf dem Dach.

Los Veroles €€
Santa Catalina 9
Tel. 9 22 88 00 13
www.jansen-gomera.de
Die kleine Anlage mit drei hübschen Ferienwohnungen liegt im Bananenanbaugebiet im unteren Tal unterhalb der Straße zum Meeresschwimmbad, das man in 15 Minuten erreicht. Alle Apartments sind großzügig geschnitten, haben eine gut eingerichtete Küche und Sonnenterrasse. Deutsche Vermieter.

Museo Molino de Gofio

An der Hauptstraße unterhalb von El Convento ist das »Gofio-Museum« ein obligatorischer Halt von Rundfahrtbussen mit Tagesausflüglern aus Teneriffa. Grund dafür ist weniger das sehr bescheidene Museum, sondern ein gut bestücktes Souvenir- und Kunsthandwerkgeschäft. Auf Anfrage kann die namensgebende und voll funktionsfähige Gofiomühle besichtigt werden. Zu dem touristischen Komplex gehört einer kleiner Garten mit Bananenstauden, Papaya, Avocado- und Mangobäumen.

❶ in der Regel 10.00 – 16.00 Uhr

BAEDEKER WISSEN

Kanarische Banane

Klein und süß

Bis in Höhenlagen von 300 m ziehen sich auf den westlichen (wasserreichen) Kanareninseln Bananenplantagen. Angebaut wird eine maximal 2,5 m hohe Zwergsorte, die Dwarf Cavendish Ladyfinger. Optisch kann sie sich zwar mit Chiquita & Co. nicht messen, ist aber außergewöhnlich süß und aromatisch und gilt als relativ »wetterunempfindlich«. Der planmäßige Anbau auf den Kanaren begann um 1890. Bis heute überleben konnte die Bananenproduktion nur wegen weitreichender Subventionen und Schutzzölle.

▶ **Die Bananenstaude**
Durch ihre Größe von 2 bis 6 Metern wird die Bananenstaude fälschlicherweise oft als Baum oder Palme bezeichnet.

Fruchtstand
Eine Staude wiegt 25 – 50 kg und trägt 150 – 300 Früchte, die botanisch zu den Beeren gehören.

Der Blütenstand
Ab dem siebten Monat bildet die Bananenstaude einmal in ihrem Leben einen meist hängenden Blütenstand.

Rhizom
Unterirdisches Sprossachsensystem

▶ **Kanarische Bananenproduktion**
Auf den Kanarischen Inseln werden jedes Jahr mehr als 400 Millionen Kilogramm Bananen auf rund 9000 Hektar produziert, überwiegend auf Teneriffa, La Palma und Gran Canaria. Die wirtschaftliche Bedeutung zeigt sich auch an der Zahl der Beschäftigten von mehr als 10000 Menschen.

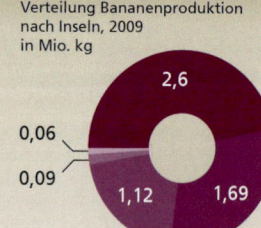

Verteilung Bananenproduktion nach Inseln, 2009 in Mio. kg

2,6
0,06
0,09
1,12
1,69

Teneriffa
La Palma
Gran Canaria
La Gomera
El Hierro
Lanzarote, Fuerteventu (kein Anbau

▶ Verbreitung
Die Bananen wachsen vor allem in tropischen und subtropischen Regionen bei etwa 27° C mit viel Sonneneinstrahlung und hoher Luftfeuchtigkeit. Der so genannte Bananengürtel ist hier in der Karte grün markiert:

▶ Produktion
Bananen werden in über 150 Ländern angebaut. Insgesamt werden ca. 102 Mio. Tonnen pro Jahr produziert. Die wichtigsten Produzenten:

in Prozent (2010)

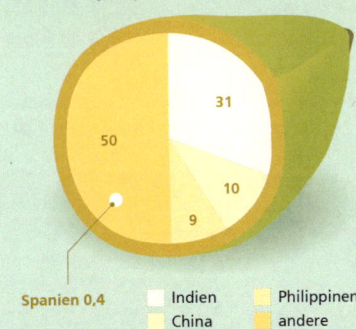

Spanien 0,4 | Indien | Philippinen
China | andere

Die Blätter
Die Blätter werden in vielen asiatischen Ländern als Verpackungsmaterial oder Essensunterlage verwendet.

Scheinstamm
Er besteht nicht aus Holz, sondern aus dicht aneinander gepressten Blattscheiden.

Schössling
Um sich zu vermehren bildet die Staude Ausläufer. Sie erreichen nach ca. neun Monaten ihre volle Höhe.

©BAEDEKER

Bananenarten
Es gibt 400–900 Bananenarten, wovon etwa 100 essbar sind. Hier einige Vertreter:

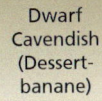

Kochbanane | Dwarf Cavendish (Dessertbanane) | Dwarf Red (rote Fruchtbanane) | Gros Michel (Dessertbanane) | Ladyfinger/Babybanane kanarische Art

Palmen und Bananenplantagen im fruchtbaren Tal von Hermigua

Iglesia N. S. de la Encarnación

Das Zentrum des Ortsteiles Villa Bajo kann man gar nicht verfehlen, denn die Hauptstraße verläuft geradewegs auf die Iglesia Nuestra Señora de la Encarnación zu. Die Anfänge der Kirche reichen bis in das Jahr 1650 zurück. Ihr heutiges Aussehen erhielt sie jedoch erst zu Beginn des 20. Jahrhunderts. Bedeutendster Kirchenschatz ist die Marienfigur Nuestra Señora de la Encarnación im Hauptaltar. Sie stammt von dem spanischen Bildhauer **Fernando Estévez** (19. Jh.).

Museo Etnográfico de La Gomera (MEG)

An der Durchgangsstraße zwischen Villa Bajo und Villa Alto gibt seit 2007 das ethnografische Museum Einblicke in das Alltagsleben der Gomeros. Etliche der Exponate stammen aus der Privatsammlung des Inselgelehrten Virgilio Brito (1922 – 2000). Im ersten Obergeschoss wird mit Fischfang, Viehhaltung und Käserei bekannt gemacht, im zweiten Stockwerk sind u.a. ein Webstuhl und Beispiele formschöner Keramik zu besichtigen. Ausgesuchtes und garantiert auf der Insel hergestelltes Kunsthandwerk kann im Eingangsbereich des Museums erworben werden.

❶ Carretera General 95, Di. – Fr 10.00 – 19.00, Sa. und So. 10.00 – 14.00 Uhr, Eintritt frei

Etwas unterhalb vom ethnografischen Museum befindet sich mit Rathaus, Post und dem Büro der Touristeninformation das Verwaltungszentrum der Gemeinde. Schräg gegenüber vom Rathaus liegt der **Parque El Curato**, eine Parkanlage mit kleinem Spielplatz und einer Boule-Bahn. Zwischen Palmen und jungen Drachenbäumen fließt ein schmaler Wasserkanal, an dessen Ufern schnatternde Gänse und herumstolzierende Pfauen beobachtet werden können.

> **BAEDEKER TIPP**
>
> *Mit Blick zum Teide*
>
> Auch wenn man keinen Strandtag plant, lohnt der Ausflug zur Playa de la Caleta. Grund: das Strandrestaurant. Mit Fruchtsäften, Fisch und papas arrugadas kann man sich stärken. Und den sensationellen Blick zum Teide gibt's gratis dazu. Tgl. ab 11.00 Uhr geöffnet.

UMGEBUNG VON HERMIGUA

Lepe

Das Tal von Hermigua endet in einer breiten, von hohen Felswänden umgebenen Bucht. Man erreicht sie, wenn man im unteren Ortsbereich von Hermigua der Beschilderung zur Playa de Hermigua folgt. 600 m hinter der Abzweigung führt ein Sträßchen nach links zur Küstensiedlung Lepe (Meerschwimmbad kurz nach der Abzweigung rechts). Nach ca. 1 km gibt es mit dem Auto kein Vorwärtskommen mehr und Parkplätze sind kaum vohanden. Die Häuschen, von denen viele einen zauberhaften Meerblick bieten, sind bei den Gomeros begehrt als Feriendomizil.

Playa de Hermigua

Ignoriert man die Abzweigung nach Lepe und hält sich stattdessen rechts, so gelangt man nach 200 m erneut zu einer Kreuzung. Links führt die Straße zum **Pescante**, dem ehemaligen Schiffsanleger, an der Playa de Hermigua, vor dieser weist rechts ein Schild zur Playa de la Caleta. Das Meerwasserschwimmbecken neben der verfallenen Mole ist derzeit geschlossen, der felsige Strand nicht zuletzt wegen der meist starken Brandung zum Baden nicht geeignet.

Playa de la Caleta

Weit reizvoller ist das (Sonnen-)baden jedoch an der Playa de la Caleta. Die etwa 200 m lange Kiessandbucht gilt als einer der schönsten Strände im Inselnorden. Man erreicht sie nach etwa einstündiger Wanderung. Der Weg beginnt an der zuvor erwähnten Straßenkreuzung. Will man sich mit dem Auto der Playa nähern, so folgt man an dieser Kreuzung der Straße rechts durch den Ortsteil Altozano und biegt an den Häusern von Llano Campo links ab. Das schmale Teersträßchen windet sich einen Pass hinauf und schließlich zur Playa hinab. An dem wildromantischen Flecken kann man unter Schatten spendenden Tamarisken picknicken oder in dem kleinen Bar-Restaurant einkehren.

La Gomeras Rieseneidechse

Lebendes Fossil

Im Sommer 1999 erlebte La Gomera eine Sensation. Biologen fingen Exemplare des Lagarto gigante ein, der Rieseneidechse, die man auf der Insel längst für ausgestorben gehalten hatte. Wenige Exemplare der inselendemischen Echsenart haben jedoch in einem recht unzugänglichen Gebiet überlebt. Vielleicht gelingt es nun, deren Population wieder zu vermehren.

Rieseneidechsen (span. »lagartos gigantes«), hatte es – darin war sich die Wissenschaft einig – einst auf La Gomera gegeben. Knochenfunde belegten dies eindeutig.

Forscherglück

Nachdem 1974 auf El Hierro und 1996 auf Teneriffa lebende Lagartos gigantes entdeckt worden waren, lag die Annahme nahe, dass die Echsen auch auf La Gomera überlebt hätten. Eine Gruppe von Biologen der Universität La Laguna (Teneriffa) suchte vier Monate intensiv nach dem Reptil. Ihre mühevolle Arbeit wurde schließlich belohnt. Zwischen dem 9. Juni und 29. September 1999 gelang es ihnen, bei Quiebracanillas (Valle Gran Rey) sechs lebende, männliche und weibliche Lagartos gigantes zu fangen.

Rieseneidechse

Der **Lagarto gigante** von La Gomera (Gallotia gomerana) ist von kräftiger, aber gedrungener Gestalt, hat einen anthrazitfarbenen Schuppenpanzer und wird bis zu 50 cm lang und 400 g schwer. Die Männchen haben größere Köpfe,

Die Rieseneidechsen von La Gomera zählen zu den bedrohtesten Tierarten der Welt.

dickere Schwänze und einen kräftigeren Wuchs als die Weibchen. Über das Alter der Lagartos gibt es noch keine gesicherten Erkenntnisse. In Gefangenschaft, wie Forschungen auf El Hierro ergaben, werden sie um die 20 Jahre alt, in Freiheit erreichen sie wahrscheinlich kein so hohes Alter. Nach einer Winterruhe ernähren sich die Rieseneidechsen vorwiegend vegetarisch, von Blüten, Knospen, Blättern, Kräutern, Gräsern etc., aber auch Insekten sind ein beliebter Leckerbissen. Die Paarungszeit der Echsen ist im Mai. Die Kopulation beginnt damit, dass das Männchen sich dem Weibchen mit aufgeblähtem Kropf und Kopfwackeln nähert, woraufhin die Angebetete nach ihm schnappt, um sich ihn vom Leibe zu halten. Schließlich verbeißt er sich in die Haut ihres Halses und verrenkt sich mit ihr, bis es ihm gelingt, eines seiner beiden Zeugungsorgane in die Kloake des Weibchens einzuführen. Einen Monat nach der Kopulation legen die Weibchen zwischen vier und 14 Eier, aus denen bis August die Jungen schlüpfen. Einige weibliche Tiere können in dieser Zeit sogar zwei Gelege werfen. Die Jungen, bei der Geburt ca. 17 cm lang und 4 g schwer, ernähren sich nach zehn Tagen selbst; im Alter von sechs Monaten erreichen manche Exemplare bereits eine Körperlänge von 25 cm.

Gejagt und dezimiert

Der Lagarto gigante kommt nur auf den Kanaren vor. Der von **Teneriffa** (Lagarto Moteado Canario, lat. Gallotia intermedia), auf dem Archipel die kleinste Rieseneidechse, hat einen gefleckten Schuppenpanzer und einen langen Schwanz. Mehr Ähnlichkeiten weist der Lagarto von La Gomera (Gallotia gomerana) zur Echse von **El Hierro** (Gallotia simonyi) auf. Nur ist die etwas größer (die von La Gomera misst höchstens 50 cm), hat eine hellere Farbe, zitronengelbe Punkte an den Körperseiten und nicht wie der gomerische Lagarto eine weiße Bauchseite. Miteinander verwandt sind aber alle drei Echsenarten. Man nimmt an, dass vor über 500 000 Jahren der Lagarto gigante von Teneriffa aus nach La Gomera und dann nach El Hierro gelangte. Früher waren Exemplare dieser Echsen auf ganz La Gomera verbreitet. Doch ebenso wie auf Teneriffa und El Hierro wurde der Lebensraum der Tiere enorm eingeschränkt. Die Ureinwohner jagten sie, um sie zu verspeisen, für die von den spanischen Eroberern eingeführten Katzen, Hunde und Ratten wurden die harmlosen Tiere zur leichten Beute.

Artenschutzprojekt

Da nur noch sehr wenige Tiere in freier Wildbahn leben, kann die Art nur mithilfe eines speziellen **Zuchtprogramms** überleben. Die ersten Tiere schlüpften 2001 in Gefangenschaft. Auch in den Folgejahren wurden im jetzt im Valle Gran Rey ansässigen Centro de Recuperación beachtliche Erfolge verzeichnet. Ausgesetzt an nahezu unzugänglichen Stellen des Eilands, sollen sie sich, so hofft man in der Zuchtstation, dort ungestört wieder vermehren können und im Lauf der Zeit einen ungefährdeten Bestand erreichen.

Las Rosas

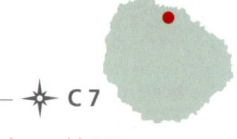

✦ C 7

Höhe: 470 m ü.d.M.
Gemeindebezirk: Agulo **Einwohnerzahl:** 200

Las Rosas ist eine kleine Ortschaft im Inselnorden, an der Carretera del Norte zwischen Agulo und Vallehermoso gelegen. Die meisten Touristen kennen von Las Rosas nur das gleichnamige Ausflugsrestaurant (direkt an der Carretera del Norte), in dem Reisegruppen beim Mittagessen El-Silbo-Vorführungen präsentiert werden.

Der Ortsname leitet sich vom spanischen Begriff »las rozas« (= »die Rodungen«) ab und verweist darauf, dass der einstmals das Gebiet bedeckende Lorbeerwald nach der spanischen Inbesitznahme der Insel abgeholzt wurde.

✶✶ CENTRO DE VISITANTES JUEGO DE BOLAS

Das Besucherzentrum des Garajonay-Nationalparks (Centro de Visitantes Juego de Bolas) liegt 3 km östlich von Las Rosas. Man erreicht es über eine Straße, die am östlichen Ortsende von der Carretera del Norte (GM-1) abzweigt und quer durch die Insel nach La Laguna Grande führt.
Am Informationsstand im Hauptgebäude erhält man Broschüren und Bücher über den Nationalpark. In drei Ausstellungssälen wird Wissenswertes zu Entstehung, Geologie, Klima, Flora, Fauna, Öko-

Las Rosas erleben

AUSKUNFT
Centro de Visitantes Juego de Bolas
Las Rosas
Tel. 9 22 80 09 93

ESSEN
Roque Blanco € – €€
Cruz de Tierno, Roque Blanco
Tel. 9 22 80 04 83
Einfaches Restaurant in den Bergen, das einheimische Ausflügler wegen der typisch kanarischen Hausmannskost besonders schätzen. Der Gastraum ist nicht allzu gemütlich, umso mehr fasziniert der Blick durch die Panoramafenster in die grüne Berglandschaft. Von Las Rosas ist das Restaurant 3,2 km entfernt (der Beschilderung folgen). Mo. ist Ruhetag.

El Tambor €
beim Centro de Visitantes Juego de Bolas
Tel. 9 22 80 07 09
Rustikales Restaurant mit Sonnenterrasse. Probieren Sie die Kressesuppe oder Ziegenfleisch (Mo. und abends geschl.).

logie und Bevölkerung der Kanareninsel vermittelt. Leider sind alle Schautafeln nur spanisch beschriftet. Dieselben Themen behandelt der etwa 20-minütige **Videofilm**, der zu jeder halben und vollen Stunde gezeigt wird (es gibt auch eine deutsche Fassung). In einem separaten Bau ist ein kleines **volkskundliches Museum** untergebracht. Zu den Exponaten gehören Trachten und Landwirtschaftsgeräte, zudem wurde die Einrichtung eines einfachen Bauernhauses rekonstruiert. Ferner gibt es zwei Läden, in denen Souvenirs, kunsthandwerkliche Produkte und hausgemachte Süßigkeiten verkauft werden.

Mirador de Abrante mit dem »Skywalk«

Für den rund um die Gebäude angelegten **Botanischen Garten** werden sich nicht nur botanisch Interessierte begeistern. Auch seltene, im Nationalparkgebiet vorkommende, aber nur selten in freier Natur zu entdeckende endemische Pflanzen wachsen hier.
❶ tgl. 9.30 – 16.30 Uhr

**Mirador de Abrante

Die zwischen dem Hauptgebäude des Nationalparks und dem Restaurant »El Tambor« verlaufende Straße führt zum Mirador de Abrante. Wenige Meter hinter dem Besucherzentrum hält man sich rechts und fährt an der Gabelung nach knapp 2 km links zu dem bereits sichtbaren Flachbau des Aussichtspavillons. Der 2008 eingeweihte Mirador erlaubt ein grandioses Panorama hinab auf die Nordküste und das zu Füßen liegende Dorf Agulo, zum Greifen nahe zeigt sich der 3718 m hohe Teide auf Teneriffa.

Spektakulär ist der gläserne »Skywalk«, der ein paar Schritte über die Abbruchkante hinausführt.

** Los Órganos

A 5

Ihre Schönheit erschließt sich nur vom Meer: Los Órganos, die »Orgelpfeifen«, sind eine imposante Naturerscheinung an der Nordwestküste der Insel, an der Punta de las Salinas. Es handelt sich um eine 200 m breite und über 80 m hohe Felswand, die aus einer großen Anzahl von Basaltsäulen besteht.

ZIELE • Los Órganos

Sie haben eine zylindrische Form, ihr Durchmesser beträgt bis zu 1 m. Wegen der gleichmäßigen Anordnung auf verschiedenen Ebenen ähneln die **Basaltsäulen** den Pfeifen einer Orgel. Sie sind wie die Roques (▶ S. 19) deutliche Zeugen der vulkanischen Entstehungsgeschichte der Insel. Als Gas- und Magmadruck allmählich nachließen, konnte das Magma nicht mehr abfließen. Es erkaltete und blieb in den Schlotfüllungen der ehemaligen Vulkane stecken. Die starke Brandung und andere Erosionskräfte haben diese Schlotfüllungen im Laufe der Jahrtausende freigelegt.

Schiffsfahrten Bootstouren zu den Los Órganos werden regelmäßig von Vueltas/Valle Gran Rey sowie von Playa de Santiago aus veranstaltet. Wegen rauer See ist die Bootstour an vielen Tagen im Jahr nicht möglich. Die Yacht Tina steuert vom Hafen Vueltas (Valle Gran Rey) zweimal wöchentlich Los Órganos an. Während des dreistündigen Ausflugs werden Tapas und Sangria gereicht.
❶ Excursiones Tina, Tel. 9 22 80 58 85, www.excursiones-tina.com

Einzigartiges Naturphänomen an der Nordküste: Los Órganos

** Parque Nacional de Garajonay

F 6

Höhe: 800 – 1487 m ü.d.M.
Fläche: 39,84 km²

Das Bergmassiv im Zentrum von La Gomera, rund um den Garajonay, den mit 1487 m höchsten Berg der Insel, steht seit 1981 als Parque Nacional de Garajonay unter Naturschutz. Seit 1986 genießt der Nationalpark, der rund 10 % der Inselfläche umfasst, den von der UNESCO verliehenen Status des Weltnaturerbes.

Das Besondere des Nationalparks sind die Lorbeerwälder, die vor Jahrmillionen den gesamten Mittelmeerraum bedeckten, die man heute jedoch in dieser Geschlossenheit nirgendwo sonst mehr findet. Auf La Gomera konnten sie dank des gemäßigten ozeanischen Klimas überleben und wohl auch dank der Tatsache, dass die steilen Berghänge im Zentrum der Insel landwirtschaftlich nicht nutzbar sind. Sie fielen keinen Rodungen zum Opfer. Eine ständige Gefahr waren und sind jedoch Waldbrände. Früher wurden sie häufig von Bauern und Fischern zur Gewinnung von Holzkohle gelegt. Ursprünglich war das Lorbeerwaldareal auf La Gomera mehr als doppelt so groß, doch auch jetzt ist er immer noch das größte der Welt.

Klima

Das Bergmassiv im Herzen der Insel liegt mit durchschnittlich 800 bis 1000 m ü.d.M. hoch genug, um den herantreibenden Passatwolken Feuchtigkeit abzuringen. Lorbeerbäume und Baumheide »kämmen« die Feuchtigkeit aus den Wolken regelrecht heraus, so können jährlich bis zu 1400 l Kondenswasser pro Quadratmeter gewonnen werden. Die meisten Niederschläge fallen im Winter, doch auch in den Sommermonaten sind viele Tage nebel- und wolkenverhangen.

Flora

Die hohen Niederschlagsmengen sind die Voraussetzung dafür, dass hier ein immergrüner **Lorbeerwald** (Laurisilva) existieren kann. Rund 15 verschiedene Lorbeergewächse kommen im Nationalpark vor. Man kann sie nur anhand unterschiedlicher Blattformen und der Borke bestimmen. Am häufigsten anzutreffen ist der bis 25 m hohe Lorbeerbaum (Laurus azorica), den die Spanier als »laurel« oder »loro« bezeichnen. Seine Blätter finden als Küchengewürz Verwendung. Die Früchte gleichen Oliven und werden mit zunehmender Reifung schwarz. Seltener ist der Viñátigo (Persea indica). Wenn er einen günstigen Standort, vor allem in Talsohlen, hat, kann er bis zu 30 m hoch werden. Verbreitet ist auch der Til (Ocotea foetens), des-

Inseltopografie

**Nebelwälder und Palmentäler

Keine andere Kanareninsel zeigt sich auf engstem Raum so wild und zerklüftet. Vom dicht bewaldeten Hochland stürzen tief eingekerbte Schluchten zum Meer hinab, die dem zweitkleinsten Eiland des Kanarischen Archipels seinen unverkennbaren Charakter geben.

❶ Alto de Garajonay

Der Garajonay ist mit 1487 m die höchste Erhebung der Insel, sein Umland überragt er nur um wenige Höhenmeter. Er bildet das Zentrum des Parque Nacional de Garajonay, eines großen Waldgebietes im Inselzentrum, das zum Welterbe der Menschheit erklärt wurde.

❷ Los Roques

Bei den sogenannten Roques (Roque Agando, Roque Zarcita, Roque Ojila) handelt es sich um Felsnasen, es sind die Füllungen ehemaliger Vulkanschlote. Die weicheren Schichten rund um die Felsen wurden durch Erosion im Lauf der Jahrtausende abgetragen.

❸ Valle Gran Rey

Das bis zu 800 m tiefe Valle Gran Rey ist eines der gewaltigsten Täler der Kanaren. An den Berghängen wurden Terrassenfelder angelegt.

❹ Fortaleza de Chipude

Weithin sichtbar im trockenen Inselsüden ist dieser Tafelberg. Die an seinen Hängen angelegten Terrassen erinnern daran, dass hier einst Landwirtschaft betrieben wurde.

❺ Los Órganos

Die »Orgeln« sind magmatische Erstarrungssäulen – also ebenfalls die Überreste von den Füllungen einstiger Vulkanschlote. Sie haben zum überwiegenden Teil einen Durchmesser von lediglich 1 m.

❻ Barranco de Vallehermoso

Neben dem Tal von Hermigua ist dieser Barranco eines der landwirtschaftlich bedeutendsten Inseltäler. Es wird beherrscht vom 646 m hohen Roque del Cano. In der geologischen Fachsprache heißt ein solcher Fels, der seine Umgebung um 100 m überragt, »Stiel« oder »neck«.

Den vielen Palmen verdankt La Gomera das exotische Flair.

sen deutscher Name »Stinklorbeer« sich an die lateinische Bezeichnung anlehnt. Wegen seines edlen Holzes besonders geschätzt ist der Barbusano (Apollonias barbujana). Die geschlossensten Lorbeerwaldbestände findet man an Steilhängen, in nahezu unzugänglichen Regionen, vor allem im Nordosten der Insel, oberhalb von Hermigua. In fast allen anderen Gebieten und vor allem in den Randzonen des Nationalparks sind Gagelbaum und Baumheide die Charakterpflanzen (derartige Vegetationszonen werden als **Fayal-Brezal** bezeichnet). Häufig vertreten ist daneben die Kanarische Stechpalme (Ilex canariensis), die an ihrer grau-weißen Rinde zu erkennen ist. Sie kommt vorwiegend in Höhenlagen von 500 bis 1000 m vor und wird 15 – 20 m hoch. Von vielen Bäumen hängen meterlange Flechten herab, Moose bedecken die Baumstämme. Efeugewächse, Farne, diverse Kräuter und Pilze sind weitere typische Vertreter in dem dschungelartigen Waldgebiet, das die Spanier irreführenderweise als **Bosque del Cedro** bezeichnen, obgleich Zedern hier nicht mehr vorkommen.

Insgesamt wurden im Nationalpark 450 Pflanzenarten festgestellt, 34 davon sind auf La Gomera endemisch, und acht findet man nur im Parque Nacional de Garajonay.

Eine Gefahr für die heimische Vegetation sind eingeschleppte Pflanzen, darunter Eukalyptusbäume, Brennnessel und Ackerwinde. Außergewöhnlich schnell hat sich an manchen Orten das Rankgewächs Immergrün (Tradescantia fluminensis) verbreitet. Es überwuchert den einheimischen Bewuchs. In den letzten Jahren bemühte man sich verstärkt darum, diese Pflanzenkonkurrenz aus dem Nationalpark wieder auszubürgern.

Fauna
Die Vogelwelt ist im Nationalpark gut vertreten. Er ist u. a. Lebensraum für die blaugraue Kanarentaube und die dunkelbraune Lorbeertaube. Beide Arten kommen nur noch in den Lorbeerwäldern der Kanarischen Inseln vor. Amseln, Rotkehlchen, Blaumeisen, Buchfinken und Kanarengirlitz sind relativ häufig zu hören bzw. zu beobachten.

Zu den farbenprächtigsten Vertretern der Insektenwelt gehören ein mit dem Zitronenfalter eng verwandter Schmetterling sowie der Kanarische Admiral.

FAHRT DURCH DEN NATIONALPARK

»Grüne Lunge«
Die »grüne Lunge« von La Gomera ist durch die **Carretera Dorsal** erschlossen. Nach Ansicht vieler Naturschützer ist diese beim großzügigen Ausbau ein gutes Stück zu breit geraten. Von der Höhenstraße und vor allem auf dem im Rahmen einer Kurzwanderung schnell erreichbaren höchsten Inselgipfel, dem Garajonay, ergeben sich

Parque Nacional de Garajonay • ZIELE

prächtige Ausblicke über das UNESCO-Weltnaturerbe. Mit genügend Zeit ausgestattet, bietet sich ein Abstecher zum Besucherzentrum Juego de Bolas an (▶ Las Rosas). Ausgangspunkt für die im Folgenden beschriebene, ca. 40 km lange Rundtour ist der an der Carretera Dorsal, fast direkt im Zentrum der Insel gelegene Rastplatz La Laguna Grande.

Es ist kaum noch erkennbar, dass es sich bei **La Laguna Grande** um einen ehemaligen Vulkankrater handelt. In seinem Zentrum sammelte sich früher im Winter regelmäßig Regenwasser – daher der Name »der große See«. Heute ist die 1240 m ü.d.M. gelegene Lichtung an sonnigen Wochenenden eines der beliebtesten Ausflugsziele der Gomeros.

> **BAEDEKER TIPP**
>
> ### Der Natur ganz nah ...
>
> ... ist man bei den freitags (ganzjährig) und mittwochs (nur Juli bis Sept.) von der Nationalparkverwaltung organisierten Wandertouren. Die Parkranger informieren dabei in spanischer Sprache fachkundig über Flora und Fauna des Nationalparks. Ausgangspunkt der Wanderungen ist in der Regel das Infozentrum in La Laguna Grande. Die Teilnahme ist kostenlos, man muss sich vorher im Internet anmelden:
> www.reservasparquesnacionales.es
> Weitere Infos im Centro de Visitantes Juego de Bolas
> Tel. 9 22 80 09 93
> tgl. 9.30 – 16.30 Uhr

Alle Picknickplätze und Grillstellen sind dann schnell belegt. Zur Rast lädt auch ein Restaurant ein, das erstaunlich gute gomerische Hausmannskost bietet. La Laguna Grande ist ein hervorragender **Ausgangspunkt für Wanderungen** im Nationalparkgebiet, kürzere Touren führen zum 6,2 km entfernten Garajonay oder nach El Cercado, das man nach einem 3,8 km langen Fußmarsch erreicht. In dem Pavillon neben dem Restaurant informiert die Nationalparkverwaltung über die Region.

tgl. 8.30 – 16.30 Uhr

An der Höhenrückenstraße beginnt 3 km südöstlich von La Laguna Grande der Wanderweg zum Alto de Garajonay, der mit 1487 m höchsten Erhebung der Insel (Weglänge 1,4 km). Von der Gipfelzone, die das Hochplateau allerdings nur um wenige Meter überragt, bietet sich eine prächtige Aussicht über die westlichen Kanaren.	***Alto de Garajonay**
Nach weiteren rund 3 km lohnt ein Stopp am Mirador de Tajaqué. Vom Parkplatz führt ein Treppenweg hinauf zum 30 m entfernten Aussichtspunkt. Von hier oben hat man eine prächtige Rundumsicht. An klaren Tagen reicht der Blick hinüber zum Teide auf Teneriffa.	**Mirador de Tajaqué**
Nach etwa 1,5 km zweigt am **Cruce de la Zarcita** links eine Straße nach Norden ab. Doch sollte man zunächst noch einige hundert Meter der Carretera Dorsal in östlicher Richtung folgen. Vom ersten	****Los Roques**

Parque Nacional de Garajonay erleben

AUSKUNFT
Centro de Visitantes Juego de Bolas
▶ Las Rosas

ESSEN
La Laguna Grande €€
am gleichnamigen Picknickareal,
an der GM-2 San Sebastián – Arure
Tel. 9 22 89 54 45
Ausflugslokal mit einer guten Auswahl
traditioneller Speisen
geöffnet 9.00 – 22.30 Uhr
Mo. ist Ruhetag,

Aussichtspunkt, dem **Mirador de los Roques**, bietet sich ein prächtiger Blick zum **Roque de Agando** (1250 m ü.d.M.). Er ist ebenso wie die nördlich der Straße aufragenden Roques (**Roque de la Zarcita**, 1212 m ü.d.M.; **Roque de Carmona**, 1103 m ü.d.M.; **Roque de Ojila**, 1168 m ü.d.M.) einer der für das Landschaftsbild von La Gomera so charakteristischen Felsdome. Sie entstanden, als Gas- und Magmadruck allmählich nachließen und das in den Vulkanschloten befindliche Magma nicht mehr an die Oberfläche gelangte. Es kühlte ab und erstarrte. Die die Vulkanschlote bedeckenden weicheren Gesteinsschichten wurden im Laufe von Jahrmillionen durch Erosion abgetragen, zurückblieben nur die aus hartem Gestein bestehenden Schlotfüllungen, die ihre Umgebung etwa um 100 m überragen. Ebenfalls eine gute Sicht bietet sich etwas weiter beim **Mirador Roque de Ojila**. Hier erinnert ein Denkmal an die 20 Personen, die beim Waldbrand im September 1984 starben. Damals brannten 783 ha des Lorbeerwaldes ab.

El Cedro Vom Cruce de la Zarcita führt die Straße Richtung Norden durch einen dichten Lorbeerwald. Nach etwa 1,5 km weist ein Schild links zur Häuseransammlung ▶ El Cedro, ein idealer Ausgangspunkt für Wanderungen.

Mirador de El Bailadero Ebenfalls ein guter Blick auf die Roques ergibt sich 500 m weiter vom Mirador de El Bailadero. Ein Treppenweg führt abwärts zu einem weiteren Aussichtspunkt, der den Blick nach Westen freigibt.

Mirador de El Rejo Eine andere Perspektive offenbart nach 1 km der Mirador de El Rejo, von hier schaut man auf das Tal von Hermigua.

Centro de Visitantes Juego de Bolas Kurz hinter dem Mirador de El Rejo verlässt man das Nationalparkgebiet. Über ▶ Hermigua und ▶ Agulo erreicht man ▶ Las Rosas, wo die Straße zum 3 km entfernten Besucherzentrum des Nationalparks abzweigt (▶ S. 146). Ein schmales asphaltiertes Sträßchen führt vom Centro de Visitantes in südwestlicher Richtung zurück zum Zentrum

Roque de Agando heißt die bizarre Felsnase am Ostrand des Nationalparks.

der Insel. Nach 10 km trifft es auf die Carretera Dorsal, wenige hundert Meter westlich befindet sich der Ausgangspunkt der Rundfahrt, **La Laguna Grande**.

WANDERUNGEN

Am besten lässt sich der Nationalpark jedoch zu Fuß erkunden. Die Parkverwaltung hat etliche Waldwege angelegt und auch gut bezeichnet. Mehrere Parkplätze an den das Nationalparkgebiet durchziehenden Straßen eignen sich als Ausgangspunkt. Regelmäßig organisiert die Nationalparkverwaltung geführte Wanderungen. Gute Wanderausrüstung ist zumindest bei längeren Touren dringend erforderlich.

Ideales Wanderrevier

Einen ersten Eindruck von der grandiosen Landschaftsszenerie im Garajonay-Nationalpark gibt der Weg »Los Barranquillos« (»die kleinen Schluchten«). Dieser nur 780 m lange Rundweg ist von der Straße Vallehermoso – Arure (unweit südlich der Kreuzung mit der Carretera Dorsal) ausgeschildert. Er weist keinen nennenswerten Höhenunterschied auf. Das nur wenige Kilometer von Arure entfernte Gebiet wurde von den Bewohnern des Ortes früher forstwirtschaftlich genutzt. Erst allmählich verschwinden die Spuren menschlicher Eingriffe, Gagelbaum und Baumheide haben sich wieder angesiedelt.

Los Barranquillos

ZIELE • Parque Nacional de Garajonay

El Contadero – Garajonay

Folgt man vom Rast- und Grillplatz La Laguna Grande der Höhenstraße Richtung San Sebastián, so gelangt man nach ca. 2 km zum Parkplatz El Contadero. Von etwa 1350 Höhe kann man auf einem 1,4 km langen Forstweg zum Garajonay (1487 m ü.d.M.) hinaufsteigen (▶ S. 153).

»El Contadero« bedeutet im Spanischen »die Zählstelle« oder »Prüfstelle«. An diesem Engpass sammelten früher Hirten ihre Herden, um sie zählen zu können, auch sollen hier Viehhändler ihre Tiere zum Verkauf angeboten haben.

El Contadero – Las Mimbreras

Gleichzeitig befindet sich am Parkplatz El Contadero der Einstieg zur Wanderung nach Las Mimbreras bzw. weiter nach El Cedro. Bis zur Wegkreuzung Las Mimbreras sind 3 km zurückzulegen (bis El Cedro nochmals ca. 2,5 km). Dabei steigt man von 1350 m Höhe auf 950 m Höhe ab (geht man weiter nach El Cedro bis auf 850 m Höhe), stellenweise ist besonders auf rutschigen Stufen Vorsicht geboten. Man sollte ca. eine Stunde Wanderzeit einplanen (bis El Cedro zwei Stunden). Vom Parkplatz führt der Treppenweg abwärts in ein Waldgebiet, in dem zunächst Baumheide dominiert. Sie blüht im zeitigen Frühjahr. Nur wenige Meter voneinander entfernt, findet man bis zu fünf verschiedene Farnarten. Ab etwa 1100 m Höhe ergänzen Lorbeerbäume die Vegetation. Nach etwa 45 Min. Gehzeit weist ein Schild mit der Aufschrift »Campamento Antiguo« darauf hin, dass sich hier ehemals ein Campingplatz befand. Die Vegetation hat von der einstigen Lichtung schon lange wieder Besitz ergriffen. Zunächst haben sich Pflanzen wie der Blättchenreichen Drüsenfrucht (span. Codeso), Baumheide und Gagelbaum angesiedelt und mittlerweile schon ganz stattliche Höhen erreicht. Kurz hinter dem ehemaligen Campamento halten wir uns rechts und bei einer erneuten Wegkreuzung nochmals rechts. Wir durchqueren den Talgrund des Cedro-Baches und gehen am Bachbett entlang ein kurzes Stück nach links, dann wird der Cedro-Bach auf einer Holzbrücke erneut überquert. Bald darauf folgen wir dem breiten Weg nach rechts und erreichen die Wegkreuzung »Las Mimbreras«. Mit nur noch geringem Höhenunterschied kann man von hier zum Weiler ▶ El Cedro weiterwandern (die Strecke ist unter dem Stichwort El Cedro beschrieben).

Pajarito – Garajonay

Auch von der Straßenkreuzung Pajarito aus kann man den Garajonay erklimmen (3,5 km).

Jardín de las Cresces – Las Hayas

Ausgangspunkt für diese leichtere Wanderung ohne nennenswerte Höhenunterschiede (Gehzeit ca. 2 Std.) ist ein von der Carretera Dorsal nördlich vom Cruce de las Hayas abzweigender Forstweg (GR 131). Er ist mit »Las Cresces« beschildert. Der Weg verläuft parallel zur Höhenstraße zum Picknick- und Grillplatz Jardín de las Cresces, dem »Garten der Gagelbaumfrüchte«. Tatsächlich stehen rund um

Am Mirador Los Roques

die Lichtung etliche alte Gagelbäume. Ihre am ehesten mit Brombeeren vergleichbaren Früchte sind essbar und waren in früheren Zeiten ein durchaus geschätztes Nahrungsmittel. In den fünfziger, sechziger und siebziger Jahren des 20. Jh.s wurde dieses Gebiet zur Weidewirtschaft genutzt. Die Hirten sammelten hier über Nacht ihr Vieh, das junge Triebe regelmäßig abfraß. So entstand die Lichtung. Am Jardín de las Cresces beginnt rechts neben dem Nationalparkschild ein recht schmaler Weg, auf diesem geht es tief in den Lorbeerwald hinein. Die Luftfeuchtigkeit in dieser Zone ist außergewöhnlich hoch, sodass auch Pflanzen gedeihen können, die ansonsten nur in den nördlichen feuchteren Parkarealen vorkommen. Nach insgesamt etwa 35 Gehminuten zweigt rechts ein Weg nach Arure ab. Wir halten uns links und kommen durch ein Gebiet, das niederschlagsmäßig weniger begünstigt ist. Lorbeerbäume sieht man nur noch vereinzelt, stattdessen wachsen hier Baumheide, Zistrose, Kanaren-Schneeball etc. Bei der Kreuzung, die nach weiteren 10 Min. erreicht wird, gilt es, die Entscheidung über den Weiterweg zu treffen. Links führt der Forstweg zurück zum Ausgangspunkt der Wanderung, rechts weist die Beschilderung nach Las Hayas. Ohne fehlgehen zu können, gelangen wir zum höher gelegenen Ortsrand von **Las Hayas**. Wir gehen bergab zur Hauptstraße und kommen nach insgesamt etwa einstündiger Gehzeit zur äußerst beliebten Bar La Montaña.

Wer die Tour noch ausdehnen möchte, wandert weiter zum Weiler ▶ El Cercado – der Weg beginnt am Parkplatz der Bar und führt unterhalb des Eukalyptushains nach links (Gehzeit einfache Strecke ca. 1 Std.).

Der Rückweg erfolgt von Las Hayas zunächst auf derselben Strecke, bald nach Erreichen des Waldrandes stößt man wieder auf den Forstweg, der uns nach rechts zum Ausgangspunkt der streckenweise auch als Lehrpfad angelegten Rundwanderung zurückführt.

Playa de Santiago

M 8

Höhe: Meereshöhe
Gemeindebezirke: Alajeró   **Einwohnerzahl:** 1850

Die Lage im sonnensicheren Süden La Gomeras hat Playa de Santiago neben dem Valle Gran Rey zum zweiten bedeutenden Fremdenverkehrszentrum der Insel werden lassen. Oberhalb des kleinen Hafens liegt in aussichtsreicher Lage das größte Hotel von La Gomera, das durch einen angeschlossenen Golfplatz, eine Tennisschule und eine Tauchbasis ein guter Standort für Aktivurlauber ist. Seit eine Mole den Strand schützt, kann hier auch gebadet werden.

Mit der rund 30 km entfernten Inselhauptstadt San Sebastián ist Playa de Santiago durch eine gut ausgebaute Straße verbunden. Wer mit dem Flugzeug anreist, hat es noch bequemer: La Gomeras 1999 eröffneter Flughafen liegt unmittelbar westlich des Ortes. Mit Fluglärmbelästigung ist dennoch nicht zu rechnen – dazu ist das Verkehrsaufkommen mit derzeit täglich zwei Starts und Landungen glücklicherweise viel zu gering!

Geschichte   Noch um 1900 lebten nur einige Fischer im abgeschiedenen, damals nur per Boot bzw. auf Eselspfaden erreichbaren Süden der Insel. Der Aufschwung begann in den 1920er-Jahren mit dem Bau einer Fischkonservenfabrik. Brunnen wurden gebaut und Bananenplantagen angelegt. Schon bald hatte Playa de Santiago rund 900 Einwohner. Doch die goldenen Zeiten des Bananenanbaus waren schnell wieder vorbei. Die Einnahmen aus dem Fischfang gingen zurück, spätestens seit den 1970er-Jahren arbeitete die Konservenfabrik nicht mehr rentabel. Zu Beginn der 1980er-Jahre wurde sie geschlossen. Eine neue Ära begann 1987 mit der Eröffnung des Hotels Jardín Tecina.

Ortsbild   Eine Umgehungsstraße sorgt dafür, dass es im Ortskern von Playa de Santiago geruhsam zugeht. Man trifft sich am Hafen und schaut dem Aus- und Einlaufen der bunten Fischerboote bzw. einiger Jachten zu oder aber genießt die Szenerie von einem der Restaurants entlang der **Uferpromenade**, der Avenida Marítima. Hier gibt es auch einige Pensionen und eine Touristeninformation. Ein schmales Sträßchen verbindet den Ortsteil am Hafen mit dem etwas höher gelegenen, von Bananenfeldern umgebenen **Laguna de Santiago**. Die Häuser scharen sich um die Mitte des 20. Jh.s errichtete Iglesia de Santiago Apóstol. Sehenswerter als die Kirche selbst ist der hübsche Kirchenvorplatz. Östlich oberhalb von Playa de Santiago erstreckt sich im Ortsteil **Tecina** die ausgedehnte Anlage des Hotels Jardín Tecina, eine kleine

Essen
① Don Tomate
② La Cuevita

Übernachten
① Apartamentos Santa Ana
② Apartamentos Tapahuga

③ Hotel Jardín Tecina

Welt für sich mit mehreren Restaurants, großen Poolanlagen, Sportkomplex und Boutiquen. Das Hotel und der benachbarte 18-Loch-Golfplatz gehören der Reederei Fred Olsen (▶ Berühmte Persönlichkeiten). Ein schöner Blick auf die unteren Ortsteile von Playa de Santiago bietet sich vom **Mirador Tagoror**. Folgt man vom Hotel Jardín Tecina der Hauptstraße noch ca. 200 m in nördlicher Richtung, so erreicht man den **Parque Las Eras**, eine weitläufige Parkanlage mit teils altem Baumbestand, Riesenwolfsmilchgewächsen, Ziersträuchern aus aller Welt und Bänken zum Rasten.

Der dem Ortsbereich vorgelagerte Strand wurde von dicken Steinen **Strände** befreit und man hat etwas Sand aufgeschüttet, eine Betonmole schützt vor der Brandung und lässt zumindest im Sommerhalbjahr einen gefahrlosen Badebetrieb zu. Badevergnügen verspricht auch der zum Hotelkomplex Tecina gehörende **Club Laurel** mit Swimmingpool, Sonnenliegen und sanitären Einrichtungen, der gegen Gebühr auch Nichthotelgästen offen steht. Wer es einsamer haben möchte, sucht sich ein Plätzchen an den Kiesstränden östlich von Playa de Santiago. Man erreicht die Buchten mit dem Auto oder zu Fuß über eine bei der Hotelanlage Tecina beginnende Straße, die kurz nach dem Golfplatz in eine staubige Piste übergeht. Sie führt zur

Playa de Santiago erleben

AUSKUNFT
Oficina de Turismo
Avda. Marítima
Tel. 9 22 89 56 50
Mo. und Di. 9.00 – 13.30 und
16.00 – 18.00, Mi. – Fr. 9.00 – 14.45 Uhr

ESSEN
❷ *La Cuevita* €€
Avenida Marítima 60
Tel. 9 22 89 55 68, So. Ruhetag
Das in einer Höhle eingerichtete Restaurant gilt als eines der besten im Ort. Allzu hohe Essenspreise muss man dennoch nicht fürchten. Einige Tische sind vor dem Restaurant an der Straße aufgestellt (So. geschl.).

❶ *Don Tomate* € – €€
Avenida Marítima 56
Tel. 922 89 55 45, Mo. Ruhetag
In dem Lokal direkt an der Hafenstraße gibt es eine große Auswahl an Pizzen, Pasta und typisch italienischen Dessert wie Panna cotta und Tiramisu. Auf der Terrasse spenden ein paar Sonnensegel Schatten.

ÜBERNACHTEN
❸ *Hotel Jardín Tecina* €€€€
Tecina
Tel. 9 22 14 58 50
www.jardin-tecina.com
Die weitläufige Anlage des gomerischen Unternehmers Fred Olsen ist eines der schönsten Hotels des Kanarischen Archipels. Man wohnt in kleinen weißen Häuschen, die sich über eine 50 000 m² große Gartenanlage verteilen. Die 434 Zimmer sind komfortabel, aber eher schlicht ausgestattet. Für sportliche Möglichkeiten und weitere Unterhaltung ist ausreichend gesorgt: 5 Swimmingpools, 5 Tennisplätze, 2 Squashplätze, 1 Mehrzwecksportplatz, Golfplatz und Tauchschule sowie Animationsprogramm, Kinderclub, Tanz und Shows, Disco. Zu den vielen prominenten Gästen des Vier-Sterne-Hotels gehörte u.a. Angela Merkel.

❷ *Apartamentos Tapahuga* €€
Avenida Marítima 52
Tel. 9 22 89 51 59
www.tapahuga.es
Kanarische Holzbalkone zieren das an der Uferstraße gelegene Apartmenthaus. Auf zwei Stockwerke verteilen sich 29 gut ausgestattete Ferienwohnungen mit Küche, auf dem Dach gibt es einen kleinen Pool und eine Sonnenterrasse. Man hat die Wahl zwischen Zimmern mit Blick auf Meer oder Berge; ohne große Aussicht, doch dafür günstiger wohnt man in den zum Innenhof ausgerichteten Apartments.

❶ *Apartamentos Santa Ana* € – €€
Las Trincheras
Tel. 9 22 89 51 66

Eines der schönsten: Jardín Tecina

www.gomerarural.com
Die kleine Anlage liegt etwa 3 km oberhalb von Playa de Santiago. Die 14 Ferienwohnungen verteilen sich auf vier kleinere Häuser. Ein zehnminütiger Abstieg über einen steilen Treppenweg führt zum Meer hinab. Von den hübsch möblierten Balkonzimmern bzw. von der Sonnenterrasse am kleinen Pool genießt man den weiten Ausblick auf die Bucht.

durch einige Gebäude etwas verschandelten **Playa de Tapahuga**. Reizvoller nimmt sich da schon die nächste Bucht aus, die **Playa del Medio**. Man erreicht sie nach rund 30-minütigem Fußmarsch vom Hotel Tecina aus. FKK ist hier üblich. Nicht unbedingt lohnend ist der weitere Fußmarsch zur Nachbarbucht, der **Playa de Chinguarime**. Hinter der Playa del Medio wird die Piste schmaler und schlechter, sodass man sie mit dem Pkw eigentlich nicht mehr befahren sollte. Wer am Strand spazieren gehen möchte, muss einen Felsdurchbruch überwinden, um von der Playa del Medio zur Playa de Chinguarime zu gelangen. Bei Hochwasser und Wellengang ist davon allerdings unbedingt abzuraten.

UMGEBUNG VON PLAYA DE SANTIAGO

Eine asphaltierte, ca. 4,5 km lange Straße verbindet Playa de Santiago mit der nördlich gelegenen winzigen, von hohen Bergen umgebenen Ansiedlung Pastrana. Nur rund 100 Menschen leben in dem noch

Pastrana

Das Urlaubszentrum im Inselsüden: Playa de Santiago

sehr ursprünglich wirkenden Ort. Die Straße führt am Grund des Barrancos de Santiago entlang, gewinnt dann etwas an Höhe, die Vegetation wird üppiger, Obstgärten und Palmen beleben das Bild. Unvermittelt endet die Straße unterhalb einer kleinen Kapelle. Ein Fußweg führt von hier aufwärts nach ▶ Benchijigua und weiter zum Roque de Agando.

✶ San Sebastián

H 13

Höhe: Meereshöhe
Gemeindebezirke: San Sebastián   **Einwohnerzahl:** 9000 (ges. Bezirk)

Die Haupt- und Hafenstadt San Sebastián de la Gomera (kurz San Sebastián) liegt an der Ostküste im Mündungstal des Barranco de la Villa. Einfache teils bunt gestrichene Häuschen füllen die windgeschützte Bucht und ziehen sich an den steilen kahlen Berghängen hinauf. Nur rund 6000 Menschen leben in dem Städtchen, im gesamten Gemeindebezirk gerade einmal 9000. Damit konzentriert sich mehr als ein Drittel der Inselbevölkerung im Gemeindegebiet der dennoch geruhsamen »Inselmetropole«, die für die Einheimischen schlicht »La Villa« ist.

Wenn die Fähre aus Los Cristianos (Teneriffa) einläuft, belebt sich die Szenerie. Für die meisten Touristen ist San Sebastián jedoch nur Durchgangsstation auf dem Weg in die Feriendomizile im Westen bzw. Süden der Insel. Doch einen zumindest kurzen Aufenthalt lohnt San Sebastián allemal. Ein Besichtigungsrundgang dauert zwar kaum mehr als ein bis zwei Stunden, doch kann man dann bei einem café con leche in einem der Straßencafés genüsslich dem »städtischen« Treiben der Insulaner zuschauen.

Als Stadtgründer von San Sebastián gilt **Hernán Peraza d. Ä.**, der ab 1440 – noch bevor die Insel vollständig erobert war – die ersten Gebäude in San Sebastián errichten ließ (darunter die Torre del Conde und den Vorgängerbau der Iglesia de la Asunción).
In der Weltgeschichte spielte San Sebastián ein einziges Mal eine Rolle: **Kolumbus** ging hier bei seinen Entdeckungsfahrten wiederholt an Land, um seine Lebensmittel- und Wasservorräte aufzufüllen. So erinnert man sich denn auch gern an dieses ruhmreiche Kapitel der Vergangenheit, das der gesamten Insel den Beinamen **Isla Colombina** einbrachte. Erstmals soll Kolumbus seinen Fuß am 12. August 1492 auf gomerischen Boden gesetzt haben. Den Inselannalen zufolge blieb er bis 23. oder 24. August in San Sebastián. Angeblich hat er sich dann nochmals vom 5. bis 7. Oktober 1493 und am 19. Juni 1498 in San Sebastián aufgehalten. Die häufigen Kolumbusbesuche auf der Insel erklären nicht nur Gomeros damit, dass der Entdecker ein Techtelmechtel mit der damaligen Inselherrscherin, der schönen, aber als grausam verschrienen Beatriz de Bobadilla hatte (▶ Baedeker Wissen, S. 60).
Ende des 16. Jh.s lebten 625 Menschen in San Sebastián. Die rund 125 Gebäude des Ortes standen teils am Grund des Barranco de la Villa, teils weit auseinander an den Berghängen. So boten sie den Piratenangriffen im 17. Jh. ideale Angriffsfläche. Wiederholt wüteten in San Sebastián Feuersbrünste, denen viele Gebäude zum Opfer fielen. Erst das 18. Jh. brachte eine Phase der Konsolidierung und des allmählichen wirtschaftlichen Wachstums. Im Jahr 1802 hatte San Sebastián immerhin 1800 Einwohner. Hafen, Verwaltungsfunktionen, Landwirtschaft und Fischerei bescherten den Bewohnern der Inselhauptstadt auch im 19. und 20. Jh. nur ein bescheidenes Auskommen, so dominieren denn auch überwiegend einfache funktionale Zweckbauten den Ortskern von San Sebastián. Eine leichte Veränderung machte sich in den letzten beiden Jahrzehnten bemerkbar. Die Einnahmen aus dem Tourismus reichen aus, um der Inselhauptstadt etwas »Kosmetik« zu verpassen: Die wichtigsten historischen Bauten wurden restauriert, eine schöne Uferpromenade angelegt, und einen großen Verwaltungsbau für den Inselrat (Cabildo Insular) hat man sich auch geleistet.

Geschichte

Die Orientierung in San Sebastián fällt nicht schwer. Dreh- und Angelpunkt jeglicher Unternehmungen ist die Plaza de las Américas, auf die man nach Verlassen der Hafenanlagen zwangsläufig stößt. Hier

Orientierung

ZIELE • San Sebastián

San Sebastián

Essen
1. El Ambigú
2. Tasca La Salamandra
3. El Charcón
4. La Fortuna
5. La Tasca

Übernachten
1. Hotel Villa Gomera
2. Hotel Torre del Conde
3. Parador Conde de la Gomera

nehmen die beiden Hauptstraßen von San Sebastián, die Calle Real und die Calle Ruiz de Padrón, ihren Ausgang. Fast alle historisch bedeutsamen Gebäude befinden sich in der **Calle Real**. In der **Calle Ruiz de Padrón** reihen sich Geschäfte, Restaurants und auch die ein oder andere Pension aneinander. Nach einem Rundgang durch das Geschäftsviertel von San Sebastián lohnen noch eine Besichtigung der von einem hübschen Park umgebenen Torre del Conde, ein Bummel auf der Uferpromenade entlang der Avenida de los Descubridores sowie der Aufstieg zum Parador. Auf halbem Weg bietet sich ein schöner Blick auf den Ort.

SEHENSWERTES IN SAN SEBASTIÁN

Die von Palmen beschatteten Straßencafés auf der Plaza de las Américas sind tagsüber vor allem für Touristen Anlaufstelle. Blickfang am Platz ist das an der Ostseite aufragende moderne, im kanarischen Stil erbaute Rathaus (Ayuntamiento) mit prächtigen Holzbalkonen und einem schmucken Uhrturm.

Plaza de las Américas

Nördlich schließt die Plaza de la Constitución an den Amerikaplatz. Unter den hohen alten Lorbeerbäumen treffen sich in den Nachmittags- und Abendstunden die Einheimischen.

*Plaza de la Constitución

Das Gebäude an der Ecke Plaza de la Constitución/Calle Real ist das alte **Zollhaus** (Casa de Aduana). Es wurde im 17. Jh. errichtet und fungierte auch als Speichergebäude und Kerker. Heute sind darin die Touristeninformation sowie ein kleines **Museum** untergebracht. Die Ausstellung beschäftigt sich mit dem Kolumbusaufenthalt. Im stimmungsvollen Innenhof befindet sich der sogenannte Pozo de Colón, der **Kolumbusbrunnen**. Angeblich füllte Kolumbus mit dessen Wasser seine Vorräte auf. Auf diese Ereignisse weist eine Gedenktafel hin mit der Aufschrift »Con esta agua se bautizó América« (»Mit diesem Wasser wurde Amerika getauft«).
❶ Mo. – Sa. 9.00 – 18.00, So. 10.00 – 13.00 Uhr

Casa de Aduana/ Pozo de Colón

Die Calle Real (»die Königliche«), früher Calle del Medio genannt, ist die Flaniermeile der Hauptstadt. Sie wurde in eine Fußgängerzone verwandelt, selbst Lieferantenfahrzeuge müssen draußen bleiben. So lässt es sich ungestört durch die schmuck herausgeputzte Häuserzeile von Laden zu Laden bummeln. Sitzbänke laden zur Rast ein, hübscher Blumenschmuck erfreut das Auge.

Calle Real

Etwa fünf Gehminuten von der Plaza de la Constitución entfernt steht etwas zurückversetzt in der Calle Real die Iglesia Nuestra Señora de la Asunción (Mariä Himmelfahrt). Sie soll Kolumbus zum letz-

*Iglesia N. S. de la Asunción

San Sebastián erleben

AUSKUNFT
Patronato Insular de Turismo de la Gomera
Calle Real 4
Tel. 9 22 14 15 12, 9 22 87 02 81
ww.lagomera.travel
Mo. – Sa. 9.00 – 13.00 und
16.00 – 18.00, So. 10.00 – 13.00 Uhr

ESSEN
❸ *El Charcón* ❻❻❻
Paseo Marítimo de la Cueva s/n
Tel. 9 22 14 18 98
So. Ruhetag
Direkt an der Promenade der Playa de la Cueva erwarten den Gast leckere kanarisch-internationale Küche und ein außergewöhnliches Höhlenambiente.

❹ *La Fortuna* ❻ – ❻❻
Calle Ruiz de Padrón 11
Tel. 9 22 14 12 65
Das chinesische Lokal nahe dem Parque de la Torre del Conde bietet eine große Auswahl zu recht günstigen Preisen. Neuerdings gibt es auch thailändische Spezialitäten.

❷ *Tasca La Salamandra* ❻❻
Calle República de Chile 5
Tel. 9 22 14 13 86
So. Ruhetag
Kleines Altstadtlokal in einer autofreien Gasse mit ein paar Tischen auf dem Bürgersteig. Man genießt frische Pasta oder einen Brunnenkressesalat mit karamellisierten Zwiebeln. Speziell ist der luftgetrocknete Kabeljau mit Palmhonig.

❺ *La Tasca* ❻ – ❻❻
Calle Ruiz de Padrón 36
Tel. 9 22 14 15 98

In der Weinpinte trifft man sich abends auf ein Glas Gomera-Wein, daneben gibt es natürlich auch guten Rioja vom spanischen Festland. Auf der kleinen Speisekarte stehen vornehmlich Pizzen und Tortillas.

❶ *El Ambigú* ❻
Plaza de las Américas
Tel. 9 22 87 16 68
Das Café neben dem Rathaus ist ein beliebter Treff, in dem Sandwiches und frisch gepresste Fruchtsäfte angeboten werden. Man sitzt unter großen Sonnensegeln direkt auf der Plaza.

ÜBERNACHTEN
❸ *Parador Conde de la Gomera* ❻❻❻❻
Cerro de la Horca
Tel. 9 22 87 11 00
www.parador.es
Reizvoll ist allein schon die Lage des 1973 fertig gestellten gomerischen Paradors (58 Z.): Er liegt auf einem Felsplateau an der Steilküste 60 m über dem Meeresspiegel. Der Parador ist im altkanarischen Stil erbaut; auch bei der Gestaltung der gediegenen Salons standen altkanarische Adelshäuser Pate. Entspannung finden die Gäste im Swimmingpool oder auf der Sonnenterrasse im blühenden Hotelgarten (schöne Aussicht!). Gaumenfreuden bietet das Restaurant, das kanarische, spanische und internationale Gerichte serviert. Zum Strand und zum Stadtzentrum sind es ca. 20 Gehminuten.

❷ *Hotel Torre del Conde* ❻❻
Calle Ruíz de Padrón 19
Tel. 9 22 87 00 00

San Sebastián • ZIELE

www.hoteltorredelconde.com
Das vierstöckige Drei-Sterne-Stadthotel mit 38 Zimmern liegt in einer ziemlich unruhigen Straße. Angenehmer sind die Zimmer mit Blick nach hinten hinaus zum Grafenturm, kosten dafür auch etwas mehr. Auf dem Dach befindet sich eine aussichtsreiche Sonnenterrasse.

❶ *Hotel Villa Gomera* €–€€
Calle Ruiz de Padrón 68
Tel. 9 22 87 00 20
www.hotelvillagomera.com
Modernes einfaches Hotel direkt im Stadtzentrum mit 16 großen und sauberen Zimmern.

ten Gebet vor seinem Aufbruch ins Ungewisse aufgesucht haben. Der Grundstein der Kirche wurde bereits Mitte des 15. Jh.s gelegt. Doch wurde der kleine gotische Kirchenbau durch Brände bald zerstört. Um 1525 erfolgte ein etwas größerer Neubau, von dem das gotische Portal an der Calle Real die Zeiten überdauerte. Bei Piratenangriffen – 1599 durch den Holländer van der Does und 1618 durch algerische Piraten – wurde das Gotteshaus schwer beschädigt, schon bald darauf nun jedoch als dreischiffige Kirche neu errichtet. Auch in der Folge wurden mehrfach bauliche Veränderungen vorgenommen, sodass sich die Kirche heute weitgehend als ein Bau des ausgehenden 18. Jh.s präsentiert.

Von den Kunstgegenständen im Innern sei auf den hölzernen Barockaltar, die Statue der Nuestra Señora de la Asunción aus dem 18. Jh. sowie auf eine Figur des gekreuzigten Christus von **Luján Pé-**

ZIELE • San Sebastián

> **BAEDEKER TIPP !**
>
> *Kunst für Kenner*
>
> In der Calle Real 28 ist die Galería de Arte Luna für Kunstfreunde die beste Anlaufstelle der Insel. In der Galerie stellen neben kanarischen und spanischen Künstlern auch die deutsche Malerin Barbara Beisinghoff und der auf La Gomera lebende Österreicher Guido Kolitscher aus (Tel. 9 22 87 06 66, www.galerialuna.com). Einen Besuch lohnt auch die Galerie des Bildhauers Pedro Zamorana (Calle Ruiz de Padrón 50). Werke des spanischen Künstlers sind u.a. auch im Cabildo Insular von La Gomera zu bewundern (www.pedrozamorano.com).

rez verwiesen. Beachtenswert ist daneben ein Wandgemälde im linken Seitenschiff. Es wurde 1760 von dem einheimischen Künstler José Mesa geschaffen. Dargestellt ist die Landung einer Flotte unter Leitung des englischen Admirals Charles Windham (1743). Diesen Angriff konnten die Gomeros erfolgreich abwehren.

Eine besondere Geschichte ist mit dem linken Kirchenportal, mit der **Puerta del Perdón** (= Tor der Begnadigung), verbunden. Nachdem der Aufstand der Urbewohner, bei dem der damalige Herrscher der Insel, Hernán Peraza, getötet wurde, niedergeschlagen worden war, ließ Beatriz de Bobadilla, die Gattin des Ermordeten, einen Versöhnungsgottesdienst arrangieren. Jedem, der durch die Puerta del Perdón ginge und damit seine Schuld eingestünde, sollte vergeben werden. Man hielt sich jedoch nicht an die Vereinbarungen, die Aufrührer wurden stattdessen mit dem Tode bestraft. Heute hat man es nicht mehr mit dem originalen »Tor der Begnadigung« zu tun, dieses wurde 1618 durch ein Feuer zerstört.

Museo Arqueológico de La Gomera (MAG)
Nebenan befindet sich in einem restaurierten Kolonialgebäude das archäologische Inselmuseum. Die Geschichte und Kultur der gomerischen Ureinwohner wird dem Besucher auf informativen Schautafeln nahegebracht, allzu viele Exponate aus vorspanischer Zeit dürfen nicht erwartet werden. Themenschwerpunkte des in vier Sälen auf zwei Stockwerken untergebrachten Museums sind u.a. die Besiedlung der Insel, Begräbnisriten und von den Ureinwohnern hinterlassene Felsritzungen. Die Tafeln sind ausschließlich in spanischer Sprache verfasst, doch an der Rezeption ist eine deutsche Übersetzung erhältlich.

● Calle Torres Padilla 8, Di. – Fr. 10.00 – 18.00 (Juni – Sept. bis 19.00), Sa. und So. 10.00 – 14.00 Uhr, Eintritt frei

Casa de Colón
Noch ein weiteres Haus erinnert in der Calle Real (Nr. 56) an den Kolumbusaufenthalt: die Casa de Colón. Tatsächlich gewohnt haben kann **Kolumbus** in diesem aus dem 17. Jh. stammenden Haus natürlich nie. Ob er im 1618 abgebrannten Vorgängerbau nächtigte, ist historisch nicht nachweisbar. Die Räumlichkeiten werden für eine Ausstellung präkolumbianischer Keramik aus Südamerika genutzt.

● Mo.-Fr. 10.00 – 13.00 und 15.30 – 17.30 Uhr, Eintritt frei

Abendstimmung in der Inselmetropole

Wenige Schritte weiter gelangt man zur Ermita de San Sebastián. Errichtet wurde sie Mitte des 15. Jh. zu Ehren des Schutzpatrons der Inselhauptstadt. Damit ist die Ermita vermutlich der älteste Kirchenbau der Insel. Bei Piratenüberfällen wurde die Kapelle 1571 und 1618 weitgehend zerstört. Erhalten von dem ersten Bau ist noch der Seiteneingang mit seinem Spitzbogen. Die in der Kapelle aufbewahrte Statue des hl. Sebastian wurde zu Beginn des 18. Jh.s geschaffen.

Ermita de San Sebastián

Für den Rückweg wählt man die parallel zur Calle Real verlaufende **Calle de Ruiz de Padrón**. Noch vor Erreichen der Plaza de las Américas hält man sich rechts und gelangt zur inmitten eines Parks aufragenden Torre del Conde (= Turm des Grafen). Hernán Peraza der Ältere ließ den Turm 1447 im kastilischen Stil als Teil der Stadtbefestigung erbauen. Schon bald darauf musste sich die Anlage bewähren, als sich **Beatriz de Bobadilla** nach der Ermordung ihres Gatten hier verschanzte (▶ Baedeker Wissen, S. 60). Im 16./17. Jh. war der Turm Aufbewahrungsort für die Beute, die die Konquistadoren aus Amerika mitbrachten. Das machte das 16 m hohe Gebäude natürlich zu einem beliebten Angriffspunkt für Piraten, doch gelang es nie, den Turm mit seinen 2 m dicken Mauern einzunehmen. Die Räumlichkeiten werden heute zu Ausstellungszwecken genutzt. Gezeigt werden historische Karten des Kanarischen Archipels sowie alte Pläne und Stiche von San Sebastián.

*Torre del Conde

❶ Mo. – Fr. 10.00 – 13.00 u. 16.00 – 18.00 Uhr; Eintritt frei

San Sebastián • ZIELE

Parador Nacional Conde de la Gomera

Eines der schönsten Hotels des Kanarischen Archipels, der Parador Nacional Conde de la Gomera, prunkt hoch über der Stadt. Man erreicht den Parador über eine Gasse, die bei der Iglesia de la Asunción von der Calle Real abzweigt. Zwar wurde der Bau erst 1973 fertiggestellt und 1985 erweitert, doch wähnt man sich in dem kanarischen Landhäusern nachempfundenen Gebäude in alten Gemäuern. Der Eindruck wird noch verstärkt durch die historischen Darstellungen, die einige Säle schmücken.

Mirador de la Hila

Beim Aufstieg zum Parador bietet sich auf halbem Weg vom Mirador de la Hila ein schöner Blick auf den Ort.

Playa de San Sebastián

Baden mit Blick auf den Hafen ist nicht jedermanns Sache, so trifft man an dem mittelhellen Sandstrand, der sich vor der **Uferpromenade**, der Avenida de los Descubridores, erstreckt, meist nur Einheimische. Für ein kurzes Sonnenbad reicht das gepflegte Strandareal jedoch allemal, und auch die Bänke und Kioske an der Promenade laden zum Verweilen ein.

Playa de la Cueva

Reizvoller ist die Szenerie an der feinsandigen Playa de la Cueva, wenige Schritte nordöstlich des Hafens. Durch eine Mole ist auch sie vor starkem Seegang geschützt. Eine Aussichtsterrasse wurde angelegt, kleine Palmen kämpfen noch ums Überleben. Direkt am Strand liegt das Areal des Club Náutico, zu dem ein in eine Höhle gebautes Restaurant gehört.

UMGEBUNG VON SAN SEBASTIÁN

Playa de Avalo

Einer der schönsten Strände der Insel überhaupt, die Playa de Avalo, liegt rund 6 km nördlich von San Sebastián. Die Anfahrt erfolgt über die am Parador vorbeiführende Straße. Kurz hinter dem Parador hält man sich links und folgt dem geteerten Camino del Lomo del Cavo zum Strand hinab. Am Wochenende ist die teils sandige, teils kieselige Bucht ein beliebtes Ziel der Einheimischen, unter der Woche muss man die Playa de Avalo jedoch meist mit nicht allzu vielen Menschen teilen. Der ehemalige Geheimtipp hat durch ein geplantes Großhotel, nun jedoch brachliegende Baustelle, viel von seiner Ursprünglichkeit verloren – das unmittelbare Hinterland des Strandes ist schon seit Jahren durch einen Bauzaun abgesperrt.

Ermita de Señora de Guadalupe

Von der Playa de Avalo führt eine Piste weiter zur noch rund 4 km entfernten Ermita de Señora de Guadalupe. Die unterhalb einer Felswand stehende Kapelle wurde 1542 zu Ehren der Inselpatronin er-

Eine hübsche Parkanlage umgibt die Torre del Conde.

In den Gassen von San Sebastián sind die Einheimischen weitgehend unter sich.

richtet. Die Marienstatue steht alle fünf Jahre (das nächste Mal wieder 2018) im Mittelpunkt einer großen Fiesta, bei der sie in einer Schiffsprozession nach San Sebastián gebracht wird.

Monumento al Sagrado Corazón de Jesús
Verlässt man San Sebastián auf der Carretera del Sur, der Hauptstraße ins Inselzentrum, so passiert man nach ca. 2 km links die Abzweigung zum Monumento al Sagrado Corazón de Jesús. Nach kurzem Aufstieg erreicht man die 7 m hohe Christusstatue, die 1958 auf einem 10 m hohen Sockel aufgestellt wurde. Von hier oben hat man eine gute Sicht auf San Sebastián und die Insel Teneriffa.

Barranco de la Villa
Von San Sebastián führt eine Asphaltstraße landeinwärts in den Barranco de la Villa. Schnell lässt man die kleine Industriezone der Inselhauptstadt hinter sich und dringt in das fruchtbare Tal vor. Am zunächst noch breiten Talgrund gedeihen Bananen und verschiedene Obst- und Gemüsesorten. Bald rücken die Felswände enger zusammen. In Stauseen unterhalb der Straße wird das kostbare Nass gesammelt. Nach etwa 11 km endet die Straße in dem Weiler **La Laja**. Hier starten verschiedene Wanderwege, u. a. kann man von La Laja zur ▶ Degollada de Peraza oder zum Roque de Agando aufsteigen.

** Teneriffa

Ausflug

Inselfläche: 2057 km²
Einwohnerzahl: 898 000   **Hauptstadt:** Santa Cruz de Tenerife

Immer wieder rückt er auf La Gomera ins Blickfeld: der Teide, der höchste Berg nicht nur der Nachbarinsel Teneriffa, sondern ganz Spaniens und seit 2007 Weltnaturerbe der UNESCO. Im Winter schneebedeckt, wirkt er besonders majestätisch. Man muss nicht gleich planen, den 3718 m hohen Bergriesen selbst zu erklimmen, schon eine Autotour bzw. Busfahrt in den Teide-Nationalpark (Parque Nacional del Teide) bietet einzigartige Eindrücke.

Auf Gomera werden natürlich organisierte Busfahrten dorthin angeboten, man kann jedoch mit einem Mietwagen die Besichtigungstour problemlos individuell unternehmen, zumal die Fährüberfahrt von La Gomera nach Teneriffa nur ca. 30 Min. dauert (▶ Praktische Informationen, Verkehr).
Wer den Teide-Nationalpark schon bei anderer Gelegenheit besucht hat und auf Teneriffa ein wenig städtisches Flair spüren möchte, dem sei eine Inselrundfahrt oder ein Ausflug nach Puerto de la Cruz und La Orotava oder nach La Laguna empfohlen.

Die größte der Kanarischen Inseln, Teneriffa (span. Tenerife), gleicht in ihrem Umriss einem nordostwärts gerichteten gleichschenkligen Dreieck. An der breitesten Stelle beträgt die Entfernung von der Nord- zur Südküste gut 50 km, an der schmalsten nur etwa 15 km. In der Längsrichtung zwischen der Punta de Anaga im Nordosten und der Punta de la Rasca im Südwesten misst die Insel ca. 83 km. Im Zentrum ragt der **Pico de Teide** (3718 m ü.d.M.) auf. Ihn umgibt die Caldera de las Cañadas, ein ehemaliger Riesenkrater. Nach Nordosten schließt die Cumbre Dorsal an, die allmählich von 2200 m auf 1700 m abflacht und schließlich zur Hochfläche von La Laguna (550–600 m ü.d.M.) abbricht. Den äußersten Nordostzipfel der Insel nimmt das zerklüftete **Anaga-Gebirge** ein. Es besteht ebenso wie das ganz im Westen gelegene **Teno-Gebirge** aus älteren Basaltgesteinen. Vermutlich bildeten beide Gebirgszüge einmal einzelne Inseln, die erst durch einen späteren Vulkanausbruch miteinander verbunden wurden. Die genannten Gebirgszüge teilen die Insel in zwei völlig unterschiedliche Landschaftszonen ein. Während die Berghänge im Norden üppig bewachsen sind, präsentiert sich der Süden als wüstenähnliche Region.
Unterbrochen werden die Gebirgszüge von **Barrancos** (span. = Schluchten). Diese tiefen Täler werden heute mit einer Ausnahme

Landschaftsbild

174 ZIELE • Teneriffa

Teneriffa

Teneriffa • ZIELE 175

Essen
1. Café del Príncipe / Santa Cruz
2. Casa del Mar
3. Piscis / La Caleta
4. Regulo / Puerto de La Cruz

Übernachten
1. Hotel Andrea's / Los Cristianos
2. Lagos de Fañabe / Playa de las Américas
3. Hotel Tigaiga / Puerto de la Cruz
4. Parador de Cañadas del Teide / Parque Nac. del Teide

(Barranco del Infierno) nicht mehr von Wasserläufen durchzogen. Dennoch liefern sie in ihrem unteren Bereich vielfach günstige Bedingungen für die Landwirtschaft. Die Flanken der Gebirgszüge säumen einige breite fruchtbare Täler, wie das Valle de la Orotava im Norden und das Valle de Güímar im Süden. Die felsige und zerklüftete Küste der Insel wird durch kleinere Buchten mit schwarzem und hellem Sand aufgelockert. Eine ausgeprägte Flachküste gibt es nur im Süden von Teneriffa.

Vegetationszonen

Entscheidend für das Vorkommen verschiedener Vegetationszonen auf Teneriffa sind sowohl die **Höhenstufung** als auch der **Einfluss des Passats**. Die unterste Stufe ist wüstenhaft trocken. Neben Sukkulenten, wie den Säuleneuphorbien, kommt in diesem Bereich die Kanarische Dattelpalme vor. Die Zone reicht im Süden der Insel bis in Höhen von 1000 m hinauf, im Norden ist sie dagegen auf den Küstenbereich beschränkt. Hier umfasst die natürliche Vegetation zwischen 200 und 600 m Wacholdergewächse und den Drachenbaum, ab 600 m folgen Lorbeerbäume. An die immergrüne Laubwaldzone grenzt in 1100 m Höhe die Fayal-Brezal-Formation (Faya = Gagelstrauch; Brezo = Baumheide). Bis zu 15 m hoch wird die Baumheide, mitunter ist sie jedoch nur als Strauch oder Zwergstrauch ausgebildet. Zusammen mit der Lorbeerwaldregion wird die Fayal-Brezal-Formation auch als »Monte Verde« bezeichnet. In der Nordhälfte Teneriffas beginnt ab 1500 m die Kiefernwaldzone, in der Südhälfte wächst die Kanarische Kiefer bereits ab 1000 m. Im Inselnorden und -süden endet diese Zone bei 2000 m. Die Höhenstufe zwischen 2000 und 2700 m nimmt die Hochgebirgsformation des Retama (= Teide-Ginster) und Codesco (niedriger Strauch mit gelben Blüten) ein. Daran schließt die artenarme Violeta (= Veilchen)-Formation. Hier findet man mit Glück das von Humboldt entdeckte Teide-Veilchen (Blütezeit: Mai/Juni).

> **? BAEDEKER WISSEN**
>
> *Namensherkunft*
>
> Die Herkunft des Begriffs »Teneriffa« bzw. spanisch »Tenerife« ist nicht eindeutig geklärt. Nach frühen spanischen Quellen heißt »tener« in der Sprache der Guanchen entweder »Berg« oder »Schnee«, gleiches gilt für die Silbe »fe« bzw. »ife«. Auf jeden Fall lässt sich »Teneriffa« demnach mit »Schneeberg« oder »schneebedeckter Berg« übersetzen, somit weist der Name auf das markanteste landschaftliche Phänomen der Insel, den Teide, hin.

Bevölkerung

Auf Teneriffa leben ca. 898 000 Menschen, die Bevölkerungsdichte beträgt 421 Einw./km², damit ist sie mehr als dreimal so hoch wie auf dem spanischen Festland und auch erheblich höher als in Deutschland (225 Einw./km²). Die größte Stadt auf Teneriffa ist Santa Cruz de Tenerife (207 000 Einw.), gefolgt von La Laguna (153 000 Einw.) und La Orotava (41 000 Einw.).

Im Hafen von Los Cristianos legen die von La Gomera kommenden Fähren an.

Der **Tourismus** dominiert das Wirtschaftsleben von Teneriffa, mehr als 70 % der Arbeitnehmer verdienen ihren Lebensunterhalt durch den Tourismus. Jährlich um die 5 Mio. Menschen verbringen ihren Urlaub auf der größten Kanareninsel. Derzeit gibt es offiziell rund 172 000 Gästebetten auf Teneriffa mit immer noch steigender Tendenz. Die in den letzten zwanzig Jahren immens gestiegenen Tourismuszahlen führten zu tiefgreifenden Wirtschafts- und Landschaftsveränderungen. Weite Küstenstreifen, vor allem im Süden der Insel, bei Playa de las Américas und Los Cristianos, sind heute total verbaut. Und ein Ende ist nicht abzusehen.

Wirtschaft

FAHRT IN DEN PARQUE NACIONAL DEL TEIDE

Zu den unvergesslichen Landschaftseindrücken gehört der Ausflug in den Teide-Nationalpark. Bei dieser rund 180 km langen Tour werden alle Vegetationszonen der Insel durchfahren.

Für von La Gomera kommende Ausflügler ist in der Regel Los Cristianos Ausgangspunkt aller Unternehmungen auf Teneriffa. Zusammen mit dem westlich angrenzenden Playa de las Américas und der Costa Adeje bildet es ein **gigantisches Touristenzentrum**. Heute lässt sich kaum noch feststellen, wo der eine Ort anfängt, der andere

Los Cristianos, Playa de las Américas

Teneriffa erleben

ANREISE
Die gut ausgebauten und schnellen Fährverbindungen von La Gomera nach Teneriffa (tgl. alle ein bis zwei Stunden) machen schon einen Tagesausflug auf die große Nachbarinsel lohnend. Wer bereits auf La Gomera einen Mietwagen hat, kann diesen auf die Fähre mitnehmen (Paketpreis für Pkw und zwei Personen etwa 70 € für die einfache Überfahrt). Vom Regionalflughafen La Gomera gibt es tgl. zwei Flüge nach Los Rodeos im Norden Teneriffas.

AUSKUNFT
Oficina de Turismo
Playa de las Vistas
Los Cristianos
Tel. 9 22 78 70 11
Mo.-Fr. 8.30 – 18.00, Sa. und So. 8.30 – 16.00 Uhr.

Oficina de Turismo
Plaza de España
Santa Cruz de Tenerife
Tel. 9 22 39 59 2
Mo. – Fr. 9.00 – 18.00 (Juli bis Sept. bis 17.00), Sa. 9.00 – 13.00 Uhr

ESSEN
❶ Kiosco Príncipe €€€
Plaza del Príncipe
Santa Cruz
Tel. 9 22 24 74 40
Nettes Jugendstilcafé, in dem außer Kaffee und Milchshakes auch gute kanarische Kost geboten wird.

❷ Casa del Mar €€€
Los Cristianos Explanada del Muelle
Tel. 9 22 79 32 75
Mo. Ruhetag
Das Fischlokal liegt direkt am Fähranleger und offeriert eine breite Auswahl an fangfrischem Fisch und Meeresfrüchten.

❸ Piscis €€€
La Caleta
Tel. 9 22 71 02 41
Im Restaurant Piscis speist man auf einer Terrasse direkt am Meer – und das abseits des Touristenrummels im Süden Teneriffas. La Caleta ist der nördliche Nachbarort der Costa Adeje. Der Fisch ist garantiert frisch und immer köstlich zubereitet.

❹ Régulo €€
Calle Pérez Zamora 16
Puerto de la Cruz
Tel. 9 22 38 45 06
Das Lokal im alten Fischerviertel offeriert außer Fisch auch gute Fleischgerichte. Sehr populär und meist voll (auch Einheimische gehen hier gern essen) – es empfiehlt sich zu reservieren.

ÜBERNACHTEN
❹ Parador de Cañadas del Teide €€€€
Parque Nacional del Teide
(gegenüber Los Roques)
Tel. 9 22 38 64 15; www.parador.es
Zu dem Hotel in 2200 m Höhe gehören ein Restaurant, Cafeteria, Sauna und Schwimmbad. Das Besondere: Von hier aus kann man den Sonnenauf- und -untergang in der Caldera de las Cañadas sehr gut beobachten und hat dabei die bizarre Vulkanlandschaft fast ganz für sich allein.

❸ Hotel Tigaiga €€€€
Parque Taoro 28, Puerto de la Cruz

Tel. 9 22 38 35 00; www.tigaiga.com
Sehr ruhige Lage oberhalb der Stadt inmitten einer subtropischen Parklandschaft, gut geeignet für Erholung Suchende. Das Haus wurde mehrfach für die umweltfreundliche Hotelführung und den perfekten Service prämiert.

❷ *Lagos de Fañabe* ❻❻❻
Calle Londres 7
Playa de las Américas
Tel. 9 22 71 66 96, www.sandandsea.es
Die hübschen Reihenbungalows mit direktem Strandzugang werden in der Regel pauschal gebucht, doch außerhalb der Hochsaison ist in der großen Anlage kurzfristig fast immer etwas frei.

❶ *Hotel Andrea's* ❻
Avda. Valle Menéndez 6
Los Cristianos
Tel. 9 22 79 00 12
www.reveronhotels.com
Einfaches Stadthotel in zentraler Lage nur wenige Minuten vom Fähranleger entfernt.

aufhört. Ein alter Ortskern existiert nur in Los Cristianos, Playa de las Américas ist ein seit 1966 künstlich angelegter Ferienort. Im Ortsbereich wurden in den letzten Jahren neue Strandareale künstlich geschaffen. Dennoch reicht zumindest in der Hauptsaison der Platz für dann Zehntausende von Besuchern fast nicht aus. Inzwischen ist Playa de las Américas um eine Attraktion reicher: Der **Siam Park** verlangt stolze Eintrittspreise, wirbt aber als der größte Wasserpark Europas mit zahlreichen Attraktionen für Klein und Groß rund um das feuchte Element (▶ Erleben und Genießen/Kinder, S. 78).

Vilaflor
Von Los Cristianos fährt man nordwärts Richtung Arona und weiter nach Vilaflor, das man nach rund 20 km erreicht. Der höchstgelegene Ort auf Teneriffa (1400 m ü.d.M.) wird im Süden von Obst- und Gemüsepflanzungen umgeben, nach Norden hin schließen sich Kiefernwälder an. Ein schöner Blick auf den Ort bietet sich vom **Mirador de San Roque** (am nördlichen Ortsausgang, oberhalb der Durchgangsstraße).

**Caldera de las Cañadas
Durch duftenden Kiefernwald windet sich die Straße weiter bergauf. Von Vilaflor sind nochmals 18 km bis zur **Boca del Tauce**, dem Eingang in die Caldera de las Cañadas, zurückzulegen. Man biegt hier rechts ab – und sofort nimmt einen die fast bizarr wirkende Mondlandschaft gefangen. Es handelt sich bei der Caldera de las Cañadas um einen riesigen ehemaligen Kraterkessel. Sein Durchmesser beträgt rund 16 km, der Umfang etwa 45 km. Im Norden wird die Caldera vom Pico de Teide begrenzt, im Osten, Süden und Westen erheben sich bis zu 500 m hohe Felswände über der Ebene. Auf ihr erstrecken sich große Schlackenfelder (malpaíses), andere Schlackenmassen türmen sich über kleineren Vulkanen auf oder überdecken ältere ausgeflossene Lavaströme. Bei genauerem Hinschauen wirkt

> **BAEDEKER TIPP**
>
> ### Wandern im Bann des Teide
>
> Mögen auch noch so viele Ausflugsbusse bei Los Roques halten, man ist auf diesem Rundweg um die bizarren Felsen meist schon nach kurzer Zeit ganz allein. Bei der 4,3 km langen Tour ist ein Höhenunterschied von ca. 180 m zu überwinden. Der Weg beginnt am Kreisverkehr gegenüber dem Parador. Der zunächst breite geschotterte Weg ist auch in seinem weiteren Verlauf nicht zu verfehlen. Lediglich das letzte Wegstück wird auf einem steinigen Pfad zurückgelegt, festes Schuhwerk ist unbedingt erforderlich.

die Landschaft keineswegs eintönig, denn die Gesteinsschichten präsentieren sich in den unterschiedlichsten Farben: Die Skala reicht von fast schwarzem bis zu rötlichem Gestein. Sofern dieses Mangan enthält, ist die Verschiedenfarbigkeit auf die Oxidierung des Erzes zurückzuführen. Die jüngsten manganhaltigen Lavaschichten sind schwarz.

Der letzte Vulkanausbruch in dieser Region ereignete sich 1798, als drei Monate lang Lava aus Öffnungen des **Pico Viejo** floss. Diese Öffnungen werden als Las Narices del Teide (= Teide-Nasenlöcher) bezeichnet. Heute befindet sich der Teide im Solfatarenstadium, d. h. es sind vulkanische Restaktivitäten zu beobachten: Aus dem Krater des Pilón und an seinen Abhängen strömt mit einer Temperatur von 86 °C Schwefelgas aus.

*Los Roques
Die Straße verläuft ohne nennenswerte Höhenunterschiede durch die **Ebene von Ucanca**, nach 7 km (ab Boca del Tauce) zweigt links die Zufahrt zu Los Roques ab. Es ist die wohl eindrucksvollste Felsformation in der Caldera de las Cañadas. Los Roques sind vermutlich Reste eines Urvulkans, die ebenso wie die Felswände der Caldera de las Cañadas bei seinem Einsturz zurückblieben. Am markantesten präsentiert sich der 30 m hohe Roque Chinchado, den die Einheimischen als »Steinernen Baum« bezeichnen.

Parador
Gegenüber der Zufahrt zu Los Roques liegt der Parador de Cañadas del Teide, dem ein **Nationalpark-Besucherzentrum** (derzeit geschlossen) sowie eine Cafeteria und ein Stand mit Souvenir- bzw. Buch- und Kartenverkauf angeschlossen sind.

**Teide
Nach weiteren 4 km ist die Zufahrt zur auf den Teide führenden Seilbahn nach links beschildert. Wenn die Windverhältnisse es zulassen (was im Winter häufig nicht der Fall ist), ist sie täglich von 9.00 bis 17.00 Uhr in Betrieb (Auffahrt nur bis 16.00 Uhr, meist lange Warteschlangen!). Etwa acht Minuten benötigt man für die Fahrt bis zur **Rambleta** in 3555 m Höhe.

Aus Gründen des Naturschutzes ist der Aufenthalt hier jedoch nur noch für eine Stunde erlaubt. Wer weiter zum Gipfel aufsteigen möchte (Dauer ca. 25 Minuten), benötigt dafür eine kostenlose Genehmigung (man erhält diese ausschließlich online ▶ unten). Bei der

Einfach grandios: der Blick von Los Roques auf den Teide

Buchung ist neben dem gewünschten Tag auch das genaue Zeitfenster anzugeben (z.B. 9.00 - 11.00 Uhr). Wer nicht im Besitz einer solchen Genehmigung ist, kann von der Bergstation aus zum 0,5 km entfernten Mirador Fortaleza am Nordrand der Rambleta gehen. Auch von hier ist die Aussicht grandios. Etwas weiter ist der Weg zum Mirador Pico Viejo am Südwestrand der Rambleta (einfache Strecke 1 km). Der Weg beginnt unterhalb der Bergstation.

❶ www.reservasparquesnationales.es

Besteigung des Teide

Zu Fuß kann man den Teide auch ohne bergsteigerische Erfahrung – aber mit guter Kondition (!) – von El Portillo aus erklimmen (einfache Strecke: 13,5 km). Kürzer ist der nahe der Montaña Blanca beginnende Aufstieg (bei km 40,8 südwestlich von El Portillo). Von hier aus dauert die Gipfelerstürmung ca. 4 Std., dabei ist ein Höhenunterschied von 1400 m zu bewältigen. Für den Abstieg muss man rund 2 Std. einplanen oder wählt für den Rückweg die Seilbahn. Wer es sich aber nicht entgehen lassen möchte, den auf dem Teide besonders reizvollen Sonnenauf- und Sonnenuntergang zu erleben, muss in der **Schutzhütte Altavista** in 3260 m Höhe übernachten. Vornehmen sollte man sich die Besteigung des Teide nur bei guten Witterungsbedingungen, bei Sturm, Nebel oder Schnee ist vor allem der letzte Gipfelanstieg gefährlich. Einen guten Sonnenschutz benötigt man das ganze Jahr über, vor allem im Winter sind warme Kleidung,

Wind- und Regenschutz vonnöten. Ausreichend Getränke und Lebensmittel sollte man auf jeden Fall dabeihaben.
❶ Refugio de Altavista: Reservierung erforderlich, Tel. 9 22 01 04 40

Rückfahrt in den Inselsüden

Auf der schon für die Herfahrt benutzten Route gelangt man am schnellsten wieder zurück nach Los Cristianos. Neue Landschaftseindrücke verspricht jedoch die Weiterfahrt über El Portillo und Güímar. Rund 10 km nach Passieren der Seilbahnstation liegt links der Straße ein zweites größeres **Besucherzentrum** des Nationalparks. Der zugehörige kleine Botanische Garten gibt einen Überblick über die Pflanzenwelt in dieser Höhenlage. Bei El Portillo biegt man rechts auf die Straße TF 24 ab, Richtung Santa Cruz und La Laguna. Die sogenannte Carretera Dorsal, die Höhenrückenstraße, verläuft auf dem Kamm des Gebirgszuges, der nördliche und südliche Inselhälfte voneinander trennt, durch den **Bosque de la Esperanza**. Der Wald liegt in der Passatnebelzone der Insel, die den dichten Baumbestand überhaupt erst ermöglicht. Bald erblickt man rechts der Straße die Observatorien auf dem Berg Izaña (**Observatorio de Izaña, Observatorio del Teide**). Im weiteren Verlauf bieten sich – vorausgesetzt die Passatwolken verhindern nicht jegliche Sicht – schöne Ausblicke nach beiden Seiten des Gebirgskammes. Etwa 18 km hinter El Portillo zweigt von der TF 24 rechts die Straße nach **Arafo** ab. Nach rund 18 kurvenreichen Kilometern erreicht man die von Obstgärten und Weinbergen umgebene Ortschaft. Nur 4 km südlich von Arafo liegt **Güímar**, das wegen der hier entdeckten Pyramiden, die angeblich der Urbevölkerung als Kultstätten dienten, in die Schlagzeilen der Presse geriet. Das Gelände ist als Parque Etnográfico Pirámides de Güímar zugänglich. Von Arafo und Güímar bestehen Anschlussverbindungen zur parallel zur Südostküste verlaufenden Autobahn. Über sie gelangt man zügig wieder zurück zum Ausgangspunkt der Rundfahrt.
Besucherzentrum des Nationalparks: tgl. 9.00 – 16.00 Uhr
Parque Etnográfico Pirámides de Güímar: tgl. 9.30 – 18.00 Uhr; Eintritt: 11 €

GROSSE TENERIFFA-RUNDFAHRT

Allgemeines

Theoretisch kann man auch die große Teneriffa-Rundfahrt von La Gomera aus als Tagesausflug bewältigen, für Besichtigungspausen bleibt dann aber nur wenig Zeit, die Rundfahrt kann also nur einen ersten Eindruck von der Vielseitigkeit Teneriffas geben. Ohne Abstecher sind 200 km zurückzulegen.

Klassischer Blick: vom Mirador de Garachico hinab auf das hübsche gleichnamige Küstenstädtchen

Playa Jardín in Puerto de la Cruz: Den Teide hat man immer im Blick.

Inselsüden Um das Häusermeer der Hotelstädte Los Cristianos und Playa de las Américas möglichst schnell hinter sich zu lassen, fährt man in Los Cristianos auf die Südautobahn Richtung **Adeje**. Der Tourismus hat mittlerweile auch das einstige Bergdorf Adeje nahezu vereinnahmt, nur im Ortskern präsentiert es sich noch recht ursprünglich. Bei Adeje endet die Autobahn, doch kommt man auch auf der nach Guía de Isora führenden Straße recht zügig voran. Hinter Chío folgt man der Beschilderung nach **Arguayo**. Dort werden im Centro Alfarero Keramikgefäße ohne Töpferscheibe geformt. Nächste Station der Inselrundfahrt ist das in einem Hochtal zwischen dem Teno-Gebirge im Westen und den Ausläufern des Teide im Osten gelegene **Santiago del Teide**.

Abstecher nach Masca Äußerst reizvoll, aber auch sehr zeitraubend ist ein Abstecher von Santiago del Teide in Richtung Westen nach Masca. Die sehr schmale Straße windet sich in zahlreichen Kurven und Kehren aufwärts zum malerisch zwischen den Berghängen gelegenen Dorf Masca. Die einzelnen von Terrassenfeldern umgebenen Ortsteile kann man nur zu Fuß erkunden. Da Masca in kaum einem Programm eines Ausflugsveranstalters fehlt, ist für die nötige touristische Infrastruktur gesorgt. Es gibt mehrere Restaurants und Bars. Von Masca führt die Straße weiter in nördlicher Richtung nach **Buenavista del Norte. Östlich davon folgt man ab Garachico wieder der Hauptstrecke.

Teneriffa • ZIELE

Die Hauptstraße schlängelt sich von Santiago del Teide nordwärts durch eine einsame Gebirgslandschaft. Höchster Punkt ist der **Pass von Erjos** (1117 m ü.d.M.). Rund 16 km hinter Santiago del Teide zweigt links eine Straße nach El Tanque ab. Von ihr ergeben sich wiederholt schöne Ausblicke auf das tief unten am Meer gelegene Garachico, eines der hübschesten Inselstädtchen. Der Ortskern wurde in seiner Gesamtheit zum »historischen Baudenkmal« erklärt. Abgesehen vom Castillo de San Miguel an der Küstenpromenade gruppieren sich die wichtigsten Bauten um die zentrale Plaza.

*Garachico

Unbedingt ein Stopp ist im 6 km östlich gelegenen Icod de los Vinos einzuplanen. Steht hier doch der schönste und mit 16 m höchste Drachenbaum von Teneriffa. Zwar ist der sog. **Drago Milenario** (Tausendjähriger Drachenbaum) höchstens 500 – 600 Jahre alt, doch ist es ohne Frage das älteste Exemplar dieser Spezies auf den Kanaren.
❶ Parque del Drago, 9.00 – 20.00 Uhr, Eintritt: 4 €

*Icod de los Vinos

Durch eine dicht besiedelte Region verläuft die vorläufig noch zweispurige Straße meist in Küstennähe in östlicher Richtung. Wenige Kilometer vor Puerto de la Cruz geht sie in eine gut ausgebaute Autobahn über. Lässt es die Tagesplanung zu, so sollte man in Puerto de la Cruz oder im etwas oberhalb gelegenen, ebenfalls sehr reizvollen La Orotava einen mindestens zweistündigen Aufenthalt einplanen. Nach Playa de las Américas/Los Cristianos ist Puerto de la Cruz das zweitgrößte touristische Zentrum der Atlantikinsel. Im Gegensatz zu den Hotelstädten des Südens hat sich Puerto de la Cruz jedoch eine ganz eigene Atmosphäre bewahren können. Man findet hier ansprechende alte Häuser im kanarischen Baustil, schattige Plätze, auf denen zumindest am Wochenende nicht nur Touristen flanieren, und nicht zuletzt eine architektonisch ausgesprochen gelungene **Strandpromenade**. Davor erstreckt sich die nach Entwürfen des Lanzarotiner Architekten und Künstlers César Manrique gestaltete Badeanlage mit großen Meerwasserpools (Costa de Martiánez oder Lido San Telmo). Der Strandpromenade in westlicher Richtung folgend, gelangt man in das Ortszentrum. Die zur Fußgängerzone erklärte Calle Quintana führt vorbei an der **Iglesia de Nuestra Señora de la Peña de Francia**, der Ende des 17. Jh.s errichteten, bedeutendsten Kirche der Stadt, und mündet schließlich auf die **Pla-**

*Puerto de la Cruz

> **BAEDEKER TIPP**
>
> ### Neue Gäste im Loro Parque
>
> Kein Freizeitpark der Kanaren ist bunter, exotischer oder größer als der Loro Parque in Puerto de la Cruz. Der Park bietet vielfältige Attraktionen für einen ganzen Urlaubstag. Zu den über 300 Papageienarten gesellen sich Pinguine, Delfine, Seelöwen, Gorillas und neuerdings auch vier Schwertwale (oder Killerwale). In einer einzigartigen Show zeigen die gigantischen Meeresbewohner den Zuschauern ihr Können.
> tgl. 8.30 – 16.00 Uhr; Eintritt: 33 €

> **BAEDEKER TIPP !**
>
> ### Blütenzauber
>
> Für Pflanzenliebhaber ist der Jardín Botánico die bedeutendste Sehenswürdigkeit von Puerto de la Cruz. In dem bereits 1788 angelegten Botanischen Garten wachsen über 200 Pflanzen- und Baumarten aus aller Welt. Am schnellsten erreicht man den am Ostrand von Puerto, im Ortsteil La Paz gelegenen Park über die Autobahnausfahrt 32.
> tgl. 9.00 – 19.00, im Winter bis 18.00 Uhr; Eintritt: 3 €

za del Charco. Hier treffen sich unter mächtigen Indischen Lorbeerbäumen Einheimische und Fremde. Westlich der Plaza del Charco erstreckt sich das alte Fischerviertel La Ranilla. Noch heute findet man in den engen Gassen eine recht typische Bebauung. Viele Häuser beherbergen ansprechende Restaurants, meist mit einem hübschen Innenhof. Eine der schönsten Gassen des Viertels ist die zur Fußgängerzone erklärte Calle del Lomo. Nördlich der Plaza del Charco liegt der kleine Fischerhafen. Hier steht das älteste erhaltene Haus von Puerto de la Cruz, die 1620 errichtete **Casa de la Real Aduana**. In dem ehemaligen Zollhaus sind heute ein Kunsthandwerkszentrum und die Touristeninformation untergebracht. Die Calle Santo Domingo mündet nach Osten hin auf die Plaza de Europe, einen Anfang der 1990er-Jahre im Stil alter Festungsanlagen gestalteten Platz. Von der Plaza de Europe ist die Promenade an der Costa de Martiánez, der Ausgangspunkt des kurzen Stadtrundgangs, schnell wieder erreicht.

*La Orotava Oberhalb von Puerto de la Cruz liegt im Zentrum des vielgepriesenen Orotava-Tals die gleichnamige Ortschaft. La Orotava gilt als einer der schönsten und typischsten Orte auf den Kanaren. Von der Europäischen Union wurde La Orotava in die Liste der erhaltenswerten europäischen Kulturgüter aufgenommen. Ausgangspunkt aller Unternehmungen in La Orotava ist die blumengeschmückte **Plaza de la Constitución**. Sie wird wegen ihres beeindruckenden Ausblicks über die Dächer von La Orotava hinweg bis zur Küste als »Balkon von La Orotava« bezeichnet. Den Platz begrenzen im Nordosten die Kirche und das ehemalige Kloster San Agustín, die 1694 ihrer Bestimmung übergeben werden konnten. Durch die Calle del Escultor Estévez erreicht man das 1871 – 1891 errichtete spätklassizistische Rathaus. Hier biegt man rechts (in nördlicher Richtung) ab und kommt nach ca. 200 m zur **Iglesia de Nuestra Señora de la Concepción**. Die Kirche mit der wuchtigen Kuppel und den beiden kleinen Türmen ist ein Meisterwerk des Barock mit einzelnen Stilelementen des Rokoko. Schräg gegenüber der Kirche steht in der Calle Colegio die Casa Monteverde, ein Bau des 17. Jh.s mit Architekturdetails des Barocks und der Renaissance. Südliche Verlängerung der Calle Colegio ist die Calle San Francisco, die einige der schönsten Bauten von La Orotava säumen. Auffallend sind vor allem die **Casas**

de los Balcones. Das Doppelhaus entstand zwischen 1632 und 1670 und ist mit seinen Balkonen ein einmaliges Beispiel für kanarische Architektur. Im Erdgeschoss wird Kunsthandwerk verkauft, auch wer keine Kaufabsichten hegt, sollte unbedingt hineingehen und den üppig begrünten Innenhof besichtigen. Die Casa de Molina gegenüber ist ein schlichter Renaissancebau aus dem Jahr 1590. Von der Terrasse im hinteren Gebäudeteil hat man einen wunderschönen Blick über das Orotava-Tal. Die links abzweigende Calle Hermano Apolinar führt vorbei an einem kleinen Botanischen Garten und zum östlich gelegenen **Jardín Victoria**. Die hübsche terrassierte Gartenanlage birgt das 1882 im eklektizistischen Stil errichtete Mausoleum aus Carraramarmor für Diego Ponte del Castillo und bietet vor allem einen schönen Blick über die Altstadt von La Orotava. Nördlich unterhalb der Gartenanlage erstreckt sich die Plaza de la Constitución, der Ausgangspunkt des kleinen Rundgangs.

Die Weiterfahrt erfolgt auf der sogenannten Nordautobahn, die Puerto de la Cruz bzw. La Orotava mit La Laguna und Santa Cruz de Tenerife verbindet. Die 35 km bis La Laguna lassen sich in der Regel zügig zurücklegen. Für viele ist La Laguna die »spanischste« Stadt der kanarischen Inselwelt. Nach wie vor wird sie geprägt durch ihre schachbrettartige Grundrissanlage und die zahlreichen prächtigen Bürgerhäuser und Adelspaläste, die den spanischen Kolonialstil des 16. und 17. Jh.s eindrucksvoll demonstrieren. Seit Dezember 1999 kann sich La Laguna damit schmücken, von der UNESCO zum »Kulturerbe der Menschheit« erklärt worden zu sein. ****La Laguna**

Die hübsche Altstadt umzieht ein immer weiter ausuferndes modernes Häusermeer. Seit der zweiten Hälfte des 20. Jh.s erlebt La Laguna ein starkes Bevölkerungswachstum. Dennoch präsentiert sich La Laguna insgesamt erheblich kleinstädtischer, als man es von einer Universitätsstadt mit mehr als 140 000 Einwohnern erwarten würde. Für einen Rundgang durch La Laguna benötigt man ein bis zwei Stunden, mit Besichtigung der Kirchen und Museen natürlich länger. Als Ausgangspunkt für einen Rundgang eignet sich die schattige **Plaza del Adelantado**. Prächtigster Profanbau an der Plaza ist der Palacio de Nava (Hausnummer 1). Der Ende des 16. Jh.s errichtete Palast ist ein typisches Beispiel des spanischen Kolonialbarocks. Die Calle Obispo Rey Redondo führt zur Kathedrale (**Santa Iglesia Catedral**), die einige kostbare Kunstschätze birgt. Die älteste Kirche der Stadt ist jedoch die am Nordwestende der Calle Obispo Rey Redondo aufragende **Iglesia de Nuestra Señora de la Concepción**. Sie entstand in den Jahren 1502 – 1543, erfuhr aber im Laufe der Jahrhunderte mehrfach bauliche Veränderungen. Für den Rückweg empfiehlt sich eine nördliche Parallelstraße, die Calle San Agustín. Man passiert das Instituto »Cabrera Pinto« mit hübschem Glockenturm sowie das heute zerfallene Convento de San Agustín. Wer sich ausführlicher

La Laguna: ein Kloster und prächtige Adelspaläste an der Plaza del Adelantado

mit der Inselgeschichte auseinandersetzen möchte, dem sei ein Besuch im **Museo de Historia de Tenerife** empfohlen. Untergebracht ist es in einem im ausgehenden 16. Jh. errichteten Herrenhaus, das schon für sich allein eine Besichtigung lohnt. Die Calle San Agustín stößt schließlich auf die Calle Nava y Grimón, die in südlicher Richtung zurück zur Plaza del Adelantado führt.

Museo de Historia de Tenerife: Di.–Sa. 9.00–20.00, So. und Mo. 10.00–17.00 Uhr, Eintritt 5 €

Santa Cruz de Tenerife

An das Häusermeer von La Laguna schließt sich nach Südosten hin übergangslos das Stadtgebiet von Santa Cruz de Tenerife an. Die Hauptstadt der gleichnamigen spanischen Provinz und der Insel Teneriffa liegt in einer geschützten Bucht unterhalb des wild zerklüfteten Anaga-Gebirges. Ihre wirtschaftliche Bedeutung verdankt sie dem konsequenten Ausbau des Hafens seit Mitte des 18. Jahrhunderts. Wegen seiner Position im Schnittpunkt wichtiger Atlantikrouten zählt er heute zu den bedeutendsten Häfen von Spanien. Der Tourismus spielt dagegen in Santa Cruz nur eine untergeordnete Rolle. Moderne Verwaltungs- und Geschäftshäuser beherrschen das Zentrum. Vor allem rund um die in Hafennähe gelegene, nach einem Entwurf des Schweizer Architekturbüros Herzog & de Meuron komplett neu gestaltete **Plaza de España** und in der zur Fußgängerzone erklärten Calle de Castillo herrscht meist hektisches Getriebe. Nach

Westen hin schließt die Plaza de la Candelaria an die Plaza de España. Mittelpunkt des Platzes ist die Skulptur »Triumph der Candelaria«. Die Gestalten zu Füßen der Schutzheiligen des Archipels stellen Guanchenfürsten dar. Einige hundert Meter südlich der Plaza de la Candelaria steht die älteste und bedeutendste Kirche der Stadt, die **Iglesia de Nuestra Señora de la Concepción**. Ihr Ursprung reicht bis Anfang des 16. Jh.s zurück. Im alten Hospital gegenüber der Kirche hat das **Museo de la Naturaleza y el Hombre** seinen Sitz. Neben der naturwissenschaftlichen Abteilung ist vor allem die archäologische Sammlung sehenswert. Hier kann man sich umfassend über Geschichte und Kultur der Ureinwohner informieren. Ganz andere Eindrücke verspricht ein Besuch (im allerdings nur vormittags geöffneten) **Mercado de Nuestra Señora de África**. Obst, Gemüse, Blumen, Fleisch, Fisch und auch lebende Tiere suchen hier Abnehmer. Im neuen Viertel Cabo Llanos beschließt das Auditorio de Tenerife den Hauptstadtbummel. Der kühn geschwungene Konzerttempel ist eine Arbeit des renommierten Architekten Santiago Calatrava.

Über die Südautobahn gelangt man von Santa Cruz relativ schnell in das rund 75 km entfernte Los Cristianos.

Zurück nach Los Cristianos

✱✱ Valle Gran Rey

✦ H 2

Höhe: 0 – 800 m ü.d.M.'
Gemeindebezirk: Valle Gran Rey   **Einwohnerzahl:** 4800 (ges. Bezirk)

Das »Tal des Großen Königs« gehört zu den schönsten Landschaften der Kanarischen Inseln. Ausgedehnte Palmenhaine füllen den Talgrund, auf den terrassierten Feldern gedeihen Bananen, Papayas und Zitrusfrüchte, und an der breiten Talmündung gibt es ein paar der besten Badeplätze der Insel. Kein Wunder also, dass gerade hier im Südwesten das größte Ferienzentrum der Insel entstanden ist.

Mit der wilden Ursprünglichkeit des »Valle« ist es mittlerweile vorbei. Traumhaft schön ist es jedoch noch immer. Hohe Berghänge säumen das vom zentralen Hochland sanft zum Meer hin abfallende Tal und schaffen in den unteren Lagen ideale klimatische Bedingungen für die Landwirtschaft. Für das nötige Nass sorgt die im **Barranco del Agua**, einem Seitental des Valle Gran Rey, entspringende Quelle von Guadá.

Riesige Hotels oder gar hohe Bettenburgen sucht man hier vergeblich. Im Ortsteil La Puntilla und in La Playa gibt es lediglich mittelgroße Apartmentanlagen. In Vueltas und La Calera werden überwie-

Valle Gran Rey · ZIELE

gend Privatunterkünfte oder einfache Apartments vermietet. Valle Gran Rey bezeichnet nicht nur das Tal, sondern auch den Gemeindebezirk, zu dem neben den Ortschaften im Valle auch ▶ Arure gehört. Eine gut ausgebaute Straße führt von Arure ins Tal hinab. Für die Anfahrt von San Sebastián ins Valle Gran Rey muss man ca. eine Stunde einplanen.

Die Ur-Gomeros nannten das Gebiet des heutigen Valle Gran Rey »Orone«. Hier hatte der mächtigste der Inselkönige seinen Sitz – das erklärt den spanischen Namen »**Tal des großen Königs**«. Nach der Vereinnahmung der Insel durch die Spanier wurde der fruchtbare höhergelegene Talbereich besiedelt, in der Talmündung entstanden die ersten Häuser nicht vor der zweiten Hälfte des 18. Jahrhunderts. Das gesamte Gebiet gehörte zunächst zur Gemeinde von Chipude, ab 1812 wurde es ein eigenständiger Gemeindebezirk, dessen Verwaltungssitz sich damals jedoch im nördlich des Tals gelegenen Arure befand. Ende des 19. Jh.s entwickelte sich der vor allem im unteren Talbereich betriebene Tomaten- und Bananenanbau zu einem profitablen Erwerbszweig. Daraufhin stieg im küstennahen Bereich des Valle Gran Rey die Bevölkerungszahl stark an. Das hatte politische Konsequenzen. Seit 1950 heißt der Verwaltungsbezirk »Valle Gran Rey«, Verwaltungssitz ist seither die Ortschaft La Calera.
Im Valle Gran Rey begann Anfang der siebziger Jahre des 20. Jh.s der **Tourismus** auf La Gomera. Damals ließen sich in dem wunderschönen palmenbestandenen Tal viele »Aussteiger«, vor allem aus Deutschland, nieder. Schon lange kommen nicht nur Hippies und Rucksacktouristen, sondern auch einen gewissen Komfort schätzende Individualreisende. Zudem zieht es eine zunehmende Zahl von Pauschalurlaubern in das grüne Tal – das ergibt eine bunt zusammengewürfelte Gästeschar und gerade die trägt zum Reiz des Valle Gran Rey als Feriendestination bei.

Geschichte

ORTE IM VALLE GRAN REY

Die Orte im oberen Teil des Valle Gran Rey, El Retamal, Los Descansaderos, El Hornillo oder Los Granados, sind bis heute vom Tourismus weitgehend unberührt. Die Bewohner leben nach wie vor überwiegend von der Landwirtschaft. Je weiter man ins Tal hinabfährt, desto augenfälliger werden die Zeugen des Tourismus. **El Guro** ist ein malerischer Weiler, in dem zahlreiche Deutsche Grundbesitz erworben haben. Auch in **Casa de la Seda** werden einzelne Ferienhäuschen vermietet. Vor allem aber konzentriert sich der Tourismus

Allgemeines

Das von Bananenplantagen und Palmen gesäumte Dorf La Calera gilt als das hübscheste der Insel.

Valle Gran Rey erleben

AUSKUNFT
Oficina de Turismo
Calle La Noria 2
La Playa
Tel. 9 22 80 54 58
Mo. – Sa. 9.00 – 13.30 und
16.00 – 18.00, So. 10.00 – 13.00 Uhr

ESSEN
❽ El Baifo €€ – €€€
Edificio Normara, La Playa
Tel. 9 22 80 57 75; ab 19.00 Uhr
In kulinarischer Hinsicht ohne Frage eine der besten Adressen der Insel (2008 beste ausländische Küche der Kanarischen Inseln). Der malaiische Koch bereitet jedes Gericht ganz frisch zu – etwas Geduld muss man daher mitbringen. Probieren Sie das Huhn auf malaiische Art oder die vorzügliche Ente. Reservierung erforderlich (Fr. geschlossen).

❾ La Salsa €€ – €€€
Vueltas Calle Telémaco s/n
Tel. 9 22 80 55 18
In dem ehemals rein vegetarisch geführten gelben Haus in Vueltas gibt es neben Gemüsetempura und Currys nun auch Fisch- und Fleischgerichte.

❿ Terraza El Mirador €€ – €€€
La Calera, Calle La Gurona 13
Tel. 9 22 80 50 86; Do. Ruhetag
Von der großen wind- und sonnengeschützten Terrasse des Restaurants überblickt man den unteren Abschnitt des Valle Gran Rey. Zu den Speisen werden vorzügliche Mojosaucen gereicht, aber Vorsicht: die rote ist höllisch scharf. Von 12.00 bis 18.00 Uhr gibt es Tapas, ab 18.00 Uhr warme Küche. Spezialitäten sind flambierte Steaks und gegrillter Tunfisch. Mit guter Weinkarte.

⓫ La Orquidea €€
La Calera, Calle La Orquidea s/n
Tel. 9 22 80 51 81; Sa. Ruhetag
Auf der Aussichtsterrasse mit prächtigem Blick zum Meer wird nicht immer überzeugende kanarische Hausmannskost gereicht. Doch ein toller Platz, um zuzusehen, wie die Sonne langsam im Meer bzw. hinter den Bergen versinkt.

❻ Mango € – €€
Paseo Las Palmeras 2, La Playa
Tel. 922 80 53 62; Mo. Ruhetag
Das Terrassenlokal liegt in bester Lage direkt in der von jungen Palmen gesäumten Flanierzone über dem Strand. Hier kann man morgens ab 9.00 Uhr frühstücken, ab Mittag gibt es dann verschiedene Tapas und warme Küche.

❷ El Puerto € – €€
Calle Las Vueltas s/n (am Hafen)
Vueltas
Tel. 9 22 80 52 24
Hier sind Fische und Meeresfrüchte wirklich frisch, das wissen Einheimische und Touristen zu schätzen! Spezialität ist Zarzuela (Fischtopf).

❼ La Islita € – €€
Edificio Casanova
Calle Playa del Inglés s/n)
La Playa, Tel. 9 22 80 55 00
Der Italiener liegt etwas ab vom Schuss an der Straße zur Playa del Inglés. Neben der üblichen Auswahl an Pizzen – mit dünnem Teig und sehr gut belegt! –, gibt es auch ein täglich wechselndes An-

Leckere Paella gibt es im »Charco del Conde«.

gebot an frischem Fisch. Freundliche und flotte Bedienung (So. Ruhetag).

❺ Charco del Conde € – €€
Avenida Marítima
La Puntilla, Tel. 9 22 80 54 03
Lukullische Offenbarungen darf man in dem hauptsächlich von Gästen der beiden benachbarten großen Hotelanlagen besuchten Restaurant nicht erwarten, doch man sitzt recht nett in rustikalem Ambiente oder auch auf der kleinen Terrasse mit Blick auf die »Babybucht« (So. geschl.).

❶ Cacatua €
Vueltas
Das Terrassencafé liegt in einer ruhigen Seitengasse. In dem lauschigen Garten bekommt man ein »gomerisches Frühstück« mit Ziegenkäse und Palmhonig, außerdem Bocadillos und kleine warme Gerichte (So. Ruhetag). Die benachbarte gleichnamige Bar ist ein Szenetreff für Nachtschwärmer.

❸ Tambara €
Vueltas
Tel. 6 46 51 13 96; Mi. Ruhetag
Immer gut besuchtes, den ganzen Tag über geöffnetes Szenelokal mit winziger Terrasse. Besonders schön lässt sich hier der Sonnenuntergang genießen.

❹ Pan de Vueltas €
Borbalán
Calle El Llano s/n
Tel. 9 22 80 60 91
www.pandevueltas.com
Das Café der deutschen Konditorei ist die beste Adresse für alle, die in der Fremde Schwarzwälder Kirschtorte und Linzertorte nicht missen wollen. Zum Mitnehmen gibt es frische Brötchen und kernige Vollkornbrote.

ÜBERNACHTEN

❽ Hotel Gran Rey €€€ – €€€€
Avenida Marítima 1
La Puntilla
Tel. 9 22 80 58 59
www.hotelgranrey.es
Das Hotel ist vom Strand nur durch eine Straße getrennt. Vom Dach des Hauses, auf dem es einen Frühstücksraum, einen Swimmingpool und eine Sonnenterrasse gibt, hat man einen schönen Blick auf Meer und Tal. Auch die 120 hellen, komfortabel ausgestatteten Zimmer – alle mit Balkon – garantieren eine beeindruckende Aussicht. Das Restaurant wartet mit einem reichhaltigen Büffet auf. Für sein vorbildliches Umweltmanagement wurde das Hotel mehrfach prämiert.

❺ Apartamentos Jardín del Conde €€ – €€€
Avenida Charco del Conde 13
La Puntilla
Tel. 9 22 80 60 08
www.jardindelconde.com
Ansprechende Anlage; gutes Preis-Leistungs-Verhältnis. Schöner Garten mit Pool und Bar. Die 74 Apartments sind sehr geräumig und haben einen großen Balkon bzw. eine Terrasse.

❷ Paraíso del Conde €€
La Puntilla
Avenida Marítima 20
Tel. 9 22 80 59 21
www.paraiso-del-conde.eu
Die deutsch geführte kleine Anlage mit 12 großen Apartments liegt nur ein paar Schritte vom Baby Beach entfernt. Besonders aussichtsreich sind die Wohnungen im Obergeschoss.

❸ Jardín de La Calera €€
Calle La Gurona 29
buchbar über La Paloma
Tel. 9 22 80 60 43, www.gomera.de
Die kleine Apartmentanlage liegt in aussichtsreicher Hanglage im autofreien Treppenviertel von La Calera. Selbstversorger, die weder Rezeption noch Zimmerservice brauchen, sind hier bestens aufgehoben. Die Wohnküche ist mit allem, was man zum Kochen so braucht, eingerichtet, von der Terrasse bietet sich eine toller Blick auf die Dörfer im Talausgang und das Meer.

❿ Apartamentos Los Tarajales €€
Carretera Playa del Inglés 9
La Playa
Tel. 9 22 80 53 01
www.tarajales.net
Die gut geführte Anlage an der (nicht störenden) Straße zur Playa del Inglés gehört bereits zu den älteren Unterkünften im Tal. Wahlweise gibt es Studios oder etwas größere Apartments, Stammgäste wissen vom Balkon aus den tollen Meerblick zu schätzen.

❼ Aparthotel Baja del Secreto €€
Charco del Conde 1
La Puntilla
Tel. 9 22 80 57 09
www.bajadelsecreto.com
Die terrassenförmig gebaute Anlage hat helle, geschmackvoll ausgestattete Zimmer. Man kann zwischen Apartments mit Wohnraum und ein oder zwei Schlafzimmern wählen. Auf der Dachterrasse stehen den Gästen ein Pool und Liegen zur Verfügung. Von hier bietet sich eine wunderschöne Aussicht.

❻ Casa Arte €€
El Guro Buchbar über die deutsche Agentur Las Islas Reisen
Tel. 0 50 69 / 3 48 70

www.las-islas-reisen.de
Das detailverliebt gestaltete Ferienhaus liegt 2,5 km taleinwärts im Künstlerdorf El Guro. Auf 70 qm verteilen sich ein Wohnraum, zwei kleine Schlafzimmer, Küche, Bad und eine aussichtsreiche Terrasse. Individuelles wohnen garantiert!

❾ Hotel Jardín Concha €€
La Calera, Calle La Orquidea s/n
Tel. 9 22 80 60 63
www.hotelconcha.net
Das kleine Hotel liegt in einer autofreien Gasse im alten Dorf. Die neun Zimmer sind zwar recht klein, haben jedoch einen hübschen Holzbalkon.

❹ Apartamentos Charco del Conde €
Avenida Charco del Conde 13
La Puntilla; Tel. 9 22 80 55 97
www.charcodelconde.com
Von außen wirkt die zweistöckige große Pauschalanlage am Baby Beach relativ nüchtern, doch die 100 Apartments sind recht freundlich eingerichtet. Von der Hälfte der Wohneinheiten hat man einen schönen Blick aufs Meer, die anderen liegen zum begrünten Innenhof hin, wo man sich in einem Swimmingpool und auf Sonnenliegen entspannen kann.

❶ Apartamentos Casa Pablo €
Vueltas
Tel. 9 22 80 51 79
www.apartamentoscasapablo.com
Das Haus in aussichtsreicher Hanglage oberhalb der Dorfstraße bietet sehr geräumige Balkonapartments, wahlweise mit einem oder zwei Schlafzimmern. Eigentümer ist eine alt-eingesessene Fischerfamilie.

im Tal auf das an den Hang geschmiegte La Calera, auf den Hafenort Vueltas, das nördlich anschließende La Puntilla und auf La Playa mit hübscher Strandpromenade.

Die ins »Valle« hinabführende Durchgangsstraße berührt nur die Randbezirke von La Calera. Das Bergdorf, das neben ▶ Agulo als hübschestes der Insel gilt, kann man nur zu Fuß erkunden. Zwischen engen Gassen steigt man auf und ab, kommt an einfachen weißen Häuschen und zahlreichen Apartmenthäusern sowie kleinen Restaurants vorbei. Traditionelles Leben und touristisches Treiben liegen hier eng beieinander. Werden im Garten eines Hauses noch Hühner und anderes Federvieh gehalten, so sonnen sich auf der Dachterrasse gleich nebenan ausländische Besucher.

**La Calera

Von La Calera führt die Hauptstraße vorbei an Bananenplantagen und den Neubauten von **Borbalán** nach Vueltas, wo sie am **Hafen** unvermittelt endet. Bunte Fischerboote vor einer 500 m hohen Felswand geben ein stimmungsvolles Fotomotiv. Der Ausbau zum Fährhafen ist abgeschlossen, zu Weihnachten 2013 wurde das erste Kreuzfahrtschiff erwartet.
Vueltas ist auf der Insel bekannt für sein »Nachtleben«. Tatsächlich ist hier in einigen Bars auch in den späten Abend- und Nachtstunden

Vueltas

Valle Gran Rey

Essen
1. Cacatua
2. El Puerto
3. Tambara
4. Pan de Vueltas
5. Charco del Conde
6. Mango
7. La Islita
8. El Baifo
9. La Salsa
10. El Mirador
11. La Orquidea

Übernachten
1. Apartamentos Casa Pablo
2. Paraíso del Conde
3. Jardín de La Calera
4. Apartamentos Charco del Co
5. Apartamentos Jardín del Con
6. Casa Arte
7. Aparthotel Baja del Secreto
8. Hotel Gran Rey
9. Hotel Jardín Concha
10. Apartamentos Los Tarajales

noch etwas los. Auch sonst ist für die nötige touristische Infrastruktur gesorgt: Natürlich gibt es diverse Restaurants, eine Mountainbike-Station fehlt ebenso wenig wie auf Selbstversorger eingestellte kleine Supermärkte. Und mindestens einmal bei einem La Gomerabesuch schaut man bei Capitán Claudio vorbei, der im Ortszentrum einen Laden für Angelbedarf betreibt, vor allem aber die deutschsprachige Inselzeitung, den Valle-Boten, herausgibt. Vom Hafen legen mehrmals in der Woche Ausflugsschiffe zur **Wal- und Delfinbeobachtung** ab (Tina Excursiones). Infos über die Meeressäuger bekommt man auch beim Team von Océano, das ebenfalls mit

Booten zu den Walen und Delfinen fährt. Im Océano-Büro in Vueltas werden meist montags- und donnerstagabends Vorträge und Infoabende zum Thema Wale angeboten. Zum touristischen Angebot gehören in Vueltas ferner Bootstouren zu den ▶ Los Órganos, den bizarren »Orgelpfeifen« an der Nordküste.
Tina Excursiones: Tel. 9 22 80 58 85
Team von Océano: Calle Quema 7, Tel. 922805717;
www.oceano-gomera.com

La Puntilla

Von Vueltas aus führt die Avenida Marítima nach La Puntilla. Hier entstanden in den letzten Jahren etliche komfortable Ferienunterkünfte. Sehr beliebt sind die Apartmentanlagen nahe dem Charco del Conde (»Baby Beach«), und das ein Stück weiter nördlich gelegene Hotel Gran Rey wurde von der UNESCO für seine umweltfreundliche Hotelführung ausgezeichnet. Ein halbes Dutzend Restaurants machen die Uferstraße zu einer guten Adresse, um den Tag bei Fisch oder Paella ausklingen zu lassen.

La Playa

Nördlich von La Puntilla hat sich La Playa zum touristischen Zentrum des Valle Gran Rey entwickelt, kaum verwunderlich, gibt es hier doch den längsten Strand von La Gomera. Man trifft sich auf dem Platz bei der kleinen Kapelle am Meer oder an der kurzen gefliesten **Strandpromenade**. Unterhalb der Promenade werden auf der Boule-Bahn fast jedes Wochenende Wettbewerbe ausgetragen, die meisten Spieler sind in Mannschaften organisiert.
Hübsche Apartmentanlagen finden sich an der zur Playa del Inglés führenden Straße. In der Calle La Noria 5 bietet der Ludoteca-Kindertreff Betreuungsangebote mit Spiel und Spaß für die Kleinen, wenn die Großen ein paar Stunden ohne Nachwuchs verbringen wollen (▶ Erleben und Genießen, Mit Kindern unterwegs, S. 78).

STRÄNDE IM MÜNDUNGSBEREICH DES VALLE GRAN REY

Playa de Vueltas

Direkt beim Hafen von Vueltas bestehen in einer geschützten kleinen Sandbucht Bademöglichkeiten. In der Saison ist hier bei schönem Wetter jedes Plätzchen belegt, die Wasserqualität im Hafenbecken lässt allerdings mitunter zu wünschen übrig.

Playa de Argaga

Wer mit seinen Nachbarn nicht so sehr auf Tuchfühlung gehen möchte, kann auf die südlich gelegene Playa de Argaga beim **Meditationszentrum Argayall** ausweichen, die man (am besten zu Fuß, kaum Parkmöglichkeiten) nach ca. zehnminütigem Fußmarsch vom Hafen aus auf staubiger Piste erreicht. Allerdings gibt es hier wirklich nur riesige kugelige Steine – nichts als Steine!

Lesestunde an der Playa del Inglés – so leer ist es hier allerdings selten.

Playa de las Arenas Am Strand entlanggehend bzw. später auf schmalem Pfad, gelangt man in weiteren zehn Minuten zur Nachbarbucht, der Playa de las Arenas, in Insiderkreisen schlicht »**Schweinebucht**« genannt. Der Kies-/Steinstrand mit kurzem sandigen Abschnitt war bis ins neue Jahrtausend hinein ein beliebtes Campinggelände für Freizeithippies.

Charco del Conde Wer mit Kleinkindern unterwegs ist, kommt am Charco del Conde im Ortsteil La Puntilla kaum vorbei. Felsen trennen die Badebucht vom Meer nahezu völlig ab. Eine Brandung muss man hier also nicht fürchten. Das Wasser ist nur einen halben Meter tief – der Wasseraustauch aber natürlich begrenzt!

Playa de Valle Gran Rey Zwischen La Puntilla und La Playa erstreckt sich über etliche hundert Meter ein langer Strand. Der gesamte südliche Abschnitt ist steinig, nur im Sommer gibt es hier bei ruhiger See auch mal einen schmalen Sandstreifen. Im Winter dagegen konzentriert sich das Strandleben nahezu ausschließlich auf die Sandflächen nahe der Promenade von La Playa.

* Playa del Inglés Nicht nur der schönste Strand im Valle Gran Rey, sondern der gesamten Insel ist die Playa del Inglés. Man verlässt La Playa in nördlicher Richtung. Die parallel zur Küste verlaufende, mit dem Auto befahrbare Straße endet an der Playa del Inglés, zu Fuß erreicht man sie vom Ortsteil La Playa aus nach rund zehn Minuten. An dem dunklen Sandstrand vor der imposanten Felskulisse sonnen und baden sich die meisten Besucher nackt oder »oben ohne«. Angesichts der meist starken Brandung ist aber beim Baden auch für gute Schwimmer Vorsicht angesagt, es wird vor Unterwasserfelsen und gefährlichen Strömungen gewarnt.

SEHENSWERTES IM VALLE GRAN REY

Künstlerisches Wahrzeichen im Tal ist eine 2007 an der Uferpromenade von La Puntilla aufgestellte monumentale Bronzeskulptur des grancanarischen Bildhauers Luis Arencibia. Das vier Meter hohe Standbild zeigt den von der vorspanischen Bevölkerung als Volkshelden verehrten Kämpfer Hautacuperche vom Stamm der Mulaga. Dieser war 1488 Anführer eines Aufstandes gegen die verhassten spanischen Eroberer, wobei er den damaligen königlichen Statthalter Hernán Peraza d. J. tötete (▶ Degollada de Peraza). Hautacuperche selbst fand wenig später bei den Kämpfen gegen die Spanier den Tod. — *Homenaje a Hautacuperche*

Im Ortsteil La Calera hat sich auf der Plaza del Riego neben dem Busbahnhof der Sonntagsmarkt zu einer festen Institution entwickelt. Unter Schatten spendenden Indischen Lorbeerbäumen wird neben Hippieschmuck, bunten Klamotten und Mitbringseln aus Filz und Holz auch im Tal gezogenes Bio-Gemüse angeboten. Zur Marktzeit viel umlagert ist die Bar Lomo del Riego. — *Mercadillo*
❶ So. 9.00 – 15.00 Uhr

Im **Barranco de Argaga**, südöstlich von Vueltas, hat sich ein deutsches Ehepaar ein kleines Paradies geschaffen, das nun schon seit Jahren der Öffentlichkeit zugänglich ist: den Fruchtgarten Argaga. Der Weg dorthin erfolgt von Vueltas am besten zu Fuß. Vom Hafen aus geht man auf der Piste am Meer entlang. Sie endet nach rund 10 Min. am Steinstrand bei dem Meditationszentrum Argayall. Hier zweigt ein beschilderter, leicht ansteigender Weg links zum Fruchtgarten Argaga ab, den man nach weiteren 5 Min. erreicht. Die Öffnungszeiten des Fruchtgartens variieren, es kann auch vorkommen, dass die Betreiber zeitweise keine Besucher empfangen, sicherheitshalber informiere man sich telefonisch vorher. — *Fruchtgarten Argaga*
Geplant war der Obst- und Gemüsegarten ursprünglich nur als Privatgarten. Mittlerweile wurde das Gelände immer weiter vergrößert, heute wachsen hier rund 160 Obst- und Gemüsearten aus aller Welt. Bei einem geführten Spaziergang (auf schmalen Pfaden!; Informationen in Deutsch und Spanisch) erfährt man viel über seltene Pflanzenarten und kann je nach Jahreszeit von der ein oder anderen

Im Fruchtgarten Argaga wachsen rund 160 Obst- und Gemüsesorten aus aller Welt.

Frucht kosten, sei es Johannisbrot, Kumquat, Papaya, Peramelon, Avocado, Guave, Tamarinde, Macadamianuss oder Kapstachelbeere, um nur einige zu nennen. Die Besichtigung des tropischen Fruchtgartens dauert zwischen 70 und 90 Minuten.
❶ normalerweise Di. und Fr. 10.00 – 17.00 Uhr; Tel. 9 22 69 70 04; Eintritt: 9 €

Ermita de los Reyes Im mittleren Bereich des Tals steht etwa auf der Höhe der Ortschaften El Guro bzw. Casa de la Seda am gegenüber liegenden Berghang inmitten einer wildromantischen Landschaft die Ermita de los Reyes. Ein das Tal querender Pfad (er beginnt in Höhe vom Laden »Viveres Nestor«) führt dorthin. Eine erste Kapelle an dieser Stelle wurde bereits 1515 errichtet. Sie wurde zu Beginn des 20. Jh.s vollkommen umgebaut. Nur das Weihwasserbecken und ein kleines Altargemälde stammen noch aus dem Vorgängerbau. Am 6. Januar, dem Tag der Heiligen Drei Könige, ist die Ermita Schauplatz eines der größten Inselfeste (▶ Erleben und Genießen, Events und Feste).

Mirador César Manrique An der ins Valle Gran Rey hinabführenden Straße liegt rund 2 km von ▶ Arure und 9 km von La Calera entfernt der von einer kleinen Gartenanlage umgebene Mirador César Manrique (oder **Mirador del Palmarejo**). Die Entwürfe für den hervorragend in die Landschaft integrierten Aussichtsplatz stammen von dem Lanzarotiner

Künstler und Architekten César Manrique (1920–1992), dessen Bauten vielerorts auf den Kanaren Akzente setzen. Zu dem Mirador gehört ein Restaurant, dessen große Panoramafenster einen prächtigen Blick in das Valle Gran Rey freigeben.

WANDERUNGEN IM VALLE GRAN REY

Für viele Wanderer, die im Valle Gran Rey wohnen, ist der Wasserfall in der Schlucht von Arure das erste Wanderziel, kann man doch quasi von der Haustür aus loswandern. Die Tour ist nicht allzu lang, doch mitunter ziemlich anstrengend, da die Route streckenweise weglos über Stock und Stein an einem felsigen Bachlauf entlang führt. Jeweils 260 Höhenmeter sind im An- und Abstieg zu bewältigen. Die Gesamtgehzeit beträgt ca. 2 Std. 30 Min. Wer will, kann bereits an der Tankstelle in La Calera starten. Gegenüber davon führen ein paar Stufen in das breite Bett des Barranco de Valle Gran Rey hinab, in welchem eine Piste taleinwärts läuft. Kurz vor der Ermita de los Reyes (25 Min.) steigt man links auf dem gepflasterten Weg zur Landstraße in **El Guro** auf. *(Zum Wasserfall im Barranco de Arure)*

Sofern man die 2 km von La Calera mit dem Wagen zurücklegt, parkt man in Casa de la Seda am Straßenrand. Am Ortsschild El Guro folgt man dann links einen Pflasterweg hinab, auf dem sogleich auf einer Brücke ein Barranco-Bett gequert und auf der Calle La Cuestita del Guro in den Weiler aufgestiegen wird. Nach 5 Min. weist an einem Haus mit dreieckigem Fenster rechts ein Schild zum Wasserfall. Der zunächst bequeme Pfad läuft an einem Wasserrohr entlang. Ein gelbblaues Wegzeichen leitet bald links hangaufwärts, Steinmännchen übernehmen nun die Führung durch das mitunter etwas unübersichtliche Gelände. Über aufgelassene Terrassen wird das Bachbett des Barranco de Arure erreicht, an dem die Route mal am rechten, mal am linken Ufer oder stellenweise direkt im Bett schluchteinwärts läuft. Es geht über meist glitschige Steine und durch mitunter dschungelartiges Gestrüpp, bis schließlich der stattliche **Wasserfall** erreicht wird (ca. 90 Min.). Zurück geht es dann etwas schneller.

Diese ca. dreistündige Wanderung von Arure nach La Calera wird gern unterschätzt. Das liegt an der relativ geringen Entfernung zwischen beiden Orten. Doch müssen beim Abstieg immerhin 800 Höhenmeter überwunden werden – und das auf geröllighem, teilweise rutschigem Pfad. Zudem kann es im Sommer in dieser Region sehr heiß werden. Um die Aussicht beim Abstieg in den Spätnachmittagsstunden zu genießen, empfiehlt es sich, erst nachmittags mit dem Bus von Valle Gran Rey nach Arure zu fahren (wer die Tour in anderer Richtung absolvieren möchte, sollte frühmorgens aufbrechen, bei Hitze ist der Aufstieg sehr anstrengend (▶ weiter auf S. 204). *(Von Arure nach La Calera)*

Gefahr für die Meeressäuger

»Whale watching«, Schiffsausflüge zur Beobachtung von Walen und Delfinen, ist eine der größten Touristenattraktionen von La Gomera. Kein Wunder, schließlich tummeln sich in kanarischen Gewässern viele Arten dieser schönen Tiere. Zwischen La Gomera und Teneriffa trifft man vor allem auf Grindwale. Doch leider wird der Bestand der Meeressäuger vor den kanarischen Küsten zunehmend bedroht. Schuld ist nicht zuletzt der Tourismus.

Von weltweit 80 Wal- und Delfinarten kommen in den kanarischen Gewässern 26 vor. Die Vulkaninseln weisen vor der Küste abrupte Meerestiefen auf. Diese bieten den Meeressäugern eine ideale Nahrungsquelle: Hier finden sie einen großen Reichtum an Kopffüßlern, Fischen und Krustentieren.

Große Vielfalt

Zu den vielen vor den Kanaren vorkommenden Delfinarten gehört der seltene, bis zu 2,5 m lange **Rauzahndelfin**. Über dieses Tier mit der dunklen Haut und den weißen oder gelblichen Flecken, das kühle Gewässer meidet, ist nur sehr wenig bekannt. Den **Gewöhnlichen Delfin**, eine der häufigsten Delfinarten in den Weltmeeren, trifft man im Winter und Frühling in kanarischen Gewässern an. Die hohen Töne des eleganten Schwimmers mit dem dunklen Rücken und dem weißen Bauch, der eine Maximallänge von 2,5 m erreicht, sind manchmal sogar an der Oberfläche hörbar. Der dem Gewöhnlichen Delphin zum Verwechseln ähnliche **Blauweiße Delfin** ist nachts aktiv und Schiffen gegenüber höchst misstrauisch. Natürlich fehlt vor den Inseln des Archipels der durchschnittlich 3 m lange **Große Tümmler** nicht. Das manchmal schüchterne, zuweilen sehr neugierige, auf alle Fälle gelehrige Tier, das gern bei Delfinshows eingesetzt wird, hat schon vielen in Seenot geratenen Menschen das Leben gerettet.

Dickköpfig und sozial

Häufiger Gast in den Gewässern zwischen La Gomera und Teneriffa ist der **Grindwal**. Die männlichen Tiere werden bis 6 m lang und 3,5 t schwer (Weibchen bis zu 4,5 m lang). Grindwale gehören zu den unverwechselbarsten und am weitesten verbreiteten Delfinen. Sie leben in Verbänden von zehn bis 50, ja manchmal bis zu 200 Tieren. Die Herden, meist erwachsene Weibchen mit ihrer Sippe, bleiben in engem Sozialverband ein Leben lang zusammen. Gruppenmitglieder schützen die Mutter beim Gebären und kümmern sich um das Junge, solange die Mutter zur Nahrungssuche auf Tauchgang geht. Auch zwischen dem Muttertier, das mit 40 Jahren in die Wechseljahre gerät und bis dahin höchstens fünfmal schwanger werden kann, und dem Jungen entwickelt sich eine starke Bindung. Es gibt Anzeichen dafür, dass ältere Grindwal-Weibchen ihren Nachwuchs 15 Jahre lang säugen, während die Stillzeit bei Zahnwalen in der Regel kaum mehr als ein Jahr dauert. In den Morgenstunden kann man vor La Gomera ganze Gruppen von Grindwalen sehen, die unbeweglich und völlig lautlos an der Wasseroberfläche treiben, um sich auszuruhen. Studien zufolge haben die Wale einen interhemisphärischen Schlaf, d. h. eine Gehirnhälfte schläft und die andere ist aktiv und lässt das Tier ggf. mögliche Gefahren wahrnehmen.

Moby Dick

Auch die riesigen, zur Familie der Zahnwale gehörenden **Pottwale**, die eine Länge von bis zu 18 m erreichen können, machen auf ihren Wanderungen zwischen polaren und äquatorialen Gewässern Station im Umkreis des Kanarischen Archipels. »Moby Dick« ist ein leibhaftiges U-Boot, nur noch stabiler. Auf der Jagd nach seinem Leibgericht, gespenstischen Tiefseekraken von enormer Größe, kann er bis zu 3000 m tief tauchen. Der Kampf mit den Riesenkraken, deren Zentralkörper bis 6 m lang werden kann und die bis zu 8 m lange Fangarme besitzen, ist für den Wal nicht ungefährlich. Manch junger Wal wird sogar von seiner vermeintlichen »Beute« verspeist.

Alarm!

Der Lebensraum der Meeressäuger ist jedoch bedroht – und das nicht zuletzt wegen des Tourismus! Die zunehmende Zahl der populären Walbeobachtungstouren sowie die vielen Fährschiffe setzen die Tiere permanent unter Stress. Die Zahl der Jungtiere ist bereits drastisch zurückgegangen. Auch ist festzustellen, dass die Tiere ihr Sozialverhalten ändern. Die kanarische Regierung hat Bestimmungen erlassen, nach denen sich die Ausflugsboote Walen und Delfinen nur bis zu maximal 60 m nähern dürfen, die Motoren müssen bereits in 600 m Entfernung ausgeschaltet werden. Dennoch fahren viele Skipper rücksichtslos auf die grauen Kolosse zu. Grundsätzlich sollte man also prüfen, ob man auf den »Ausflug zu den Walen« nicht lieber ganz verzichtet.

Walbeobachtung ist ein lukratives Geschäft – doch die vielen Besucher bedeuten für die Meeressäuger höchstgradigen Stress!

In Arure geht man von der Bushaltestelle an der Bar Conchita auf der Dorfstraße zum südlichen Ortsausgang hinab und verlässt die Straße rechts in einen geteerten Fahrweg (Schild »Mirador del Santo«). Nach knapp 100 m bietet sich rechts ein kurzer lohnender Abstecher durch den Rundbogen von einem Aquädukt zum **Mirador del Santo** an, von dem sich ein beeindruckender Blick in das Tal von Taguluche ergibt. Zurück auf dem Fahrweg geht man weiter in Richtung Valle Gran Rey (GR 132). Der Asphaltweg führt an einigen Häusern vorbei und geht dann in eine ungeteerte Piste über. Diese wechselt auf die andere Seite des Bergkammes. Rund 30 Min. nach Arure verlässt der GR 132 den breiten Fahrweg rechts in einen Pflasterweg. Der alte Weg ist ein sog. camino real, der jahrhundertelang die wichtigste Verbindung zwischen Arure und dem Valle Gran Rey war.

Ein großer Ziegenstall wird passiert, und weiter schlängelt sich der Weg am Bergkamm entlang. Dann wird der Bergkamm von La Mérica erreicht, ein rechts abzweigender schmaler Pfad führt zum höchsten Punkt hinauf. Der Hauptweg bringt uns indes zur weiten, zum Meer hin abfallenden Hochfläche. In Höhe einer Hausruine wird ein direkt am Wegrand gelegener runder ehemaliger Dreschplatz passiert. Nach insgesamt rund 1 Std. 45 Min. Gehzeit beginnt der aussichtsreiche Abstieg auf dem Serpentinenweg nach La Calera. Bis zu den ersten Häusern des Dorfes kann man den Weg gar nicht verfehlen. Auf einem Treppenweg steigt man zu den Apartments »Bella Cabellos« an der oberen Dorfstraße ab und folgt dieser rechts über eine Brücke dorfeinwärts. An einer Gabelung hält man sich nochmals rechts und kommt am Supermarkt »Victor« vorbei, von wo eine Steintreppe nach links unten zur Hauptstraße führt.

* Vallehermoso

C 5

Höhe: 186 m ü.d.M.
Gemeindebezirk: Vallehermoso   **Einwohnerzahl:** 3100 (ges. Bezirk)

Vallehermoso steht im Spanischen für »schönes Tal« – und die Ortschaft im Nordwesten der Insel trägt ihren Namen zu Recht. Die Häuser von Vallehermoso verteilen sich auf ein kesselartig erweitertes Tal, in dem mehrere Barrancos zusammenstoßen.

Wahrzeichen des Ortes ist der 650 m hohe **Roque Cano**, ein Felsmonolith, der das Umland um ca. 100 m überragt. Es handelt sich um den durch Erosion freigelegten Schlot eines ehemaligen Vulkans. Haupteinnahmequelle der Bevölkerung ist nach wie vor die Landwirtschaft, wichtigste Anbauprodukte sind Bananen, Wein sowie zur

Das vom Roque Cano beherrschte Vallehermoso liegt in einem fruchtbaren Tal.

Selbstversorgung Kartoffeln, Früchte und Mais. Die einzige Weinbaugenossenschaft der Insel hat hier ihren Sitz (am östlichen Ortsausgang an der Straße nach Agulo).

Die meisten Touristen besuchen Vallehermoso nur kurz im Rahmen einer Inselrundfahrt oder legen hier bei einer Wanderung eine Pause ein. Dabei lohnt auch ein längerer Aufenthalt. Vallehermoso ist idealer Ausgangspunkt für Wanderungen im Norden der Insel (dies gilt zumindest für den Sommer, im Winter ist das Gebiet häufig wolkenverhangen). Übernachtungsmöglichkeiten bestehen in kleinen Landhotels bzw. in privat vermieteten Zimmern oder Apartments.

Das Leben in Vallehermoso konzentriert sich auf die zentrale **Plaza de la Constitución**. Den Platz mit dem modernen Brunnen und den weißen Steinbänken beherrscht das repräsentative Rathaus. Durch einen Seiteneingang gelangt man hinab zu der winzigen Markthalle im Untergeschoss. Allgemeiner Treffpunkt für Einheimische und Touristen sind das Lokal Amaya und die Bar Central. Ferner findet man die Post sowie einige Läden rund um die Plaza. Ein kurzer Spa-

Ortsbild

Vallehermoso erleben

ESSEN

Amaya € – €€
Plaza de la Constitución 2
Tel. 9 22 80 00 73
Die einfache Bar mit Restaurant ist zur Plaza hin geöffnet, sodass man das Geschehen dort während eines Imbisses oder bei einem café con leche mitverfolgen kann.

Bar Central €
Plaza de la Constitución 7
Tel. 9 22 80 00 23
So. Ruhetag
Von der großen Terrasse vor der Bar hat man ebenfalls alles im Blick, was auf der Plaza gerade läuft. Es werden auch typisch gomerische Spezialitäten, etwa Maulbeerwein (Vino de Mora), Mistela und Almogrote angeboten.

ÜBERNACHTEN

Hotel Rural Tamahuche €€
Calle La Hoya 20; Tel. 9 22 80 11 76
www.hoteltamahuche.com
Das 1896 erbaute Herrenhaus wurde zu einem schmucken Landhotel mit zehn Zimmern ausgebaut. Es liegt zentral 200 m von der Plaza entfernt. Hervorzuheben ist die ökologische Hotelführung, Solarzellen sorgen für Warmwasser, und mit geklärtem Brauchwasser wird der Garten gewässert.

Pensión Amaya €
Plaza de la Constitución 2
Tel. 9 22 80 00 73
Die kleine Familienpension liegt an der zentralen Plaza über dem gleichnamigen Restaurant. Vermietet werden acht einfache Zimmer ohne eigenes Bad.

---

ziergang führt von hier in nördlicher Richtung leicht bergauf durch eine Gasse mit noch recht ursprünglicher Bebauung zur **Iglesia San Juan Bautista**. Die Pfarrkirche wurde Ende des 17. Jh.s errichtet, zu Beginn des 20. Jh.s jedoch in neugotischem Stil umgebaut. Einige hübsche alte Herrenhäuser rund um die Kirche künden von wirtschaftlich besseren Zeiten.

UMGEBUNG VON VALLEHERMOSO

Playa de Vallehermoso
Eine Straße verbindet Vallehermoso mit der knapp 4 km entfernten Playa de Vallehermoso. Etwa auf halber Strecke passiert man das sich östlich der Straße erstreckende Gelände des neuen **Botanischen Gartens**. Geplant ist, die Besucher hier mit der seit der spanischen Eroberung der Insel aus aller Welt eingeführten Flora vertraut zu machen. Viele Bäume und Sträucher wurden bereits neu angepflanzt, Wege und Beete angelegt, sogar ein Besucherzentrum wartet nur auf seine Eröffnung. Ob es allerdings jemals dazu kommt, steht aus Geldmangel noch in den Sternen. Das mittlerweile bereits sehr vernachlässigte wirkende Areal ist auf einem Weg neben dem offiziellen Eingang derzeit frei zugänglich.

Vallehermoso • ZIELE

An der Playa de Vallehermoso gibt es ein **Meerwasserschwimmbad** (nur im Sommer) mit Umkleidemöglichkeiten, Süßwasserduschen und einer Cafeteria. Zum Schutz der Anlage vor der im Winter meist ungestümen See wurden etliche Wellenbrecher aus Beton vor der Küste versenkt. Im Sommer gibt der mit groben Kieseln durchsetzte Naturstrand zudem eine passable Bademöglichkeit ab, in den Wintermonaten sollte man hier angesichts der starken Brandung und gefährlichen Unterströmungen lieber auf das Baden verzichten.

Westlich vom Strand von Vallehermoso thront hoch auf einem Küstenfelsen das seit einigen Jahren geschlossene **Kulturzentrum** Castillo del Mar. Es entstand an der Stelle einer um 1890 erbauten Bananenverladestation, zu deren Schutz man eine burgartige Befestigung baute. In der im Untergeschoss untergebrachten Packstation wurden die Bananen für den Export gewaschen, sortiert und verpackt. Der Hafen von Vallehermoso war zugleich ein wichtiger Umschlagplatz für Importware, so wurde hier beispielsweise das erste Automobil auf die Insel gebracht. Unter der Regie des deutschen Fotografen Thomas K. Müller (El Fotógrafo) wurde die Anlage nach umfangreichen Restaurierungsarbeiten 2003 wieder zugänglich gemacht, musste jedoch 2008 als Folge des von offizieller Seite zugesagten, doch nie erfolgten Anschlusses an das Stromnetz bis auf weiteres geschlossen werden. Eine Initiative bemüht sich um die Wiedereröffnung, aber ob sie Erfolg haben wird, steht noch in den Sternen. Weitere Informationen unter www.castillo-del-mar.com

Castillo del Mar

Von der zentralen Plaza in Vallehermoso dem Sträßchen südwärts folgend kommt man nach 2,5 km zum **Stausee** Encantadora. Der Name »die Zauberhafte« mag übertrieben sein, doch wirkt die Szenerie malerisch. Das wissen auch Einheimische zu schätzen, die sich hier von üppigem Blumenschmuck umgebene Häuschen errichtet haben.

Embalse de Encantadora

Verlässt man Vallehermoso in östlicher Richtung, so zweigt 800 m nach Durchfahren des zweiten Tunnels von Vallehermoso links eine Piste zur Playa de la Sepultura ab. Man passiert einige Natursteinhäuser und teilweise brachliegende Terrassenfelder. Nach 3,5 km geht es nur noch zu Fuß weiter. Der zunächst breite, später schmale und geröllige Pfad führt hinab zur Playa de la Sepultura (ca. 15 Gehminuten). Der Steinstrand lädt weniger zum Baden und Sonnen, aber vielleicht zum Picknick in der Einsamkeit ein.

Playa de la Sepultura

Rund 500 m weiter ist die Abzweigung nach Tamargada beschildert. Die Häuser des Weilers schmiegen sich unterhalb der Durchgangsstraße an die grünen Berghänge. Es lohnt, das alte Dorf zu Fuß zu erkunden. Die Bauform der Häuser ist eigentümlich und kaum ir-

Tamargada

Embalse la Encantadora: eingebettet in eine schöne Landschaft

gendwo sonst auf den Kanaren zu finden: Die einstöckigen, mit Ziegeln gedeckten Bauernhäuschen sind nämlich außergewöhnlich lang. Wohnbereich und Stallungen befinden sich bei den **Langhäusern** unter einem Dach.

RUNDWANDERUNG BEI VALLEHERMOSO

Bei der rund dreistündigen Rundwanderung sind ca. 500 Höhenmeter zu überwinden. Der Pfad ist teilweise extrem geröllig, daher sind gute Wanderschuhe ein unbedingtes »Muss«.

Ausgangspunkt: Botanischer Garten

Die Wanderung beginnt beim Botanischen Garten, der etwa auf halber Strecke zwischen Vallehermoso und Playa de Vallehermoso liegt. Beim grünen Geländer gegenüber dem Eingang befindet sich der Einstieg in die Tour (PR LG 9). Eine Steintreppe führt zur oberhalb verlaufenden Nebenstraße. Auf dieser gehen wir (ca. 20 m) nach rechts, bis links ein weiteres grünes Geländer auftaucht. Dort gehen wir die Rampe hinauf, lassen links die erste Möglichkeit, die zu einem Haus hinaufführt, unberücksichtigt, und nehmen stattdessen die zweite Treppe nach oben, die uns an einem anderen Haus vorbei zu unserem Wanderweg bringt. Dieser zieht sich am Hang entlang und gewinnt nach und nach immer mehr an Höhe. Nach Erreichen des Sattels ergibt sich eine schöne Aussicht. Überwältigend ist der Blick in das Tal von Vallehermoso, das vom mächtigen Roque Cano überragt wird. Zur anderen Seite schaut man in den Barranco de los Guanches hinab. Einige Terrassenfelder werden hier noch kultiviert. Der Weg zieht sich auf der linken Barrancoseite zunächst auf gleicher Höhe weiter. Dann kommt man leicht ansteigend zu einigen Terrassenfeldern. Man lässt sie links liegen und durchquert den Barranco. Nachdem man die Hütte auf der anderen Barrancoseite erreicht hat, beginnt der steilere Teil des Aufstiegs. Der Weg ist weiterhin eindeutig, wenn auch schmal und geröllig. Rechtsabgehende Pfade werden ignoriert. Kurz nach Passieren eines verfallenen Ziegenstalls führt der Weg nach rechts zur oberhalb verlaufenden Piste. Man folgt dieser nach links und kommt zur **Ermita Santa Clara** in 690 m Höhe. Die Holztische bei der Kapelle bieten sich für ein Picknick an.

Wer die Tour ausdehnen möchte, folgt dem schmalen Pfad links an der Kapelle vorbei. Er führt in eine wildromantische Landschaft an der Nordküste, bis zur Punta de Alcalá (▶ S. 122). **Abstecher zur Nordküste**
Der Abstieg nach Vallehermoso führt auf dem PR LG 10 über den Barranco de la Era Nueva (Dauer ca. 1 Std. 15 Min.). Von der Kapelle geht man in Richtung des bewaldeten Felsmassivs. Am Ende des Kirchenvorplatzes beginnt links eine Art Hohlweg (die rechts abzweigende Piste führt nach Epina bzw. Tazo). Zunächst auf gleicher Höhe bleibend, werden einige Eukalyptusbäume passiert. Dort, wo man erstmals in den Talkessel von Vallehermoso hinabschaut, beginnt der Abstieg auf einem breiten, angenehm zu gehenden Weg. Er wechselt nach ca. 45 Min. (seit der Kapelle) auf die linke Barrancoseite. Bei der Weggabelung an der Zedernwacholdergruppe hält man sich links (der Weg steigt kurz an), der Roque Cano gerät wieder ins Blickfeld. Bald darauf werden die ersten Häuser von Vallehermoso erreicht. Über eine Steintreppe gelangt man zum Friedhof hinab. Die Asphaltstraße führt dann links zurück zum Ausgangspunkt der Tour am Botanischen Garten.

PRAKTISCHE INFORMATIONEN

Wann ist die beste Reisezeit? Welche Ausflüge kann man unternehmen? Wie gelangt man auf die anderen kanarischen Inseln, z.B. nach Los Cristianos auf Teneriffa?

Anreise · Vor der Reise

ANREISEMÖGLICHKEITEN

Mit dem Flugzeug Von Mitteleuropa gibt es keine Direktflüge nach La Gomera. Am bequemsten ist die Insel über den internationalen Südflughafen Reina Sofía von **Teneriffa** erreichbar, den Linien-, Billig und Charterfluggesellschaften von vielen europäischen Flughäfen aus anfliegen. Vom Flughafen Reina Sofía erreicht man per Taxi in ca. 20 Min. oder per Bus in ca. 50 Min. den 15 km entfernten Fährhafen Los Cristianos; von dort bestehen fast stündlich Verbindungen nach San Sebastián (▶ Verkehr). Da von Teneriffas Südflughafen derzeit keine Flugverbindungen nach La Gomera existieren, ist die Weiterreise von dort per Flugzeug recht umständlich (per Auto oder Bus müsste man nämlich zunächst zum Nordflughafen Los Rodeos fahren).

Mit dem Schiff Zwischen Cádiz (Festlandsspanien) und Santa Cruz de Tenerife verkehren einmal wöchentlich Fährschiffe der spanischen Schifffahrtsgesellschaft **Acciona Trasmediterránea**. Diese zweitägige, nicht billige Überfahrt kann auch über deutsche Reisebüros gebucht werden.

EIN- UND AUSREISEBESTIMMUNGEN

Personalpapiere Reisende aus Deutschland, aus Österreich und der Schweiz benötigen für die Einreise einen gültigen **Personalausweis** oder einen Rei-

FLUGHÄFEN
Aeropuerto Tenerife Sur
Bei El Médano (65 km südwestl. von Santa Cruz)
Tel. 9 02 40 47 04
www.aena.es
Teneriffa Süd ist für die meisten Gomera-Reisenden der Ankunftsflughafen.
Taxi: Die Kosten für die Fahrt zum Fährhafen Los Cristianos betragen ca. 22 €.
Bus: Die Linie 111 der Busgesellschaft Titsa fährt im 30-Minuten-Takt zum Busbahnhof Los Cristianos, von dort erreicht man den Fährhafen mit einem lokalen Taxi (ca. 6 €) oder zu Fuß in 15 Minuten.

Aeropuerto La Gomera
Bei Playa Santiago im Inselsüden
Tel. 9 02 40 47 04
www.aena.es
Lediglich innerkanarische Flüge nach Teneriffa Nord. Jeweils nach Ankunft einer Maschine fährt die Buslinie 7 nach San Sebastián, Linie 6 nach Valle Gran Rey.

FÄHRVERKEHR
Acciona Trasmediterránea
Estación Marítima, Muelle de Ribera
Santa Cruz de Tenerife
Tel. 9 02 45 46 45
www.trasmediterranea.es

Freundlich: Ankunftshalle im Flughafen von La Gomera

sepass. Kinder unter 16 Jahren müssen gemäß einer neuen EU-Vorschrift (seit 2012) einen eigenen Personalausweis besitzen.

Nationaler Führerschein und Kraftfahrzeugschein werden anerkannt und sind mitzuführen; bei Schadensfällen wird die Internationale Grüne Versicherungskarte verlangt. Kraftfahrzeuge müssen das ovale Nationalitätskennzeichen tragen, sofern sie kein Euro-Kennzeichen haben. **Fahrzeugpapiere**

Der **EU-Heimtierausweis** ist das verbindliche Einreisedokument für Katzen und Hunde. Angegeben sein muss u. a. das Datum der letzten Tollwutimpfung, die mindestens 30 Tage vor Grenzübertritt erfolgen muss und längstens zwölf Monate her sein. Zusätzlich ist eine Identitätskennung des Tieres durch Mikrochip erforderlich. **Haustiere**

Da die Kanarischen Inseln nach wie vor innerhalb der EU einen gewissen **Sonderstatus** einnehmen und hier verschiedene Zölle und Steuern nicht bestehen, gelten bei der Wiedereinreise nach Deutschland und Österreich die Höchstmengen für den Warenverkehr mit Nicht-EU-Ländern: Zollfrei sind für Personen über 15 Jahre 500 g Kaffee oder 200 g Pulverkaffee und 100 g Tee oder 40 g Teeauszüge, 50 g Parfüm und 0,25 l Toilettenwasser sowie für Personen über 17 Jahre 1 l Spirituosen über 22 % oder 2 l Spirituosen unter 22 % oder 2 l Schaumwein und 2 l Wein sowie 200 Zigaretten oder 50 Zigarren oder 250 g Tabak. **Zollbestimmungen (EU-Länder)**

Zollbestimmungen (Schweiz) — Für die Schweiz gelten folgende Freimengengrenzen: 250 g Kaffee, 100 g Tee, 200 Zigaretten oder 50 Zigarren oder 250 g Tabak, 2 l Wein oder andere Getränke bis 22 % Alkoholgehalt (2,25 l Wein oder 2,1 l andere alkoholische Getränke) sowie 1 l Spirituosen mit mehr als 22 % Alkoholgehalt. Souvenirs dürfen in die Schweiz bis zu einem Wert von 100 sfr zollfrei eingeführt werden.

KRANKENVERSICHERUNG

Gesetzliche Krankenkassen — Auch im EU-Ausland müssen die gesetzlichen Krankenkassen die Kosten für ärztliche Leistungen erstatten. Voraussetzung ist, dass dem behandelnden Arzt die **Europäische Krankenversicherungskarte** vorgelegt wird. Mit dieser Karte sind in vielen Fällen ein Teil der Behandlungskosten bzw. Ausgaben für spezielle Medikamente selbst zu zahlen. Gegen Vorlagen der Quittungen übernimmt die Krankenkasse im Heimatland dann ggf. die Erstattung der Kosten.

Private Reisekrankenversicherung — Da die Kosten für ärztliche Behandlung und Medikamente in der Regel teilweise vom Patienten zu tragen sind und die Kosten für einen evtl. Rücktransport von den Krankenkassen grundsätzlich nicht übernommen werden, empfiehlt sich der Abschluss einer zusätzlichen Reisekrankenversicherung.

Ausflüge

Inselerkundung — La Gomera lässt sich am besten mit einem Mietwagen erkunden (▶ Touren). Von Veranstaltern im Valle Gran Rey bzw. in Playa de Santiago werden jedoch auch organisierte **Busfahrten** angeboten. Auf dem Programm stehen meist eine Inselrundfahrt, eine Tour in den Nationalpark oder durch den landschaftlich reizvollen Norden der Insel. Linienbusse verkehren relativ selten (▶ Verkehr).

Schiffstouren — Hoch im Kurs stehen Bootsausflüge zur **Wal- und Delphinbeobachtung** (▶ Baedeker Wissen, S. 202) sowie zu den Los Órganos, den nur vom Meer aus zu besichtigenden bizarren Basaltformationen an der Nordküste. Unterwegs wird mitunter ein Badestopp in einer abgelegenen Bucht eingelegt. Das größte Ausflugsangebot wird natürlich ebenfalls in den Touristenzentren Valle Gran Rey (Abfahrt vom Hafen in Vueltas) bzw. in Playa de Santiago offeriert.

Inselhopping — Jede der Kanarischen Inseln besitzt ihre landschaftlichen Besonderheiten. Insofern ist der Archipel wie geschaffen für Inselhopping. Allerdings lässt sich im Rahmen eines Tagesausflugs nur Teneriffa bequem erreichen (▶ Reiseziele von A bis Z, Teneriffa). Die Fährüberfahrten zu allen anderen Inseln sind relativ lang, und durch regelmäßige Linienflüge ist La Gomera bisher nur mit Teneriffa verbunden. Hat man jedoch einige Tage zur Verfügung, so sollte man es sich nicht entgehen lassen, eine weitere Kanareninsel zu besuchen.

Ausgehen

Wahre Nachtschwärmer kommen auf La Gomera nicht auf ihre Kosten. Ein bisschen »Nachtleben« gibt es jedoch im Valle Gran Rey. Die Szene trifft sich vor allem in Vueltas, im »Cacatua« oder im »Tasca« (Calle Cuesta de Abisinia, www.barlatasca.com). In La Puntilla wird im »Bodeguita del Medio« am Wochenende Livemusik geboten (Avenida Marítima, im Souterrain der Apartmentanlage Jardín del Conde). Eine Alternative dazu ist in La Playa die Bar María, ebenfalls mit Live-Musik, sowie die überwiegend von deutschem Publikum besuchte »Gekko-Bar«. In Playa de Santiago beschränkt sich das Unterhaltungsangebot auf das Hotel Jardín Tecina.

Auskunft

SPANISCHE FREMDENVERKEHRSÄMTER
Auskunft in Deutschland
Litzenburgerstr. 99, 10707 Berlin
Tel. 030 882 65 43
berlin@tourspain.es

Grafenberger Allee 100
40237 Düsseldorf
Tel. 0211 680 39 80
dusseldorf@tourspain.es

Myliusstr. 14; 60323 Frankfurt/M.
Tel. 069 72 50 33
frankfurt@tourspain.es

Postfach 151940, 80336 München
Tel. 089 530 74 60
munich@tourspain.es

Auskunft in Österreich
Walfischgasse 8
A-1010 Wien; Tel. 01 512 95 80
viena@tourspain.es

Auskunft in der Schweiz
Seefeldstr. 19, CH-8008 Zürich
Tel. 044 253 60 50
zurich@tourspain.es

Auskunft auf La Gomera
Patronato Insular de Turismo
Calle Real 4, San Sebastián
Tel. 9 22 14 15 12
www.lagomera.travel
Die Adressen der Fremdenverkehrsämter in den Touristikzentren sind bei den Reisezielen von A bis Z unter dem jeweiligen Stichwort aufgeführt.

KONSULATE

Deutschland
Honorarkonsulat
Calle Costa y Grijalba 18
Santa Cruz de Tenerife
Tel. 9 22 24 88 20
www.honorarkonsul-teneriffa.de

Österreich
Honorarkonsulat
Calle Costa y Grijalba 33
Santa Cruz de Tenerife
Tel. 9 22 02 33 70
www.bmeia.gv.at

Schweiz
Konsulat
Urbanicación Bahía Feliz
Edifico de Oficinas Local 1
Playa de Tarajalillo, Gran Canaria
Tel. 9 28 15 79 79
www.eda.admin.ch

INTERNET

www.lagomera.travel
Die offizielle Seite des Touristenbüros von La Gomera.

www.valle-bote.com
Das unregelmäßig erscheinende Inselmagazin ist Anzeigenblatt und Sprachrohr der deutschsprachigen Einwanderer.

www.gomera-service.de
Hier können neben Apartments und Autos auch Wanderausflüge und andere Aktivitäten gebucht werden.

www.gomera.de
Die Homepage des deutschsprachigen Reisebüros La Paloma im Valle Gran Rey informiert über die aktuellen Bus- und Fährverbindungen, vermittelt Apartments und vermietet Autos.

www.gomeralive.de
Der virtuelle Reiseführer stellt die wichtigsten Orte der Insel in Kurzporträts vor und gibt einen Überblick über Unterkünfte und Freizeitaktivitäten.

www.ecoturismocanarias.com
Auf dieser Webseite werden die Projekte des ländlichen Tourismus auf La Gomera vorgestellt.

Elektrizität

Das Stromnetz führt in der Regel 220 Volt. In Hotels und Apartmenthäusern sind Europanormgerätestecker verwendbar. Zwischenstecker (span. »adaptor« oder »ladrón«) werden kaum noch benötigt.

Etikette

Kleidungsregeln In Spanien legt man viel Wert darauf, eine gute Figur zu machen. Gewisse Gepflogenheiten und Rituale gehören daher für die Spanier selbstverständlich zum Alltag und sollten auch von ausländischen Besuchern berücksichtigt werden, etwa bei der Wahl der Garderobe. So ist es etwa verpönt Strandkleidung abseits der Playa zu tragen, der

Herr trägt selbst an heißen Tagen in der Regel lange Hosen, nicht seine Sache sind knappe Shorts und Achselshirts. In Kirchen und Kapellen gelten Shorts und freie Schultern bei beiden Geschlechtern in jedem Fall als ungehörig. Für die Abendstunden, wenn man kulturelle Angebote nutzt oder das Nachtleben genießen will, ist es zu jeder Jahreszeit ratsam, noch ein etwas eleganteres Kleidungsstück zum Ausgehen im Gepäck zu haben.

Einladungen werden schnell und gerne mal ausgesprochen, aber man lädt nur ganz selten nach Hause ein. Als Ersatz fungiert die Bar oder das Restaurant. Meist bleibt man jedoch nie allzu lange, sondern zieht lieber rasch ein Haus weiter. Spanier gehen nicht gerne allein aus, lieber in kleinen oder auch größeren Gruppen. Bringt jemand einen Freund zum abendlichen Treff mit, so wird dieser schnell integriert und gehört sofort dazu. Das gilt auch für Ausländer, da gibt es kaum Berührungsängste. Aber eine tiefere Freundschaft darf niemand erwarten, der mit einem lockeren »Ruf mich doch mal an« verabschiedet wird. Man muss der Aufforderung auch nicht gleich am nächsten Tag nachkommen. — Die Bar als Wohnzimmer

Offizielle FKK-Strände gibt es auf La Gomera nicht, toleriert wird Nacktbaden an der Playa del Inglés in Valle Gran Rey sowie an der abgelegenen Playa del Medio bei Playa de Santiago. Unangebracht ist FKK vor allem an von Einheimischen mit Kindern frequentierten Stränden. — FKK

Geld

Der Euro ist in Spanien das offizielle Zahlungsmittel. Die Münzen zeigen König Juan Carlos I. (1 €, 2 €), Miguel de Cervantes (50, 20, 10 Cent) und die Kathedrale von Santiago de Compostela (5, 2, 1 Cent). Für die Schweiz gilt: 1 € =1,24 CHF, 1 CHF = 0,81 €. — Euro

Bancomaten gibt es in allen größeren Orten. Sie sind mit mehrsprachigen Bedienungshinweisen ausgestattet. An ihnen kann man mit der Bankkarte und mit Kreditkarten jeweils in Verbindung mit der Geheimnummer Geld abheben.

Banken, größere Hotels, Restaurants der gehobenen Kategorien, Autovermieter sowie viele Einzelhan-

> **? BAEDEKER WISSEN**
>
> *Sperrnummer*
>
> Unter Tel. 116 116 (aus dem Ausland mit der Vorwahl 00 49) kann man elektronische Berechtigungen wie Kreditkarten, Online-Banking-Zugänge, Handykarten und die elektronische Identitätsfunktion des neuen Personalausweises bei Verlust sperren lassen.

PRAKTISCHE INFOS • **Gesundheit**

delsgeschäfte akzeptieren die meisten internationalen **Kreditkarten**. Auch bei dem Verlust der Kreditkarte benachrichtige man unverzüglich die jeweilige Organisation.

Gesundheit

Ärztliche Hilfe Auf der Insel gibt es nur ein Krankenhaus, und zwar in San Sebastián (Hospital Insular). Gut ausgestattete medizinische Zentren (Centros de Salud) sorgen auch in den anderen Inselteilen für eine ausreichende ärztliche Versorgung.

Apotheken Die Apotheken sind Mo.–Fr. 9.00–13.00 und 16.00–20.00 sowie Sa. 9.00 – 13.00 Uhr geöffnet. Ansonsten besteht ein Notdienst. Die Anschrift der jeweils diensthabenden Apotheke ist dem Anschlag »Farmacia de Guardia«, der in jeder Apotheke aushängt, zu entnehmen.

Krankenversicherung Versicherte deutscher Krankenkassen haben im Krankheitsfall in Spanien Anspruch auf eine Behandlung nach den in Spanien gültigen Vorschriften (▶ Anreise • Vor der Reise).

Trinkwasser Zum Waschen und Zähneputzen kann man Leitungswasser unbedenklich benutzen. Als Trinkwasser, zum Kaffee- oder Teekochen sollte man aber auf Quellwasser aus Flaschen zurückgreifen.

NOTRUF
Tel. 112

ÄRZTLICHE VERSORGUNG
Deutschsprachige Ärzte
Valle Gran Rey
Centro Médico
(Praxis für Allgemeinmedizin)
Residencial El Llano (Borbalán)
Tel. 9 22 80 56 29
www.centro-medico.eu

Playa Santiago
Instituto Dental La Salvia
(Zahnarztpraxis Eva Maria Schütz)
Calle La Junta
Tel. 9 22 89 56 76

Hospital Insular Nuestra Señora de Guadalupe
Calle El Calvario 2 – 4
San Sebastián
Tel. 9 22 14 02 00

Literaturempfehlungen

Bildbände **DuMont Bildatlas Band 65**, Kanarische Inseln. DuMont Reiseverlag, 3. Aufl. 2014. Stimmungsvolle Inselimpressionen von allen sieben großen Kanareninseln.

Literaturempfehlungen • PRAKTISCHE INFOS

DuMont Bildatlas Band 118, Teneriffa/La Palma/La Gomera/El Hierro. DuMont Reiseverlag, 1. Aufl. 2011. Schönes Fotomaterial von den westlichen Kanareninseln, informative Begleittexte, Übersicht über die bedeutendsten Reiseziele.

Harald Braem, Tod im Barranco. Santa Ursula 2009. Im Barranco de Pastrana wird die Leiche eines Drogenkuriers gefunden. Die lokale Polizei ermittelt.

Unterhaltungsliteratur

Mani Beckmann, Sodom und Gomera. Santa Ursula 2009. Der nach einer Stern-Reportage benannte und erstmals 1999 aufgelegte Roman spielt in der esoterischen Aussteiger-Szene der Insel. Große Literatur darf nicht erwartet werden, dafür wird der Schauplatz der Handlung, das Valle Gran Rey, detailliert herausgestellt.

Gregor Gumpert (Hrsg.), Kanarische Inseln. Frankfurt am Main/Leipzig 2004. Eine literarische Entdeckungsreise mit Beiträgen u. a. von Alexander von Humboldt und Agatha Christie.

Janosch, Gastmahl auf La Gomera. Goldmann, München 1999. Der berühmte Kinderbuchautor, der die Nachbarinsel Teneriffa zu seiner Wahlheimat machte, erzählt vom großen und kleinen Irrsinn der Welt und von seinem eigenen Leben.

Kanarische Insel. Salto Eine literarische Einladung. Wagenbach 2010. Moderne Literatur der Kanaren, in einem schönen Bändchen zusammengestellt.

Baron Jean-Baptiste Georges Marie Bory de Saint Vincent, Geschichte und Beschreibung der Kanarien-Inseln (Neuausgabe Graz 1970). Erlebnisse des französischen Barons Bory de Saint Vincent (1780 – 1846) bei seinen Forschungsreisen auf den Kanaren.

Sachbücher

Herbert Gerstl, Mein Freund der Delfin. Gelnhausen 2011. Ein Jugendbuch über eine Reise zu den Delfinen von La Gomera.

Gabriele Heßmann, Sabine Threimer, Die kanarische Küche. Münster 2005. Leckere Rezepte von Almogrote bis Zarzuela.

Ernst Heinz Jager, Gomeras Pflanzenwelt in Reimen. Schrobenhausen 2012. Das handliche Bestimmungsbuch zur gomerischen Flora liest sich wie ein langes Gedicht – wirklich originell!

Richard Pott, Joachim Hüppe, Wolfredo Wildpret de la Torre, Die Kanarischen Inseln. Stuttgart 2003. Reich bebilderter Führer über die Natur- und Kulturlandschaft des Archipels.

Gabi Schick, Deutsche Migranten auf der Kanareninsel La Gomera. Münster 2006. Die Autorin beleuchtet die Migranten-Szene im Valle Gran Rey im Spannungsfeld zwischen Idealen und Alltag.

Peter und Ingrid Schönfelder, Die Kosmos-Kanarenflora. Stuttgart 2006. Der Naturführer zeigt auf über 1200 Farbfotos die beeindruckende Vielfalt und Schönheit der Blütenpflanzen auf den Kanaren. Detaillierte Bestimmungstexte und Verbreitungskarten.

Wanderführer
Margit Mühler. KOMPASS Wanderführer La Gomera (WF 946). 30 Touren an den Küsten und in den Bergen.

Medien

Ausländische Zeitungen
Die führenden deutschen Tageszeitungen und Magazine sind auf den Inseln spätestens einen Tag nach Erscheinen erhältlich.

Lokale Anzeiger
Der **Valle-Bote**, der sich selbst als »unabhängig, überparteilich, abgedreht« bezeichnet und laut Impressum nach »Bock und Wetterlage« erscheint, enthält viele aktuelle Tipps zu La Gomera, vor allem zum Valle Gran Rey, und berichtet recht witzig über die Szene auf der Insel. Das alle zwei Wochen erscheinende **Wochenblatt – Die Zeitung der Kanarischen Inseln** wird in Teneriffa herausgegeben und berichtet von allen wichtigen Geschehnissen auf den Westkanaren, wobei der Schwerpunkt allerdings auf Teneriffa liegt.

Fernsehen
Auf La Gomera können, je nach Standort, Satellitensender, darunter auch deutschsprachige TV-Programme, empfangen werden.

Notrufe

ZENTRALER NOTRUF
Feuerwehr, Polizei, Arzt
Tel. 112

NOTRUFE IN DEUTSCHLAND
ADAC-Notrufzentrale München
Tel. 0049 89 76 76 76
(Ambulanzdienst und Telefonarzt)
Tel. 0049 89 22 22 22

ACE-Notrufzentrale Stuttgart
Tel. 0049 1802 34 35 36

DRK-Flugdienst Bonn
Tel. 0049 228 23 00 23

Deutsche Rettungsflugwacht Stuttgart
Tel. 0049 711 70 10 70

Post · Telekommunikation

Postkarten und Briefe werden automatisch per **Luftpost** befördert und sind nach Mitteleuropa normalerweise ca. fünf Tage unterwegs. Das Porto beträgt für Karten (postales) und Briefe (cartas) bis 20 Gramm innerhalb Europas 0,75 Euro, Postkarten ebenfalls. Briefmarken (sellos) erhält man beim Kartenkauf in Andenkenläden oder bei der Post. Die Briefkästen sind gelb.

Postsendungen

In den Postämtern (Correos) können Telefaxe aufgegeben werden, außerdem erhält man hier **Telefonkarten** für Kartentelefone, man kann jedoch von den Postämtern aus nicht telefonieren. Geöffnet sind die Postämter Mo. – Fr. 9.00 – 13.00, Sa. 9.00 – 12.00 Uhr.

Postämter

Telefongespräche ins Ausland können von den meist offenen Telefonzellen aus mit Münzen oder Telefonkarten (tarjeta telefónica) geführt werden. Man erhält die Telefonkarten in Tabakläden, an Kiosken und bei der Post.

Mobiltelefone wählen sich automatisch über Roaming in das entsprechende Partnernetz ein. Eine vor Ort erworbene Prepaid-Karte kann günstiger sein. Handys heißen im Spanischen »móvil«. Über Telefonieren im Ausland informiert: www.teltarif.de/reise

> **BAEDEKER TIPP !**
>
> *Surfen im Internet*
>
> Für den Ritt über die Wellen sind die Küsten vor La Gomera schlichtweg zu rau, dafür kann man im Trockenen in La Playa (Valle Gran Rey) bereits seit 1997 in der Bar Internet (Tel. 9 22 80 51 22) durchs Netz surfen. Sie können nicht nur Ihre Mails abrufen sowie drucken, brennen und scannen, sondern auch digitale Postkarten und Urlaubsfotos direkt von der Digicam verschicken.

Wer mit dem Mobiltelefon unterwegs ist, muss im Bergland mitunter mit Funklöchern rechnen. Die Handynummern der Gomeros beginnen übrigens immer mit der Zahl »6«.

LÄNDERVORWAHLEN

Von Deutschland, Österreich und der Schweiz nach Spanien:
Tel. 0034

Von Spanien
nach Deutschland:
Tel. 0049

nach Österreich:
Tel. 0043
in die Schweiz:
Tel. 0041

Bei Anrufen von Spanien in die zuvor genannten Länder entfällt die 0 der jeweiligen Ortskennzahl.

Preise

> **BAEDEKER WISSEN**
>
> **?** *Was kostet wie viel?*
>
> Benzin (Kanaren): 1,12 €
> Einfaches Essen:
> Tapas ab 1,60 €
> Tasse Kaffee:
> 1,50 € (café solo)
>
> Preise für Restaurants ▶ S. 8
> Preise für Hotels ▶ S. 8

Fährlinien (z.B. www.fredolsen.es) und die lokale Fluggesellschaft (www.bintercanarias.com) haben für Senioren spezielle Tarife.
Die meisten Hotels und Apartmenthäuser haben je nach Saison gestaffelte Zimmerpreise. Am günstigsten kommt man in der Zwischensaison im Mai/Juni und Sept./Okt unter, am teuersten sind die Kanaren über Weihnachten und Ostern.

Reisezeit

Ganzjahresziel mit gesundem Klima! Wie alle Kanarischen Inseln ist La Gomera ein klassisches Ganzjahresziel mit sehr gesundem Klima. Dafür sorgen die gleichbleibend angenehmen Temperaturen, ein geringes Regenrisiko und viel Sonnenschein (▶ Fakten, Klima). Bioklimatisch ist der Süden der Insel eher zu empfehlen als der Norden, der durch die sich fast täglich bildende Passatbewölkung benachteiligt ist. Beste Reisezeiten sind Herbst und Frühjahr. Doch wird es auch im Sommer nur selten unangenehm warm. Lediglich im Spätsommer kommt mit dem Erreichen der maximalen Luft- und Wassertemperaturen bei relativ hoher Luftfeuchtigkeit mitunter eine leichte Schwüle auf. In den Wintermonaten kann man an den Küsten viele schöne Sonnentage erleben, Wanderer müssen allerdings damit rechnen, dass sie im gebirgigen Inselzentrum nur selten etwas Sonnenschein haben.

Haupt- und Nebensaison Hochsaison für Feriengäste aus Mitteleuropa ist die Zeit zwischen Weihnachten und Ostern. In der Nebensaison im Juni/Juli dagegen ist mitunter kaum was los, vor allem in Valle Gran Rey nehmen die meisten Lokale und Läden eine längere Auszeit und habe bis zu acht Wochen geschlossen.

Sicherheit

Auf La Gomera gibt es nur eine sehr geringe Kriminalitätsrate. Bei den Verbrechen auf der Insel handelt es sich in erster Linie um Beschaffungskriminalität von Drogensüchtigen (Autoeinbrüche und

Einbrüche in abgelegene Ferienhäuser). Daher sollte man die auch anderswo üblichen **Vorsichtsmaßnahmen** beherzigen: Bei Verlassen der Unterkunft unbedingt Türen und Fenster schließen, keine Wertsachen im Fahrzeug zurücklassen, größere Bargeldsummen, Schmuck und andere Wertgegenstände möglichst im Hotelsafe deponieren etc.

Sprache

Wie im übrigen Spanien gilt auf den Kanarischen Inseln das Kastilisch (Castellano) bzw. **Spanisch** als Amts- und Geschäftssprache; auch in der Umgangssprache sprechen die Kanarier meist ein reines Kastilisch, häufig werden jedoch – südamerikanischen Idiomen folgend – die S-Laute verschluckt bzw. weicher gesprochen. Überhaupt ist das kanarische Spanisch wesentlich weicher als das Festlandsspanisch.

In den größeren Hotels auf La Gomera kann man sich in Deutsch oder Englisch verständigen. Überall sonst – und vor allem im Hinterland – sollte man zumindest einige Brocken Spanisch sprechen.

> **BAEDEKER TIPP !**
>
> *Hablas español?*
>
> Die einzige Sprachschule La Gomeras bietet ganzjährig ein Kursprogramm an. Einsteiger und Fortgeschrittene lernen in ein- bis vierwöchigen Intensivkursen jeweils vier Stunden am Tag die Grundelemente des Spanischen, auf Wunsch auch im Einzelunterricht. Der Unterricht findet in einer alten Villa in La Calera statt.
> I.d.e.a., La Calera, Valle Gran Rey, Tel. 9 22 80 71 83
> www.idealanguageschool.com

Die Vokale a, e, i, o, u, werden im Spanischen **kurz und offen ausgesprochen**: a wie in dt. Wasser, e wie in dt. Wetter, i wie in dt. Lippe, o wie in dt. Roller, u wie in dt. Mutter.
Langvokale (wie in dt. malen, Weg, lieb, Boot, Buße) existieren in der spanischen Sprache nicht.

Vokale

c vor a, o, u wie deutsches »k«
c vor e, i stimmloser Lispellaut, stärker als engl. »th« (Bsp.: gracias)
ch stimmloses deutsches »tsch« wie in tschüs
g vor a, o, u wie »g«
g vor e, i wie deutsches »ch« in Bach
gue, **gui** / **que**, **qui** hier ist u immer stumm, wie deutsches »g«/»k«
h ist immer stumm
j immer wie deutsches »ch« in Bach
ll wie »lj« oder deutsches »j« (Bsp.: Mallorca)
ñ wie »gn« in Champagner
z stimmloser Lispellaut, stärker als engl. »th«

Konsonanten

Sprachführer Spanisch

Auf einen Blick

Ja.	Sí.
Nein.	No.
Vielleicht.	Quizás./Tal vez.
In Ordnung!/Einverstanden!	¡De acuerdo!/¡Está bien!
Bitte./Danke.	Por favor./Gracias.
Vielen Dank.	Muchas gracias.
Gern geschehen.	No hay de qué./De nada.
Entschuldigung!	¡Perdón!
Wie bitte?	¿Cómo dice/dices?
Ich verstehe Sie/dich nicht.	No le/la/te entiendo.
Ich spreche nur wenig …	Hablo sólo un poco de …
Können Sie mir bitte helfen?	¿Puede usted ayudarme, por favor?
Ich möchte …	Quiero …/Quisiera …
Das gefällt mir (nicht).	(No) me gusta.
Haben Sie …?	¿Tiene usted …?
Wie viel kostet es?	¿Cuánto cuesta?
Wie viel Uhr ist es?	¿Qué hora es?

Kennenlernen

Guten Morgen!	¡Buenos días!
Guten Tag!	¡Buenos días!/¡Buenas tardes!
Guten Abend!	¡Buenoas tardes!/¡Buenas noches!
Hallo! Grüß dich!	¡Hola!
Ich heiße …	Me llamo …
Wie ist Ihr Name, bitte?	¿Cómo se llama usted, por favor?
Wie geht es Ihnen/dir?	¿Qué tal está usted?/¿Qué tal?
Gut, danke. Und Ihnen/dir?	Bien, gracias. ¿Y usted/tú?
Auf Wiedersehen!	¡Hasta la vista!/¡Adiós!
Tschüss!	¡Adiós!/¡Hasta luego!
Bis bald!	¡Hasta pronto!
Bis morgen!	¡Hasta mañana!

Unterwegs

links/rechts	a la izquierda/a la derecha
geradeaus.	todo seguido/derecho
nah/weit.	cerca/ lejos
Wie weit ist das?	¿A qué distancia está?
Ich möchte … mieten.	Quisiera alquilar …

... ein Auto	... un coche.
... ein Boot	... una barca/un bote/un barco.
Bitte, wo ist ...	Perdón, dónde está ...
... der Bahnhof?	... la estación (de trenes)?
... der Busbahnhof?	... la estación de autobuses/la terminal?
... der Flughafen?	... el aeropuerto?

Panne

Ich habe eine Panne.	Tengo una avería.
Würden Sie mir bitte einen Abschleppwagen schicken?	¿Pueden ustedes enviarme un cochegrúa, por favor?
Gibt es in der Nähe eine Werkstatt?	¿Hay algún taller por aquí cerca?
Wo ist bitte die nächste Tankstelle?	¿Dónde está la estación de servicio/a gasolinera más cercana, por favor?
Ich möchte ... Liter ...	Quisiera ... litros de ...
... Normalbenzin.	... gasolina normal.
... Super./...Diesel.	... súper./... diesel.
... bleifrei.	... sin plomo.
Volltanken, bitte.	Lleno, por favor.

Unfall

Hilfe!	¡Ayuda!, ¡Socorro!
Achtung!	¡Atención!
Vorsicht!	¡Cuidado!
Rufen Sie bitte schnell ...	Llame enseguida ...
... einen Krankenwagen.	... una ambulancia.
... die Polizei.	... a la policía.
... die Feuerwehr.	... a los bomberos.
Haben Sie einen Verbandskasten?	¿Tiene usted botiquín de urgencia?
Es war meine (Ihre) Schuld.	Ha sido por mi (su) culpa.
Könnten Sie mir Ihren Namen und Ihre Anschrift geben?	¿Puede usted darme su nombre y dirección?

Einkaufen

Wo finde ich ...	Por favor, dónde hay ...
... einen Markt?	... un mercado?
... eine Apotheke?	... una farmacia?
... ein Einkaufszentrum?	... ein Einkaufszentrum?

Arzt

Können Sie mir einen guten Arzt empfehlen?	¿Puede usted indicarme un buen médico?
Ich habe …	Tengo …
… Durchfall.	… diarrea.
… Fieber.	… fiebre.
… Kopfschmerzen.	… dolor de cabeza.
… Halsschmerzen.	… dolor de garganta.
… Zahnschmerzen.	… dolor de muelas.

Übernachtung

Können Sie mir bitte … empfehlen?	Perdón, señor/señora/señorita. ¿Podría usted recomendarme …
… ein Hotel.	… un hotel?
… eine Pension.	… una pensión?
Ich habe ein Zimmer reserviert.	He reservado una habitación.
Haben Sie noch …	¿Tienen ustedes …
… ein Einzelzimmer?	… una habitación individual?
… ein Doppelzimmer?	… una habitación doble?
… mit Dusche/Bad?	… con ducha/baño?
… für eine Nacht?	… para una noche?
… für eine Woche?	… para una semana?
Was kostet das Zimmer mit …	¿Cuánto cuesta la habitación con
… Frühstück?	… desayuno?
… Halbpension?	… media pensión?

Bank

Wo ist hier bitte …	Por favor, dónde hay por aquí …
… eine Bank?	… un banco?
… eine Wechselstube?	… una oficina/casa de cambio?
Ich möchte SFr in Euro wechseln.	Quisiera cambiar francos suizos en euros.

Post, Telefon, Internet

Was kostet …	¿Cuánto cuesta …
… ein Brief …	… una carta …
… eine Postkarte …	… una postal …
nach Deutschland?	para Alemania?
Briefmarken	sellos, estampillas
Telefonkarten	tarjetas para el teléfono

Ich suche eine Prepaidkarte für mein Handy.	Busco una tarjeta prepago para mi móvil.
Internetanschluss	conexión a internet
Computer	ordenador
Ladegerät	cargador
Akku	recargable
Internetadresse	dirección de internet
E-Mail	correo electrónico
E-Mail-Adresse	dirección de correo electrónico
@-Zeichen	arroba

Zahlen

0	cero	18	dieciocho
1	un, uno, una	19	diecinueve
2	dos	20	veinte
3	tres	22	veintidós
4	cuatro	30	treinta
5	cinco	40	cuarenta
6	seis	50	cincuenta
7	siete	60	sesenta
8	ocho	70	setenta
9	nueve	80	ochenta
10	diez	90	noventa
11	once	100	cien, ciento
12	doce	200	doscientos, -as
13	trece	1000	mil
14	catorce	2000	dos mil
15	quince	10 000	diez mil
16	dieciséis	½	medio
17	diecisiete	¼	un cuarto

Restaurante/Restaurant

Wo gibt es hier …	¿Dónde hay por aquí cerca …
… ein gutes Restaurant?	… un buen restaurante?
… ein nicht zu teures Restaurant?	… un restaurante no demasiado caro?
Könnten Sie uns bitte für heute Abend einen Tisch für vier Personen reservieren?	¿Puede reservarnos para esta noche una mesa para cuatro personas?
Auf Ihr Wohl!	¡Salud!
Die Rechnung, bitte!	¡La cuenta, por favor!
Hat es (Ihnen) geschmeckt?	¿Le/Les ha gustado la comida?
Das Essen war ausgezeichnet.	La comida estaba excelente.

almuerzo, comida	Mittagessen
botella	Flasche
cena	Abendessen
camarero/mozo	Kellner
cubierto	Gedeck, Besteck
cuchara	Löffel
cucharita	Kaffeelöffel
cuchillo	Messer
desayuno	Frühstück
lista de comida, menú	Speisekarte
plato	Teller
sacacorchos	Korkenzieher
tenedor	Gabel
taza	Tasse
vaso	Glas
ahumado	geräuchert
a la plancha	gegrillt
a punto	medium
bien hecho	durchgebraten
crudo	roh
empanado	paniert
frito	frittiert
hervido	gekocht
jugoso	blutig

Desayuno/Frühstück

café con leche	Milchkaffee
café cortado	Espresso mit Milch
café solo	Espresso
café descafeinado	koffeinfreier Kaffee
chocolate	Schokolade
churros	im Fett gebackene Hefekringel
factura	süßes Stückchen
fiambre	Aufschnitt
huevo tibio	weiches Ei
huevos fritos	Spigeleier
huevos revueltos	Rühreier
jamón crudo/cocido	roher/gekochter Schinken
jugo de fruta	Fruchtsaft
lágrima	Milchkaffee mit wenig Kaffee
mantequilla	Butter
medialuna	Croissant
mermelada	Marmelade

miel	Honig
pan/bolillo/pan tostado	Brot/Brötchen/Toast
queso	Käse
té con leche/limón	Tee mit Milch/Zitrone

Entradas, Sopas/Vorspeisen, Suppen und Eintöpfe

buseca	Kuttel-Gemüsesuppe
caldo	Brühe
cazuela	Eintopf
empanada	kleine Pastete
ensalada mixta	gemischter Salat
locro	Eintopf (Fleisch mit Mais)
matambre	eine Art kalter Rinderroulade
menestra	Gemüsetopf
puchero	Eintopf (Fleisch mit Gemüse, Kartoffeln)
sopa de fideos	Nudelsuppe
sopa de mariscos	Meeresfrüchtesuppe
sopa de pescado	Fischsuppe
sopa de verduras/sopa juliana	Gemüsesuppe

Tapas

albóndigas	Fleischbällchen
boquerones en vinagre	Sardellen in Essig-Knoblauch-Marinade
calamar	Kalamar
caracoles	Schnecken
chipirones	kleine Tintenfische
chorizo	Paprikawurst
ensaladilla rusa	russischer Salat
jamón serrano	getrockneter Schinken
morcilla	Blutwurst
pulpo	Tintenfisch
tortilla de patatas	Kartoffelomelette

Pescados y Mariscos/Fische und Meeresfrüchte

atún	Thunfisch
besugo	Brasse
centolla	Königskrabbe
corvina	Adlerfisch
dorado	Goldmakrele
langostinos	Riesengarnelen

lenguado	Seezunge
ostras	Austern
pejerrey	La-Plata-Ährenfisch
pulpo	Krake
salmón	Lachs
surubí	Welsart
trucha	Forelle
róbalo	See-, Wolfsbarsch

Carne y Aves/Fleisch und Geflügel

achuras	Innereien
asado de tira	gegrilltes Rippenstück
bife	Steak
cabrito/chivito	Zicklein
carne picada	Hackfleisch
cerdo/chancho	Schwein
ciervo	Wild
charqui	Dörrfleisch
chinchulines	gegrillter Dünndarm
cochinillo	Milchferkel
chorizo	Grillwürstchen
chuleta	Kotelett
conejo	Kaninchen
cordero	Lamm
criadillas	Hoden
escalope	Schnitzel
estofado	Schmorfleisch
hígado	Leber
lechón	Spanferkel
lengua	Zunge
lomo/filete	Lenden- oder Rückenstück
milanesa	paniertes Schnitzel
mollejas	Bries
morcilla	Blutwurst
parrillada	Grillplatte (Fleisch)
pato	Ente
pavo/guajolote	Pute
pollo/gallina	Huhn/Henne
riñones	Nieren
res	Rind
ternera	Kalb
ubre	Euter
vacio	Hüftsteak

Ensalada y Verduras/Salat und Gemüse

arroz	Reis
arvejas	Erbsen
berenjenas	Auberginen
chauchas	Bohnen
calabacitas	Zucchini
batata/papa dulce	Süßkartoffel
cebollas	Zwiebeln
choclo	gekochter Mais
espárragos	Spargel
espinaca	Spinat
lechuga	Kopfsalat
papas	Kartoffeln
patatas fritas	Pommes frites
pepinos	Gurken
perejil	Petersilie
(pimiento) morrón	rote Paprikaschote

Postres, Pasteles/Nachspeisen, Gebackenes

alfajor	gefüllte Kekse
anchi	Dessert aus Maismehl und Zitrusfrüchten
café helado/copa de helado	Eiskaffee/Eisbecher
crema	Sahne
dulces	Süßigkeiten, Desserts
dulce de batata	Süßkartoffelaufstrich mit Frischkäse
dulce de leche	Karamellcreme
dulce de membrillo	Paste aus Quittenmus
flan	Pudding, Creme caramel
frutas en almíbar	Kompott
galletitas	Kekse
natillas	Cremespeise (sahnig)
nieve	Fruchteis, Sorbet
pan dulce	Kuchen, ähnlich dem italienischen Panettone
panquéque	Mürbekuchen
pastel/tarta	Kuchen/Torte
queso	Käse
tocino del cielo	Dessert aus Eiern, Zucker, Sahne

Frutas/Obst

cerezas	Kirschen
ciruelas	Pflaumen

damascos	Aprikosen
durazno	Pfirsich
limón	Zitrone
manzana	Apfel
melones	Honigmelonen
membrillos	Quitten
naranjas	Orangen
nueces	Nüsse
peras	Birnen
plátanos	Bananen
sandías	Wassermelonen
uvas	Weintrauben

Bebidas/Getränke

aguardiente	Schnaps
agua mineral	Mineralwasser
con/sin gas	mit/ohne Kohlensäure
cerveza	Bier
chopp	Glas Fassbier
gaseosa	weiße Limonade
horchata	Erdmandelmilch
jugo/exprimido de naranja	Orangensaft
leche	Milch
licuado	Mixgetränk aus Fruchtmus, Milch und Wasser
manzanilla	Kamillentee
porrón	Halbliterflasche Bier
té	Tee
vino	Wein
blanco/tinto	weiß/rot
rosado	rosé
trocken/süß	seco/dulce
zumo	Fruchtsaft

Toiletten

Die Bezeichnungen für Toiletten sind meist »servicios«, »lavabos« oder »aseos«. Für Damen steht »Señoras«, für Herren »Caballeros« bzw. »S« und »C« oder »M« (Mujeres) und »H« (Hombres).

Verkehr

Angesichts der relativ geringen Einwohnerzahl ist der Autobusverkehr nicht sehr gut ausgebaut, vor allem sonntags besteht ein stark eingeschränkter Verkehr. Dennoch sind die meisten Ortschaften ans Netz angeschlossen. Da es keine Querverbindungen gibt, ist der beste Standort für Busreisende die Hauptstadt San Sebastián. Eine Fahrt mit dem Linienbus (guaga) ist ausgesprochen günstig. Die Gepäckbeförderung ist frei, Fahrräder werden nicht befördert.

Busverkehr

Die für Touristen drei wichtigsten Buslinien verkehren von und nach San Sebastián jeweils Mo.-Sa. 5 x tgl., So. 2 x tgl.:
Linie 1: San Sebastián – Valle Gran Rey (Fahrzeit 1.40 Std.)
Linie 2: San Sebastián – Vallehermoso (via Hermigua und Agulo,; Fahrtdauer 1.15 Std.)
Linie 3: San Sebastián – Alajeró (via Playa de Santiago; Fahrtdauer 1 Std.)
Außerdem verbinden Busse ab dem Flughafen jeweils nach Ankunft einer Maschine mit San Sebastián und Valle Gran Rey.

Buslinien

Einen aktuellen Busfahrplan erhält man vor Ort in den Touristenbüros sowie bei der Busgesellschaft Guagua Gomera S.A.U.

Busfahrplan

Der nationale Flughafen von La Gomera befindet sich im Süden der Insel bei Playa de Santiago. Starten und landen können hier nur kleinere Maschinen, weshalb er dem innerkanarischen Flugverkehr vorbehalten ist. Derzeit versieht nur die Gesellschaft **Binter Canarias** einen regelmäßigen Liniendienst zwischen La Gomera und dem Nordflughafen von Teneriffa. Von diesem Flughafen aus bestehen mehrmals täglich Anschlussverbindungen auf die anderen Kanareninseln (▶ Karte 233). Die Flugzeit zwischen den einzelnen Inseln beträgt zwischen 20 und 50 Minuten. Vor und an Feiertagen empfiehlt sich eine rechtzeitige Flugreservierung.

Flugverkehr

> **BAEDEKER TIPP**
>
>
>
> ### Inselhüpfen
>
> La Gomera ist ein guter Ausgangspunkt, um auch die Nachbarinseln kennen zu lernen. Nach Teneriffa ist angesichts der schnellen Fährverbindung bereits ein Tagesausflug lohnend. Fähren verbinden außerdem mit La Palma und El Hierro, dort sollten allerdings mindestens zwei Übernachtungen eingeplant werden.

Zwischen Teneriffa und La Gomera ist die Fähre das mit Abstand wichtigste Verkehrsmittel. Von der Reederei Fred. Olsen verkehrt ab dem Hafen Los Cristianos in **Südteneriffa** drei Mal täglich eine Schnellfähre nach San Sebastián de La Gomera (Fahrtdauer 35 Minuten). Die Gesellschaft Naviera Armas ist auf dieser Strecke täglich

Fährverkehr

Kanarische Inseln • Verkehrsverbindungen

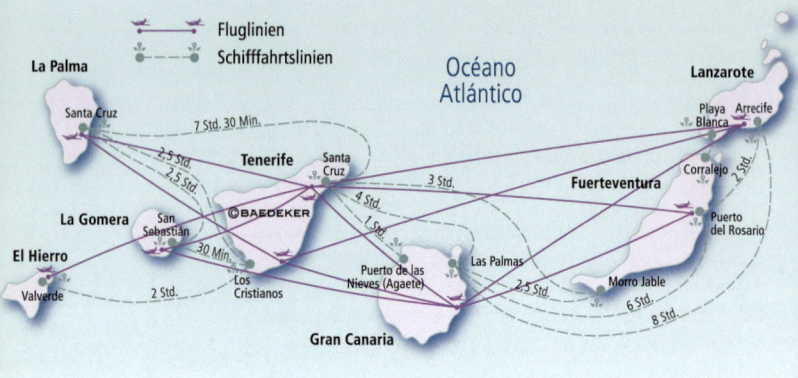

mit zwei bis drei Fähren präsent (Fahrtdauer ca. 60 Minuten). Der Fahrpreis ist etwas günstiger als mit den Schnellfähren, außerdem kann man auf Deck die herrliche Überfahrt genießen.
Die Reederei Naviera Armas verbindet mehrmals in der Woche San Sebastián (La Gomera) mit Santa Cruz auf **La Palma** sowie mit **El Hierro**. Die Überfahrt nach La Palma dauert etwa 2.30 Std., nach El Hierro 2.15 Std. Beide Nachbarinseln werden ab San Sebastián auch von der Reederei Fred. Olsen angelaufen. Zu den übrigen Kanarischen Inseln gibt es von La Gomera aus keine Direktverbindungen (Transfer nur über Santa Cruz de Tenerife im Norden von Teneriffa).

Mietwagen Will man die Insel erkunden bzw. viel herumkommen, ist es ratsam, sich einen Wagen zu mieten. Autovermietungen (»Alquiler de coches« auf Spanisch, »Rent-a-car« auf Englisch) gibt es in den Urlaubszentren und natürlich in San Sebastián. Sinnvoll ist es, ggf. schon vom Heimatland aus ein Auto zu mieten und an den Flughafen bzw. Fährhafen bringen zu lassen. Im Vergleich zu Deutschland, Österreich und der Schweiz sind Mietautos auf La Gomera relativ günstig. Die Mietverträge werden in der Regel mit unbegrenzter Kilometerzahl abgeschlossen. Vollkaskoversicherungen sind unbedingt empfehlenswert. Wer einen Wagen mieten möchte, darf nicht jünger als 21 Jahre sein und muss mindestens ein Jahr im Besitz des Führerscheins sein.

Verkehrsregeln Auf La Gomera und allen anderen kanarischen Inseln besteht, wie auch auf dem spanischen Festland und dem übrigen kontinentalen Europa, **Rechtsverkehr**.

Verkehr • PRAKTISCHE INFOS

MIETWAGEN
Avis
Reservierung in Deutschland:
Tel. 01 805 21 77 02
www.avis.de

Europcar
Reservierung in Deutschland:
Tel. 01 805 80 00
www.europcar.de

Hertz
Reservierung in Deutschland:
Tel. 01 805 33 35 35
www.hertz.de

BUS
Guagua Gomera
San Sebastián
Avenida Vía de Ronda
Tel. 9 22 14 11 01
www.guaguagomera.com

FLUGGESELLSCHAFT
Binter Canarias
Zentrale Reservierung: Tel. 9 02 39 13 92
www.bintercanarias.com

REEDEREIEN
Líneas Fred. Olsen
Zentrale Reservierung: Tel. 9 02 10 01 07
www.fredolsen.es

Naviera Armas
Zentrale Reservierung: Tel. 9 02 45 65 00
www.navieraarmas.com

Acciona Trasmediterránea
Zentrale Reservierung: Tel. 9 02 45 46 45
www.trasmediterranea.es

Höchstgeschwindigkeiten: innerhalb geschlossener Ortschaften 50 km/h, außerhalb geschlossener Ortschaften 90 km/h, auf Kraftfahrstraßen 100 km/h, teils 120 km/h.
Vorfahrt hat grundsätzlich das von rechts kommende Fahrzeug (Ausnahmen sind entsprechend beschildert). Im **Kreisverkehr** hat das Fahrzeug Vorfahrt, das sich bereits im Kreis befindet. Auf Schnellstraßen muss man beim **Linksabbiegen** mitunter erst nach rechts in einen kleinen Kreisverkehr einbiegen, um dann die Hauptstraße geradeaus zu überqueren. Ausländer missachten oft die für sie ungewohnte Verkehrsregel und verursachen dadurch häufig schwere Unfälle. **Beim Überholen** muss in Spanien während des gesamten Vorgangs der Fahrtrichtungsanzeiger zuerst nach links und dann wieder nach rechts betätigt werden. Beim Überholen und vor Kurven ist Hupen (bei Dunkelheit Lichthupe) obligatorisch. Ein **Überholverbot** besteht 100 m vor Kuppen sowie auf Straßen, die nicht auf mindestens rund 200 m zu überblicken sind.
Sicherheitsgurte müssen während der Fahrt auf den Vorder- und Rücksitzen angelegt werden.
Die Höchstgrenze für den Blutalkoholgehalt liegt bei **0,5 Promille**.
Abschleppen durch Privatfahrzeuge ist verboten. Bei einer **Panne** oder einem Unfall muss das Fahrzeug mit zwei Warndreiecken nach vorn und hinten gesichert werden; ausländische Wagen benötigen jedoch nur ein Warndreieck. Außerdem ist das Tragen einer **reflek-**

tierenden **Warnweste** beim Verlassen des Fahrzeuges im Falle einer Panne oder eines Unfalls außerhalb geschlossener Ortschaften vorgeschrieben.

Das **Telefonieren im Auto** mit dem Handy ohne Freisprecheinrichtung ist während der Fahrt nicht erlaubt.

Tankstellen Tankstellen auf La Gomera gibt es nur in größeren Ortschaften. Sie schließen meist um 20.00 oder 22.00 Uhr und haben sonn- und feiertags geschlossen. Die Benzinpreise liegen deutlich unter mitteleuropäischem Niveau.

Taxi Die Taxis sind verpflichtet, bei allen Fahrten den Taxameter einzuschalten. Für längere Strecken gelten in der Regel festgelegte Tarife. Wartezeiten werden extra berechnet. Um Unstimmigkeiten zu vermeiden, sollte man sich vor Fahrtantritt nach dem Fahrpreis erkundigen. Die Taxifahrer müssen die jeweils gültigen, offiziellen Preislisten mitführen.

Zeit

WEZ Auf den Kanarischen Inseln gilt die Westeuropäische Zeit (WEZ = MEZ −1 Std.). Da von April bis Oktober Sommerzeit ist, muss der mitteleuropäische Tourist das ganze Jahr über bei der Ankunft auf den Kanaren seine Uhr um eine Stunde zurückstellen.

Tageslänge Bedingt durch die Nähe zum Äquator ist es auf den Kanaren im Winter wesentlich länger hell als in Mitteleuropa (die Sonne geht auf der Insel am 21. Dezember ca. um 18.25 Uhr unter), im Sommer dagegen wird es früher dunkel.

Register

A
Aberglaube **31**
Aguiar, José **59**, **117**
Agulo **116**
Alajeró **118**
Alojera **121**
Altkanarier **42**
Alto de Garajonay **153**
Anreise **212**
Apotheken **218**
Architektur **54**
Argayall **197**
Arguamul **121**
Arure **124**
Ärztliche Hilfe **218**
Atlantis **16**
Ausflüge **102**, **214**
Ausgehen **215**
Auskunft **215**
Auswanderung **48**
Autovermietung **233**

B
Badestrände **91**
Bananenanbau **34**
Barranco de Argaga **199**
Barranco de Arure **201**
Barranco del Agua **189**
Barranco de la Villa **130**, **172**
Barrancos **16**
Baumheide **22**
Benchijigua **125**
Bevölkerung **30**
Bobadilla, Beatriz de **58**, **60**
Bootsausflüge **214**
Bosque del Cedro **152**
Busfahrten **214**

C
Cabrera, Pedro García **62**
Calera **195**
Carretera Dorsal **152**
Casa de la Seda **191**, **200**
Castellano **223**
Castillo del Mar **207**
Cedro **134**
Centro de Visitantes Juego de Bolas **146**
Cercado **135**
Charco del Conde **198**
Chipude **128**
Chorros de Epina **125**
Christusstatue **172**
Colón, Cristóbal **57**
Cruce de la Zarcita **134**, **153**
Cumbre de Chiguere **122**

D
Dattelpalme **20**
Degollada de Peraza **130**
Diebstahl **223**
Drachenbaum **20**, **119**
Drago **20**, **119**

E
Eidechsen **25**
Einkäufe **83**
Ein- und Ausreisebestimmungen **212**
El Cabrito **133**
El Calvario **119**
El Cedro **134**
El Cercado **136**
El Contadero **156**
El Drago **119**
Elektrizität **216**
El Guro **191**, **200**
Embalse de Encantadora **207**
Emigration **30**, **48**
Energie **38**
Ermita de las Nieves **131**
Ermita de los Reyes **200**
Ermita de Santa Clara **122**
Ermita de Señora de Guadalupe **171**
Ermita Nuestra Señora de Coromoto **122**
Ermita San Isidro **119**
Ermita Santa Clara **209**
Essen und Trinken **67**
Etikette **216**
Events **75**

F
Fahrzeugpapiere **213**
Fauna **24**
Fayal-Brezal-Formation **22**
Feiertage **75**
Feste **75**
Fiestas **54**
Fischerei **35**
Flora **17**
Flughafen **233**
Flugverkehr **233**
Folklore **54**
Fortaleza de Chipude **129**
Fremdenverkehrsämter **215**
Fruchtgarten Argaga **199**

G
Gagelstrauch **22**
Garajonay **153**
Garajonay-Nationalpark **149**
Geologie **15**
Geschäftszeiten **84**
Geschichte **41**

Getränke 68
Gofio 43
Golf 92
Gran Canaria 41
Guanchen 42

H

Haustiere 213
Hermigua 137
Höchstgeschwindig-
 keiten 234
Homenaje a
 Hautacuperche 199
Hotels 87

I

Imada 119
Inselhopping 214
Internet 216
Islas Canarias 15

J

Jardín de las Cresces 156
Juego de Bolas 146
Juego del palo 55

K

Kanarenstrom 28
Kanarische Inseln 15
Karneval 76
Kastilisch 223
Keramik 53
Kinder 79
Klettern 92
Klima 27
Kolumbus, Christoph
 46, 57
Konsulate 216
Krankenversicherung
 214
Kreditkarten 217
Kunsthandwerk 54
Kunst und Kultur 53

L

La Calera 195
La Dama 130
La Fortaleza de Chipude
 129
Lagarto gigante 25, 144
La Laguna Grande 153
La Laja 131, 172
Landflucht 30
Landwirtschaft 34
La Playa 197
La Puntilla 197
La Rajita 130
Las Hayas 137
Las Mimbreras 135, 156
Las Rosas 146
Laurisilva 149
Lepe 143
Levantamiento de
 Piedra 55
Literatur 218
Lo del Gato 128
Lorbeerwald 20, 149
Los Apartaderos 128
Los Barranquillos 155
Los Chorros de Epina
 125
Los Manantiales 128
Los Órganos 148
Los Roques 153
Lucha canaria 55

M

Manrique, César 201
Märkte 84
Medien 220
Miel de Palma 72
Mietwagen 234
Mirador César Manrique
 200
Mirador de Abrante 147
Mirador de Alojera 124
Mirador de El Bailadero
 154
Mirador de El Rejo 154
Mirador de Igualero 130
Mirador del Palmarejo
 200
Mirador del Santo 124,
 204
Mirador de Tajaqué 153
Mirador Roque de Ojila
 154
Mitbringsel 83
Monumento al Sagrado
 Corazón de Jesús 172
Mountainbiking 92
Mühl, Otto 132, 133
Mythologie 41

N

Nachtleben 215
Namensherkunft 41
Nationalpark 149
Nationalpark-Besucher-
 zentrum 146
Naturraum 15
Naturschutz 39
Notrufe 220

O

Öffnungszeiten 84
Olsen, Fred 63

P

Padrón, Ruiz de 58
Pajarito 156
Palmen 20
Palmhonig 72
Panne 235
Paradores 87
Parque Nacional de
 Garajonay 149
Passat 29
Pastrana 161
Pavón 128, 129
Personalpapiere 212
Pflanzen 17
Playa de Alojera 91, 121
Playa de Argaga 197
Playa de Arguamul 121
Playa de Avalo 92, 171
Playa de Chinguarime
 161

Register ANHANG

Playa de Hermigua 91, 143
Playa de la Caleta 91, 143
Playa de las Arenas 198
Playa de la Sepultura 207
Playa del Inglés 92, 198
Playa del Medio 161
Playa de Santiago 158
Playa de Santiago 92
Playa de Tapahuga 161
Playa de Valle Gran Rey 198
Playa de Vallehermoso 91, 206
Playa de Vueltas 197
Plinius d. Ä. 41
Polizei 223
Porto 221
Post 221
Prozessionen 54
Punta de Alcalá 122
Puntilla 197

R
Reisezeit 222
Religion 31
Rieseneidechse 25
Ringkampf, Kanarischer 55
Roque Cano 204
Roque de Agando 154
Roque de Carmona 154
Roque de la Zarcita 154
Roque de Ojila 154
Roques 17
Routenvorschläge 102
Rundfahrten 102

S
San Sebastián 162
Schiffstouren 214
Schweinebucht 198
Segeln 92
Shopping 83
Sicherheit 222
Souvenirs 83
Sport 92
Sportarten 55
Sprache 223
Stockkampf 55
Strände 91
Strom 216

T
Tageslänge 235
Taguluche 121, 124
Tamargada 207
Tauchen 92
Taxi 236
Tazo 123
Teide (Teneriffa) 180
Telekommunikation 221
Temocodá 128
Temperaturen 28
Tenerife 173
Teneriffa 173
Tennis 93
Tierparks 81
Tierwelt 24
Toiletten 232
Töpferwerkstätten 136
Touren 102
Tourismus 38
Trinkwasser 218

U
Übernachten 87
Uhrzeit 235
Umweltprobleme 38
Urlaubsorte 104

V
Valle-Bote 220
Valle Gran Rey 189
Vallehermoso 204
Vegetationszonen 20
Viehzucht 35
Vorwahlen 221
Vueltas 195
Vulkanismus 15

W
Walbeobachtung 214
Wandern 94
Wasserversorgung 35
Wein 68
Whale watching 214
Wirtschaft 31

Z
Zeit 236
Zeitungen 220

Verzeichnis der Karten und Grafiken

Top-Reiseziele 2
Provinzeinteilung der Kanarischen
  Inseln 16
Vulkanische Inselwelt (Infografik) 18/19
La Gomera auf einen Blick
  (Infografik) 36/37
Touren durch La Gomera 102
Tour 1 106
Tour 2 110
Tour 3 112
Unterhaltung mit Pfiff (Infografik)
  126/127

Klein und süß (Infografik) 140/141
Inseltopografie (3D) 151
Playa de Santiago (Ortsplan) 159
San Sebastián (Ortsplan) 164
Teneriffa (Orientierung) 174/175
Valle Gran Rey (Orientierung) 196
Interinsuläre Verkehrsverbindungen
  234

Überblickskarte Umschlagklappe hinten

---

atmosfair

nachdenken · klimabewusst reisen

Reisen verbindet Menschen und Kulturen. Doch wer reist, erzeugt auch CO_2. Der Flugverkehr trägt mit bis zu 10% zur globalen Erwärmung bei. Wer das Klima schützen will, sollte sich nach Möglichkeit für die schonendere Reiseform entscheiden (wie z.B. die Bahn). Gibt es keine Alternative zum Fliegen, kann man mit atmosfair klimafördernde Projekte unterstützen.
atmosfair ist eine gemeinnützige Klimaschutzorganisation unter der Schirmherrschaft von Klaus Töpfer. Flugpassagiere spenden einen kilometerabhängigen Betrag und finanzieren damit Projekte in Entwicklungsländern, die den Ausstoß von Klimagasen verringern helfen. Dazu berechnet man mit dem Emissionsrechner auf **www.atmosfair.de** wieviel CO_2 der Flug produziert und was es kostet, eine vergleichbare Menge Klimagase einzusparen (z.B. Berlin – London – Berlin 13 €).
atmosfair garantiert die sorgfältige Verwendung Ihres Beitrags. Alle Informationen dazu auf www.atmosfair.de. Auch der Karl Baedeker Verlag fliegt mit atmosfair.

Bildnachweis

AKG S. 56, 58, U4 (rechts)
Bilderberg/Ellerbock S. 167, 200
Borowski S. 3 (rechts, 3. von oben), 3 (rechts unten), 4 (rechts), 12, 47, 123, 136, 151 (links unten), 162, 170, 177, 190
dpa/picture-alliance S. 5 (rechts), 50, 148, U4 (links oben)
Dumont Bildarchiv/Sabine Lubenow S. 151 (rechts oben)
Dumont Bildarchiv/Hans Zaglitsch S. 3 (links oben), 5 (links), 10, 40, 72, 116, 144, 150, 155, 181, 182, 184, 188, 205, U3 (2x)
getty/NicoTondini S. 70 (unten)
Huber/R. Schmid S. 14, 88, 104, 152, 161, 208
Rolf Goetz S. 9, 21, 23, 24, 32 (2x), 33 (2x), 45, 52, 64, 66, 69, 71 (oben), 74, 78, 80, 82, 84, 86, 90, 96, 97, 147, 157, 160, 210, U2, U4 (links unten), U7, U8
laif/Babovic S. 3 (rechts, 2. von oben), 151 (links oben), 172
laif/Hub S. 111
laif/Jonkmanns S. 3 (rechts, 4. von oben), 135, 142, 213
laif/Piepenburg S. 203
laif/Tophoven S. 3 (links unten), 3 (rechts oben), 4 (links), 31, 54, 114, 129, 198
laif/Zanettini S. 34, 77
look/Frei S. 6
look/Richter S. 120
mauritius/age S. 70 (oben), 71 (unten), 95
mauritius/Hellwig S. 93
mauritius/Siepmann S. 81
mauritius/Westend 61 S. 100
Roth S. 1, 108, 113
Stankiewicz S. 7, 61, 169
White Star/Herbst S. 151 (rechts unten), 193
Wrba S. 131

Titelbild: Glow Images/Gerth Roland

Impressum

Ausstattung:
103 Abbildungen, 16 Karten und grafische Darstellungen, eine große Reisekarte
Text:
Birgit Borowski, Achim Bourmer, Rolf Goetz
mit Beiträgen von Meike Boëtius, Hans Jürgen Fründt, Reinhard Zakrzewski
Überarbeitung:
Rolf Goetz
Bearbeitung:
Baedeker-Redaktion (Achim Bourmer)
Kartografie:
Klaus Peter Lawall, Unterensingen; MAIRDUMONT Ostfildern (Reisekarte)
3D-Illustrationen:
jangled nerves, Stuttgart
Infografiken:
Golden Section Graphics GmbH, Berlin
Gestalterisches Konzept:
independent Medien-Design, München
Chefredaktion:
Rainer Eisenschmid, Baedeker Ostfildern

6. Auflage 2014
Völlig überarbeitet und neu gestaltet

© KARL BAEDEKER GmbH, Ostfildern
für MAIRDUMONT GmbH & Co KG; Ostfildern
Der Name Baedeker ist als Warenzeichen geschützt. Alle Rechte im In- und Ausland sind vorbehalten. Jegliche – auch auszugsweise – Verwertung, Wiedergabe, Vervielfältigung, Übersetzung, Adaption, Mikroverfilmung, Einspeicherung oder Verarbeitung in EDV-Systemen ausnahmslos aller Teile des Werkes bedarf der ausdrücklichen Genehmigung durch den Verlag.

Anzeigenvermarktung:
MAIRDUMONT MEDIA
Tel. 0049 711 4502 333
Fax 0049 711 4502 1012
media@mairdumont.com
http://media.mairdumont.com

Printed in China

Trotz aller Sorgfalt von Redaktion und Autoren zeigt die Erfahrung, dass Fehler und Änderungen nach Drucklegung nicht ausgeschlossen werden können. Dafür kann der Verlag leider keine Haftung übernehmen.
Kritik, Berichtigungen und Verbesserungsvorschläge sind jederzeit willkommen. Schreiben Sie uns, mailen Sie oder rufen Sie an:

Verlag Karl Baedeker / Redaktion
Postfach 3162
D-73751 Ostfildern
Tel. 0711 4502-262
info@baedeker.com
www.baedeker.com

Die Erfindung des Reiseführers

Als **Karl Baedeker** (1801 – 1859) am 1. Juli 1827 in Koblenz seine Verlagsbuchhandlung gründete, hatte er sich kaum träumen lassen, dass sein Name und seine roten Bücher einmal weltweit zum Synonym für Reiseführer werden sollten.

Das erste von ihm verlegte Reisebuch, die 1832 erschienene **Rheinreise,** hatte er noch nicht einmal selbst geschrieben. Aber er entwickelte es von Auflage zu Auflage weiter. Mit der Einteilung in die Kapitel »Allgemein Wissenswertes«, »Praktisches« und »Beschreibung der Merk-(Sehens-)würdigkeiten« fand er die klassische Gliederung des modernen Reiseführers, die bis heute ihre Gültigkeit hat. Der Erfolg war überwältigend: Bis zu seinem Tod erreichten die zwölf von ihm verfassten Titel 74 Auflagen! Seine Söhne und Enkel setzten bis zum Zweiten Weltkrieg sein Werk mit insgesamt 70 Titeln in 500 Auflagen fort.

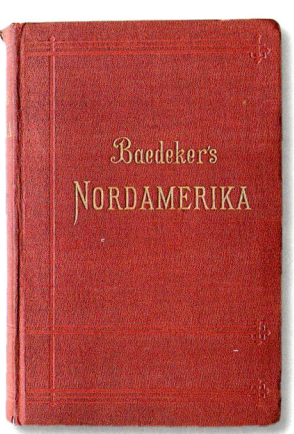

Bis heute versteht der Karl Baedeker Verlag seine große Tradition vor allem als eine Kette von Innovationen: Waren es in der frühen Zeit u. a. die Einführung von Stadtplänen in Lexikonqualität und die Verpflichtung namhafter Wissenschaftler als Autoren, folgte in den 1970ern der erste vierfarbige Reiseführer mit professioneller Extrakarte. Seit 2005 stattet Baedeker seine Bücher mit ausklappbaren 3D-Darstellungen aus. Die neue Generation enthält als erster Reiseführer Infografiken, die (Reise-)Wissen intelligent aufbereiten und Lust auf Entdeckungen machen.

In seiner Zeit, in der es an verlässlichem Wissen für unterwegs fehlte, war Karl Baedeker der Erste, der solche Informationen überhaupt lieferte. In der heutigen Zeit filtern unsere Reiseführer aus dem Überfluss an Informationen heraus, was man für eine Reise wissen muss, auf der man etwas erleben und an die man gerne zurückdenken will. Und damals wie heute gilt für Baedeker: Wissen öffnet Welten.

Baedeker Verlagsprogramm

- Ägypten
- Algarve
- Allgäu
- Amsterdam
- Andalusien
- Argentinien
- Athen
- Australien
- Australien • Osten
- Bali
- Baltikum
- Barcelona
- Bayerischer Wald
- Belgien
- Berlin • Potsdam
- Bodensee
- Brasilien
- Bretagne
- Brüssel
- Budapest
- Bulgarien
- Burgund
- China
- Costa Blanca
- Costa Brava
- Dänemark
- Deutsche Nordseeküste
- Deutschland
- Deutschland • Osten
- Djerba • Südtunesien
- Dominik. Republik
- Dresden
- Dubai • VAE
- Elba
- Elsass • Vogesen
- Finnland
- Florenz
- Florida
- Franken
- Frankfurt am Main
- Frankreich
- Frankreich • Norden
- Fuerteventura
- Gardasee
- Golf von Neapel
- Gomera
- Gran Canaria
- Griechenland
- Griechische Inseln
- Großbritannien
- Hamburg
- Harz
- Hongkong • Macao
- Indien
- Irland
- Island
- Israel
- Istanbul
- Istrien • Kvarner Bucht
- Italien
- Italien • Norden
- Italien • Süden
- Italienische Adria
- Italienische Riviera
- Japan
- Jordanien
- Kalifornien
- Kanada • Osten
- Kanada • Westen
- Kanalinseln
- Kapstadt • Garden Route
- Kenia
- Köln
- Kopenhagen
- Korfu • Ionische Inseln
- Korsika
- Kos
- Kreta
- Kroatische Adriaküste • Dalmatien
- Kuba
- La Palma
- Lanzarote
- Leipzig • Halle
- Lissabon
- Loire
- London
- Madeira
- Madrid
- Malediven
- Mallorca
- Malta • Gozo • Comino
- Marokko

- Mecklenburg-Vorpommern
- Menorca

Verlagsprogramm ANHANG

- Mexiko
- Moskau
- München
- Namibia

- Neuseeland
- New York
- Niederlande
- Norwegen
- Oberbayern
- Oberital. Seen • Lombardei • Mailand
- Österreich
- Paris
- Peking
- Piemont
- Polen
- Polnische Ostseeküste • Danzig • Masuren
- Portugal
- Prag
- Provence • Côte d'Azur
- Rhodos
- Rom
- Rügen • Hiddensee
- Ruhrgebiet
- Rumänien
- Russland (Europäischer Teil)
- Sachsen
- Salzburger Land
- St. Petersburg
- Sardinien
- Schottland
- Schwarzwald
- Schweden
- Schweiz
- Sizilien
- Skandinavien
- Slowenien
- Spanien
- Spanien • Norden • Jakobsweg
- Sri Lanka
- Stuttgart
- Südafrika
- Südengland
- Südschweden • Stockholm
- Südtirol
- Sylt
- Teneriffa
- Tessin
- Thailand
- Thüringen
- Toskana
- Tschechien
- Tunesien
- Türkei
- Türkische Mittelmeerküste
- Umbrien
- USA

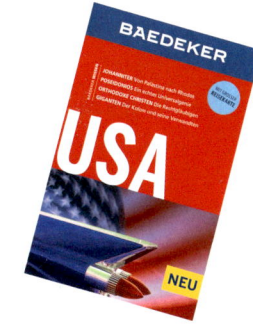

- USA • Nordosten
- USA • Nordwesten
- USA • Südwesten
- Usedom
- Venedig
- Vietnam
- Weimar
- Wien
- Zürich
- Zypern

BAEDEKER ENGLISH

- Berlin
- Vienna

Viele Baedeker-Titel sind als E-Book erhältlich: shop.baedeker.com

Kurioses

Kurioses La Gomera

Kostenlose Beerdigung, Wettergegensätze, Tanz mit Hexen, ein musealer Flughafen – La Gomera bietet einige Kuriositäten.

▸Gara und Jonay

Der Legende nach verdankt der Garajonay seinen Namen der gomerischen Prinzessin Gara, deren Liebesbeziehung mit dem armen Bauernsohn Jonay von Teneriffa keine Erfüllung finden konnte. Beide flohen auf La Gomeras höchsten Berg und erstachen sich dort gegenseitig mit aus Lorbeerholz geschnitzten Lanzen.

▸Hoher Besuch

Wie sich im Nachhinein herausstellte, sollte Kolumbus La Gomeras berühmtester Gast werden. Bei seinem Stopover im September 1492 füllte er von einem Brunnen im alten Zollhaus seine Wasservorräte auf und »taufte« damit fünf Wochen später Amerika.

▸Kostenlose Beerdigung

Alle Einwohner La Gomeras, auch dort gemeldete Ausländer, haben ein Recht auf eine kostenlose Beerdigung mit Sarg, Kränzen und Blumen. Trotz leerer Kassen wurde jüngst beschlossen, die notwendigen Mittel für diese »humanitäre Maßnahme« auch zukünftig im Inselhaushalt bereitzustellen.

▸Hexentanz

Von der Lichtung La Laguna Grande, einem beliebten Picknickplatz im heutigen Nationalpark, wird erzählt, dass dort früher Hexen ihr Unwesen getrieben haben sollen. Blieb man zu lange, so musste man die ganze Nacht über mit den Hexen tanzen!

▸Musealer Airport

Was war das für ein ewiges Hin und Her, bis endlich ein Flughafen auf La Gomera gebaut wurde. Nun ist die Landebahn schon seit 1999 in Betrieb, und trotzdem blieb fast alles beim Alten. Täglich verbinden zwei kleine Maschinen die Insel mit Teneriffa Nord, in der Zeit zwischen den beiden Starts und Landungen wirkt das architektonisch ansprechende Gebäude fast wie ein Museum.

▸Marias Bar

»Bei Maria, das war der Mittelpunkt des Dorfes, der Mittelpunkt der Welt. Kostete, als ich herkam vier Mark pro Nacht«, schrieb der heute auf Teneriffa lebende Kinderbuchautor Janosch in seiner autobiografisch eingefärbten Erzählung »Gastmahl auf Gomera«. Die Bar/Pension ist immer noch der Treff schlechthin, ganz so preiswert übernachten kann man allerdings nicht mehr.

▸Wetterkapriolen

Trotz der bescheidenen Inselgröße ist das Wetter auf La Gomera mitunter sehr unterschiedlich. Während an den Stränden in Valle Gran Rey in der Regel bestes Badewetter herrscht, kann während eines Ausflugs im nur 12 km entfernten Hochland die Lage kühl, regnerisch und neblig mit Sichtweiten unter 50 m sein. Irgendwo muss das üppige Grün im Nationalpark ja schließlich herkommen!